高等职业教育“十二五”规划教材

体育健康教程

主 编 苏 欣 邹 正 田海燕

北京理工大学出版社
BEIJING INSTITUTE OF TECHNOLOGY PRESS

内 容 简 介

本书汇集了多所高校体育教育专家的精髓，结合《全国普通高等职业（专科）院校公共体育课程教学指导纲要》（试行）编写出的公共体育教学教程。

本书主要内容包括健康知识的认知、科学锻炼的方法、心理调整、运动损伤的预防与处理、传统运动项目练习要点、时尚运动练习方法及民族传统项目，具有操作性强、实用性强、针对性强的特点，可作为各普通高职高专院校公共体育课程的良好教材。

图书在版编目（CIP）数据

体育健康教程/苏欣，邹正，田海燕主编．—北京：北京理工大学出版社，2013.8
ISBN 978-7-5640-7925-3

Ⅰ．①体…　Ⅱ．①苏…②邹…③田…　Ⅲ．①体育-高等职业教育-教材②健康教育-高等职业教育-教材　Ⅳ．①G807.4

中国版本图书馆 CIP 数据核字（2013）第 159490 号

出版发行／北京理工大学出版社有限责任公司
社　　址／北京市海淀区中关村南大街 5 号
邮　　编／100081
电　　话／（010）68914775（总编室）
　　　　　82562903（教材售后服务热线）
　　　　　68948351（其他图书服务热线）
网　　址／http：//www.bitpress.com.cn
经　　销／全国各地新华书店
印　　刷／北京富达印务有限公司
开　　本／787 毫米×1092 毫米　1/16
印　　张／16
字　　数／364 千字
版　　次／2013 年 8 月第 1 版　2013 年 8 月第 1 次印刷
定　　价／32.00 元

责任编辑／陈莉华
文案编辑／陈莉华
责任校对／周瑞红
责任印制／王美丽

图书出现印装质量问题，请拨打售后服务热线，本社负责调换

《体育健康教程》编委会

主　编： 苏　欣　邹　正　田海燕

副主编： 于海涛　刘立丹　陈浩然　桑　枭　杨春蓉
张亚平　林　卫　王建军　丰　力　李东波
刘　海

编　委： 张　放　何　磊　张　迪　宋云杰　刘佳丽
谭　健　袁　迪　刘　超　田海波　韩　红
项炳砖　陈　浩　李亚平　李　浩　周　宇
杨　亮　侯晓亮　王　博　姜婷婷　张汉光
安　娜　王　霖

前　言

高等职业院校培养的是生产、建设、管理、服务第一线的高素质技能型专门人才，高等职业教育是我国高等教育的重要组成部分。为了全面贯彻党的教育方针，促进高职高专学生身心和谐发展，造就更多合格人才，根据《国家中长期教育改革和发展规划纲要（2010—2020 年）》《中共中央国务院关于加强青少年体育增强青少年体质的意见》和国务院批准发布实行的《学校体育工作条例》及教育部、发展改革委、财政部、体育总局联合下发的《关于进一步加强学校体育工作的若干意见》国发办〔2012〕53 号文件精神，大力开展学生阳光体育活动。中共中央、国务院《关于深化教育改革全面推进素质教育的决定》指出："健康体魄是青少年为祖国和人民服务的基本前提，是中华民族旺盛生命力的体现。学校教育要树立健康第一的指导思想，切实加强体育工作，使学生掌握基本的运动技能，养成锻炼身体的良好习惯。"

教育部体卫艺司王登峰司长在2012 年全国职业院校体育部主任联席会议上指出："教育是民族振兴和社会进步的基石，体育是教育的基石，是人幸福的基础，是社会进步的标志。国家、民族的振兴，人才质量是关键。贯彻党的教育方针，全面提高素质教育，立德树人，培养有社会责任感、创新精神的建设者，必须做好体育教育工作。"基于对中央文件精神的理解与贯彻，我们编写了这本《体育健康教程》，以便于高职院校适应社会发展和教育改革的需要，加速体育健康的理性回归。同时，以发展学生的个性，培养学生的终身体育锻炼习惯和终身体育能力为核心。本书理论部分在具有思想性的同时，力争通俗易懂；实践部分在具有实用性的前提下，力争易学易练。概括起来，本书具有以下特点。

（1）全新的理念。认真理解贯彻中央精神，实施阳光体育工程，遵循《全国高等职业院校体育课程教学指导纲要》的要求，体现了学校体育要树立"健康第一"的指导思想和"以人为本"的教育理念；在体育基本素养和身体运动能力全面提高的基础上，针对今后专业所对应的职业岗位标准，利用科学合理的体育手段，促进职业实用性身体技能和身体素质的发展，达到发展学生职业能力与提高职业素养的目的，是实施素质教育和实现高职高专人才培养目标的重要途径。

（2）新颖的构架。突破以往以运动技术为主线的框架体系，着眼于提高学生的体育健康意识，以培养掌握体育运动常识、体育能力，增进身心健康，养成终身锻炼习惯为主线来编写，体系新颖，结构完整，系统性、连贯性较强。

（3）丰富的内容。本书内容新颖，科学性、实用性、针对性较强，符合大学生的认知规律和生理、心理特征。作者在编写过程中非常注意吸收和借鉴最新的知识信息和科研成果。

（4）人性化的体现。本书考虑到大学生具有较高的理性思维认知特点，结合他们的情感体验和行为特征，力求突出知识性、趣味性、可读性、应用性等特色，以满足大学生这一特殊群体的需要，达到使他们终身受益的目的。

全书共分3篇：第一篇：现代体育理论热点。包括现代健康意识的培养、体育锻炼的原理与方法、运动损伤的预防与处置、急救常识、现代人的心理调适、体育文化；第二篇：竞技体育与健身。介绍了篮球、排球、足球、网球、乒乓球、羽毛球、田径等运动项目的发展概况、基本技战术和练习方法；第三篇：国粹武术与时尚游泳。着重介绍了民族传统体育的精华武术及游泳运动，使学生在掌握正确的运动技能和锻炼方法的同时，更好地指导体育锻炼实践，并逐渐形成终身体育锻炼的习惯。

本书由沈阳职业技术学院苏欣副教授、邹正副教授和沈阳工程学院田海燕副教授担任主编，并诚邀沈阳职业技术学院于海涛讲师、陈浩然讲师、杨春蓉讲师、刘立丹讲师和桑枭老师，辽宁交通高等专科学校张亚平教授，大连职业技术学院林卫副教授，辽宁金融职业技术学院王建军副教授，辽宁职业学院李东波教授，沈阳职业技术学院刘海副教授，辽宁卫生职业技术学院丰力副教授共同编写，同时吸纳了其他体育教师参与编写而成，本书动作演示均由沈阳职业技术学院的教师、学生完成。

本书在编写过程中，参考了有关的教材和资料，在此一并表示感谢。由于编者水平有限，恳请广大师生和专家对本书提出宝贵意见，以便我们今后对教材进行修订，并逐步加以完善和提高。

编　者

目 录

第一篇　现代体育理论热点 …………………………………………………………… (1)
第一章　体育——健康生活的缔造者 …………………………………………… (2)
第一节　现代健康新理念 ……………………………………………………… (2)
一、健康的定义 ……………………………………………………………… (2)
二、健康的 14 个标志 ……………………………………………………… (4)
三、全面健康的意义 ………………………………………………………… (4)
第二节　影响健康的因素 ……………………………………………………… (5)
一、人体生物学因素 ………………………………………………………… (5)
二、环境因素 ………………………………………………………………… (6)
三、生活方式因素 …………………………………………………………… (6)
四、卫生保健设施因素 ……………………………………………………… (6)
五、体育锻炼因素 …………………………………………………………… (7)
六、饮食因素 ………………………………………………………………… (7)
第三节　体育锻炼对体质健康的影响 ………………………………………… (7)
一、心理健康标准 …………………………………………………………… (7)
二、体育锻炼对神经系统的影响 …………………………………………… (8)
三、体育锻炼对呼吸系统机能的影响 ……………………………………… (8)
四、体育锻炼对血液循环系统的影响 ……………………………………… (9)
五、体育锻炼对消化系统的影响 …………………………………………… (11)
六、体育锻炼对人体运动系统的影响 ……………………………………… (11)
第四节　终身体育 ……………………………………………………………… (12)
一、终身体育的概念与特征 ………………………………………………… (13)
二、培养终身体育意识 ……………………………………………………… (13)
三、学校体育与终身体育 …………………………………………………… (14)
四、高职院校体育实施终身体育的基本途径及要求 ……………………… (14)
第二章　体育锻炼的原理与方法 …………………………………………………… (16)
第一节　体育锻炼的原则与方法 ……………………………………………… (16)
一、体育锻炼的原则 ………………………………………………………… (16)
二、体育锻炼的方法 ………………………………………………………… (17)
第二节　不良生活方式对健康的危害 ………………………………………… (18)
一、不良生活方式的主要表现类型 ………………………………………… (18)

二、不良生活方式与疾病 …… (21)
三、有害的职业性习惯 …… (22)
四、大学生不良的饮食方式 …… (23)
第三章 常见的运动损伤和突发情况的处置 …… (25)
第一节 常见运动性损伤的案例 …… (25)
第二节 常见运动突发情况案例与处置 …… (28)
第四章 现代人的心理调适 …… (36)
第一节 克服人性的弱点——战胜自己才能赢得世界 …… (36)
一、克制嫉妒，让别人的光彩照亮自己的前程 …… (36)
二、被人嫉妒怎么办 …… (38)
第二节 告别自负，认识真正的自己 …… (39)
一、自负心理的形成 …… (39)
二、自负心理的防范 …… (39)
第三节 戒除虚荣，不要让表象折磨自己 …… (40)
一、虚荣换不来真正的荣耀 …… (40)
二、炫耀只会使自己变得更加丑陋 …… (41)
第四节 远离懒惰，勤奋是收获的前提 …… (42)
一、懒惰是一种精神腐蚀剂 …… (42)
二、业精于勤荒于嬉 …… (43)
第五节 解除依赖，扔掉拐杖走得更快 …… (44)
一、抛开依赖，学会独立行走 …… (44)
二、自助者天助，自立者成材 …… (45)
第六节 扫除灰色情绪——别让阴云笼罩自己 …… (46)
一、走出私欲，你将拥有更多 …… (46)
二、敞开心扉，遣散孤独的阴影 …… (46)
第七节 适时调整心态——视角不同结论不同，心态好一切都好 …… (48)
一、少安毋躁，浇灭心中的怒火 …… (48)
二、不要狭隘，世界原本海阔天空 …… (49)
第五章 体育文化 …… (51)
第一节 校园体育文化 …… (51)
一、校园体育文化的概念 …… (51)
二、校园体育文化的功能 …… (51)
三、校园体育文化建设和措施 …… (52)
第二节 体育竞赛的组织与实施 …… (54)
一、体育竞赛常见种类 …… (54)
二、常用竞赛规则 …… (55)
三、常用竞赛方法 …… (55)
第四节 体育欣赏 …… (57)
一、体育欣赏的意义 …… (57)

二、体育欣赏的内容 …………………………………………………………（59）
第二篇　竞技体育与健身 ……………………………………………………（63）
第一章　球类运动 …………………………………………………………（64）
第一节　篮球运动 …………………………………………………………（64）
一、认知篮球运动 …………………………………………………………（64）
二、入门与基础 ……………………………………………………………（65）
三、技术与战术 ……………………………………………………………（67）
四、评价与赏析 ……………………………………………………………（71）
第二节　排球运动 …………………………………………………………（72）
一、认知排球运动 …………………………………………………………（72）
二、排球入门 ………………………………………………………………（73）
三、技术与战术 ……………………………………………………………（77）
四、了解规则 ………………………………………………………………（80）
第三节　足球运动 …………………………………………………………（81）
一、认知足球运动 …………………………………………………………（81）
二、足球入门 ………………………………………………………………（82）
三、技术与战术 ……………………………………………………………（84）
四、了解规则 ………………………………………………………………（100）
五、评价与欣赏 ……………………………………………………………（101）
第二章　田径运动 …………………………………………………………（102）
第一节　健身走 ……………………………………………………………（102）
一、认知健身走 ……………………………………………………………（102）
二、健身走的锻炼方法 ……………………………………………………（103）
三、运动量与运动强度 ……………………………………………………（104）
第二节　跑 …………………………………………………………………（105）
一、认知跑类项目 …………………………………………………………（105）
二、入门与基础 ……………………………………………………………（105）
三、跑的技术 ………………………………………………………………（106）
四、跑类练习方法 …………………………………………………………（109）
第三节　跳 …………………………………………………………………（111）
一、认知跳类项目 …………………………………………………………（111）
二、入门与基础 ……………………………………………………………（111）
三、跳的技术 ………………………………………………………………（111）
四、跳类项目练习方法 ……………………………………………………（113）
第三章　小球运动 …………………………………………………………（115）
第一节　乒乓球运动 ………………………………………………………（115）
一、认知乒乓球运动 ………………………………………………………（115）
二、入门与基础 ……………………………………………………………（116）
三、技术与战术 ……………………………………………………………（120）

四、欣赏与评价 …………………………………………………………… (130)
第二节　羽毛球运动 …………………………………………………………… (132)
一、认知羽毛球运动 …………………………………………………………… (132)
二、羽毛球入门 …………………………………………………………… (132)
三、基本技术 …………………………………………………………… (135)
四、基本战术 …………………………………………………………… (138)
五、欣赏与评价 …………………………………………………………… (139)
第三节　网球运动 …………………………………………………………… (139)
一、认知网球运动 …………………………………………………………… (139)
二、网球入门 …………………………………………………………… (140)
三、技术与战术 …………………………………………………………… (142)
四、欣赏与评价 …………………………………………………………… (145)
第三篇　国粹武术与时尚游泳 …………………………………………………… (147)
第一章　民族传统体育的精华——武术 ……………………………………… (148)
第一节　武术简述 …………………………………………………………… (148)
一、武术的产生 …………………………………………………………… (148)
二、武术的流派 …………………………………………………………… (148)
三、武术的分类 …………………………………………………………… (149)
第二节　武术的价值功能与学校体育健康标准 ………………………………… (149)
一、武德教育与素质教育的要求相吻合 ……………………………………… (150)
二、健身防身功能能够达到学生身体适应和心理适应 ………………………… (150)
三、以武会友的交流沟通与社会适应目标相符合 ……………………………… (151)
第三节　基本功训练 …………………………………………………………… (151)
一、腿功训练 …………………………………………………………… (151)
二、腰功练习 …………………………………………………………… (154)
第四节　五步拳 …………………………………………………………… (155)
一、基本手型、步型 …………………………………………………………… (155)
二、五步拳动作方法 …………………………………………………………… (157)
三、五步拳完整动作 …………………………………………………………… (159)
第五节　孙氏十三式太极拳 …………………………………………………… (160)
一、技术动作与方法 …………………………………………………………… (160)
二、孙氏十三式太极拳连贯动作 ……………………………………………… (169)
第六节　太极拳的呼吸 …………………………………………………………… (172)
第七节　女子防身 …………………………………………………………… (172)
一、人体重要的关节和穴位 …………………………………………………… (172)
二、格斗技术 …………………………………………………………… (173)
三、简洁实用的格斗招法 …………………………………………………… (180)
第八节　散手 …………………………………………………………… (187)
一、独具一格的技能素质练习 ………………………………………………… (188)

二、散手技能练习方法 …………………………………… (199)
第九节 武术的身体素质练习 …………………………………… (201)
一、力量素质训练 …………………………………… (201)
二、速度训练 …………………………………… (202)
三、耐力训练 …………………………………… (202)
四、柔韧训练 …………………………………… (202)
五、疲劳程度与恢复 …………………………………… (203)
第十节 流传比较广泛的武术拳种 …………………………………… (203)
一、太极拳 …………………………………… (203)
二、南拳 …………………………………… (204)
三、形意拳 …………………………………… (204)
四、八卦掌 …………………………………… (205)
五、少林拳 …………………………………… (205)
六、通背拳 …………………………………… (206)
七、螳螂拳 …………………………………… (206)
八、八极拳 …………………………………… (207)
九、翻子拳 …………………………………… (207)
十、戳脚 …………………………………… (207)
十一、劈挂拳 …………………………………… (208)
第二章 时尚游泳 …………………………………… (209)
第一节 游泳运动简介 …………………………………… (209)
一、认知游泳运动 …………………………………… (209)
二、熟悉水性 …………………………………… (210)
第二节 游泳运动的基本技术和练习方法 …………………………………… (213)
一、蛙泳 …………………………………… (213)
二、爬泳（自由泳） …………………………………… (218)
三、仰泳 …………………………………… (221)
四、蝶泳 …………………………………… (222)
五、出发 …………………………………… (224)
六、转身 …………………………………… (226)
七、踩水和潜泳 …………………………………… (228)
第三节 游泳的安全与卫生常识 …………………………………… (229)
一、游泳的安全与卫生 …………………………………… (229)
二、游泳救护 …………………………………… (230)
三、游泳场所的选择 …………………………………… (231)
四、认真进行体检 …………………………………… (231)
五、安排好参加游泳活动的合适时间及其他注意事项 …………………………………… (231)
六、游泳后的清洁卫生 …………………………………… (232)

全国普通高等职业（专科）院校公共体育课程教学指导纲要（试行） ……………… (233)
一、课程性质与任务 …………………………………………………………… (233)
二、课程目标 ………………………………………………………………… (233)
三、课程设置与结构 …………………………………………………………… (234)
四、教学实施要求 ……………………………………………………………… (235)
五、课程建设 ………………………………………………………………… (236)
六、课程评价 ………………………………………………………………… (236)
七、附则 …………………………………………………………………… (237)
参考文献 ………………………………………………………………… (238)

第一篇

现代体育理论热点

第一章

体育——健康生活的缔造者

第一节　现代健康新理念

伟大领袖毛泽东同志早在1921年《体育之研究》一文中就撰述："体育一道，乃载知识之车也，配德育与智育，而德、智皆寄于体，无体即无德、智也。"

一、健康的定义

在人类的历史长河中，人的一生是宝贵且又短暂的。怎样度过有限的青春年华，每个人自然都会有自己美好的理想与愿望。当人类跨入21世纪时，随着知识的密集和科学技术迅猛发展，传统观念的更新和生产节奏的加快，脑力劳动和竞争压力也与日俱增，在这样一个充满竞争和挑战的时代，如果没有健康的体魄和敢于挑战困难、战胜困难的良好心理素质以及快速适应社会环境的能力，很难适应社会发展的要求。

推进阳光体育需要文化，体育健康教育要与校园文化紧密结合。体育是加速理性回归的重要途径。大学生正值人生好年华，精力旺盛，这会给不少大学生们一个错觉："病不倒，垮不了，现在学习最重要，不练身体也无妨。"大学生有现代人的文化素养，有现代人的成就，但缺乏现代人的健康观念、体育意识和锻炼习惯。学校体育在树立"健康第一"的指导思想的同时更要注重"心理阳光"建设，着实解决认知——情感——行为这一文化链条的重要作用，使学生掌握基本的运动技能，学会锻炼身体的方法，帮助形成正确的健康观，加深体育锻炼对促进身心健康的认识，提高对体育的兴趣，养成坚持锻炼身体的良好习惯和健康的生活方式。健康是人类文明的象征，是事业成功的基石，是为祖国和为人民服务的基本前提，也是提高中华民族素质的基础。提高大学生的体质健康水平，关系到民族的兴旺和祖国的未来。行动起来吧，为了自己和他人的健康，为了中华民族健康素质的提高，让我们共同投入到体育锻炼中去，在德、智、体、美、劳等几方面全面发展，成为跨世纪的一代新人。

本章将从多个角度和层次定义健康的概念和内涵，为你提供信息，使你能从现在起直至未来对自己的健康负责。

健康是一个综合概念，一般人们谈论健康是指人的体质健康。体质是人体的状态和适应能力，它是在先天遗传和后天获得的基础上表现出来的人体形态结构、生理功能、身体素质、适应能力和心理因素的综合的、相对稳定的特征。体质是人的运动能力、劳动工作能力乃至全部生命活动的物质基础。

知识窗　缺乏运动会引起的疾病

（1）心血管疾病。

（2）高血压。

（3）糖尿病。

（4）肥胖。

（5）骨骼肌肉衰退。

（6）腰背痛。

过去人们对健康的理解比较简单，主要停留在生理层面，认为没有病、吃得好、睡得香就是健康。其实这种对健康的理解是很不全面的。联合国世界卫生组织（WHO）在 1948 年成立时就明确提出："健康（health）不仅是免于疾病和衰弱，而且是保持体格方面、精神方面和社会适应的完美状态。"这被称为"健康三维观"。

随着时代的发展和科技文化的进步，人们对健康的评价从生理的和生物学的范畴，逐渐延伸到心理学和社会学的领域。1990 年世界卫生组织为健康重新进行了定义："躯体健康、心理健康、社会适应良好和道德健康才算是完全的健康。"这一概念首次将人的健康分为生理健康、心理健康、道德健康和社会适应能力等 4 个方面。

1. 生理健康

生理健康是指人体的生理结构完整、健全，生理功能正常。生理健康是维持人体生存，进而开展高级的、丰富多彩的人类生命运动的基础。直至 20 世纪中叶，防治生理性疾病一直是医学界最重要的任务。

2. 心理健康

心理健康是生理健康的发展。随着诊断学的发展，医学专家发现相当多的现代人都有心理异常表现。这些人尽管未达到须求助医务诊治的程度，但一旦环境稍有变化或精神受到某种刺激，健康依然受到威胁。评定心理健康的标准主要有：认识能力正常；情绪反应适度；有健康的理想和价值观；个性健全，情绪健康；人际关系融洽；自我评价恰当；对困难和挫折有良好的承受力。

知识窗　身体构成

身体由皮下脂肪、肌肉、器官、骨骼和其他非脂肪物质构成。

心理学家提出：心理活动与外部环境是否具有统一性，心理现象自身是否具有完整性，个性心理特征是否具有相对稳定性，是确定心理活动正常与否的三条基本原则。

3. 社会适应良好

人是群居的、社会化的生灵，离开了人类社会，孤立的、个体的人无异于灵长类动物。社会适应主要指人在社会生活中的角色适应，包括家庭角色、职业角色和在工作、生活、学习、娱乐、社交中的角色转换以及人际关系等方面的适应。缺乏角色意识，发生角色错位是社会适应不良的表现。按社会运行规则行事，处理好个人和社会其他成员之间的关系是社会适应能力的基本要求。在生存和发展竞争日趋激烈的现代社会中，伴随各种不同价值取向而产生的迷惘、困惑、抑郁、孤独与失望情绪，都对现代人的社会适应能力提出了更高的挑战。

4. 道德健康

道德健康要求人们能按照社会认可的道德行为规范准则约束自己及支配自己的思维和行为，具有辨别真假、好坏、荣辱的是非观念和能力，不能以损害他人的利益来满足自己的需要。

心理健康决定道德健康，心理不健康的人，道德健康无从谈起。同时，道德健康对生理健康、心理健康具有重要的影响。凡与人为善、助人为乐且具有高尚品德的人，总是心胸坦荡的。人若处于无烦恼的心理状态，能分泌出更多有益的激素、酶类和乙酰胆碱等，增强人体的抗病能力，这无疑对促进健康是有利的。相反，倘若一个人有悖于社会道德准则，由于其胡作非为导致紧张、恐惧、内疚等不良心态，就会给他带来沉重的精神负担，使之终日食不甘味，夜不成寐，自然无身心健康可言。

二、健康的14个标志

完整的健康概念包括了生理健康、心理健康、道德健康、社会适应能力等4个方面。世界卫生组织对健康做出了最具代表性的、有广泛影响的表述，给出了健康的14个标志：

（1）充沛的精力，能从容不迫地担负日常生活和工作压力而不感到过分紧张和疲劳。

（2）处世乐观，态度积极，乐于承担责任，事无大小，不挑剔。

（3）善于休息，睡眠好。

（4）应变能力强，能适应外界环境中的各种变化。

（5）能够抵御一般感冒和传染病。

（6）体重适当，身体匀称，站立时头、肩位置协调。

（7）眼睛明亮，反应敏捷，眼睑不发炎。

（8）牙齿清洁，无龋齿，不疼痛，牙龈颜色正常，无出血现象。

（9）头发有光泽，无头屑。

（10）肌肉丰满，皮肤有弹性，走路轻松、协调。

（11）有良好的公德和道德修养，品德高尚。

（12）对自己和他人的健康负责，工作、生活和娱乐时不影响、不损害他人的利益和健康。

（13）不侵占、剽窃他人的钱财、物品及研究成果。

（14）不吸毒，不淫乱。

上述健康的14个标志被世界各国的科学家、医疗健康专家和体育工作者广泛认同并大量引用。

三、全面健康的意义

美国促进健康和预防疾病机构（IHPDP）对全面健康的好处进行了总结。当人体处于完美状态时身心健康有很大提高，主要表现在以下几方面。

（1）提高心血管系统功能。

（2）增加肌肉弹性、力量、柔韧性和耐力，改善人体形态。

（3）降低疾病发病率和死亡率。

（4）缩短疾病和外伤的康复时间。

（5）调节和增强全身的功能，有助于预防各种形式的糖尿病。

（6）有助于缓解紧张和焦虑情绪。

（7）提高能量代谢水平和工作效率。

（8）延缓衰老。

第二节　影响健康的因素

1992年世界卫生组织在《维多利亚宣言》中提出了健康的四大基石——合理膳食、适度运动、规律生活、心理平衡。

人的健康和疾病首先受到生物的、遗传的因素影响，但是在现代社会，越来越多的环境、社会、心理和生活方式等因素对健康形成制约。

一、人体生物学因素

人体是一个极为复杂的有机体。在影响和制约人体健康的诸多生物学因素中，主要有遗传和心理两种因素。

1. 遗传因素

后代形成和亲代相似的多种特征称为遗传特征。遗传不仅使后代在形态、体质以及性格、智力、功能等方面和亲代相似，而且还会把亲代的许多隐性的或显性的疾病传给后代。遗传病不仅种类多，而且发病率高（约占一般病的20%）。它不仅影响个体终身，而且是重大的社会问题。现在世界上许多国家正在大力发展康复医学，遗传残疾人是其重要的康复对象。对于遗传病，最重要的还是预防，如提倡科学婚姻，用法制来制止近亲结婚等。

知识窗　亚健康

现代医学将健康称为第一状态，把疾病称为第二状态；将介于健康与疾病之间的生理功能低下的状态称为第三状态，也称亚健康。

2. 心理因素

1）消极的心理因素能引起多种疾病

我国古代哲学家范缜提出："形存则神存，形谢则神灭。"这句话强调了身体是心理的载体。

我国古代经典中医医书《黄帝内经·素问》中就有"怒伤肝，悲胜怒；喜伤心，恐胜喜；思伤脾，怒胜思；忧伤肺，喜伤肾"的记载，可见身体与心理之间的平衡与和谐对人体健康至关重要。现代医学心理学的研究也证明了许多疾病的发生、发展与心理因素有关，如心血管病、高血压、肿瘤等。大量的临床实践也证明，消极的情绪（如悲伤、恐惧、紧张、愤怒、焦虑等）能引起各器官系统的功能失调，导致失眠、心动过速、血压升高、尿急、月经失调等症状。在我国癌症普查中还发现心理因素与食道癌、宫颈癌有着密切关系。

2）心理因素在治疗中的作用

心理因素在治疗中的作用主要表现在两个方面：一方面是在疾病治疗中要打消顾虑，树立与疾病做斗争的坚强信念，积极与医护人员配合，以保证治疗效果；另一方面对由心理因素、情绪因素引发的疾病要坚持“心理治疗”，即消除致病的消极心理因素。

知识窗　伸展运动的功能

（1）增强身体活动功能。

（2）减少肌肉受伤机会。

（3）增进关节的血液及养分供给。

（4）减少肌肉酸痛。

（5）减少下背痛发生机会。

二、环境因素

1. 自然环境

在优美的自然环境中，精神振奋、呼吸畅通、内分泌协调，这些对人的身心健康无疑是十分有利的。

大自然在为人类提供各种营养物质的同时，还存在着传播对人体健康有害的物质，如广泛存在的有害微生物（细菌、病毒）、空气中的污染物、溶于水中的有害成分等。另外，气候的突然变化（如酷暑、严寒、气压、空气湿度异常等）也会影响人体健康。

2. 社会环境

社会是人类生存和发展的最基本、最重要的环境。人们一方面享受着社会生产的成果，例如，科技的进步、工业的发展，使人们有了丰富的物质文明；另一方面社会生产的发展也会对人体健康造成危害，例如，现代工业的发展同时带来的废水、废气、废渣、噪声等，随着社会生产发展的加速，也带来了越来越多影响人体健康的问题。

三、生活方式因素

在现代社会，人们越来越清楚地认识到，不良的行为和生活方式是影响人类健康的主要原因。世界卫生组织曾经对发达国家疾病谱和死亡谱的变化进行过详细的调查，发现20世纪70年代以后，在发达国家中，导致死亡的主要疾病已变成心脑血管病、恶性肿瘤、意外死亡以及环境污染所致疾病等，而这些疾病的起因都与人们滥用酒精、药物，过度饮食，缺乏体育锻炼，吸烟、吸毒和性淫乱等不良生活方式和行为有关。目前，发展中国家的疾病主要是由贫困造成的恶劣生活条件、不良卫生行为和习惯所致。

人的行为是人为个体生存和种族延续而适应不断变化的环境时所做出的反应或一切活动的总称，它既包括人的一些本能性活动，也包括人所从事的劳动和人际交往等高级的社会活动。人的生活方式是社会及其组成人群中占优势的社会和个人的卫生规范，是人们长期受一定民族、文化、经济、习俗、规范以及家庭影响而形成的一系列生活意识、生活习惯和生活制度。

四、卫生保健设施因素

保健是包括对疾病患者进行治疗在内的康复训练、普查疾病、促进健康、预防疾病、预防伤残以及健康教育等一系列活动的总和。显然，健全的社会保健制度是维护和促进健康的重要保障。

社会保健制度涉及多个方面，而其中最重要的是建立和健全初级卫生保健制度。初级卫生保健是最基本的卫生保健制度，它的特点是能针对本区域人群中存在的主要卫生问题，相应地提供增进健康、预防疾病、治疗伤病以及促进身心健康等方面的卫生服务。例如，开展针对性的健康教育，提供安全饮用水和基础卫生设施，改善食品供应及合理营养，开展妇幼保健和计划生育，对地方病的预防和控制，对常见病和外伤的妥善处理，对主要传染病的免疫接种，提供基本药物等。这样，就使所有个人和家庭在能接受和能提供的范围内，享受到基本的卫生保健。

五、体育锻炼因素

人体在适宜的运动过程中，机体将产生一系列适应性的良性变化而达到健身防病的目的。然而，运动量过大，则可能因身体承受不了而导致伤害；运动量过小，又达不到刺激体内各组织器官的目的，无法提高其生理功能。因此，体育锻炼要想获得理想的健身效果，必须注意科学性。

六、饮食因素

饮食对健康的影响也是多方面的。正确的饮食为人体的生命活动提供全面丰富的营养，不正确的饮食则会给人带来疾病和麻烦。例如，碘缺乏会导致甲状腺肿大；辛辣食品摄入过多会使人上火并有损肌肤；饮酒过多、过频会增加肝脏负担；饮食过度会导致肥胖，容易引起糖尿病、高血压、高血脂、心脏病等。

第三节　体育锻炼对体质健康的影响

席勒说：“只有人充分是人，才游戏；只有人游戏，才完全是人。”

体质是人体的状态和适应能力，它是在先天遗传和后天获得的基础上表现出来的人体形态结构、生理功能、身体素质、适应能力和心理因素的综合的、相对稳定的特征。体质是人的运动能力、劳动工作能力乃至全部生命活动的物质基础。体育锻炼是增强体质最直接、最有效的手段。下面主要讨论体育锻炼对身体各器官及身体运动素质等方面的影响和作用。

人体由许多器官构成，按其功能可分为：神经系统、呼吸系统、循环系统、消化系统、泌尿系统、生殖系统、内分泌系统、运动系统、感觉器官系统。体育锻炼对人体各个系统的影响是深刻的和多方面的。

一、心理健康标准

随着世界性精神疾病发病率不断上升，为了教育和引导公众主动关注心理健康，美国心理学家马斯洛和米特尔曼提出了以下 10 条心理健康的评价标准。

（1）有足够的安全感。

（2）能充分地了解自己，并能对自己的能力做出适度的评价。

（3）生活、理想切合实际。

（4）不脱离周围现实环境。

（5）能保持人格的完整与和谐。

（6）善于从经验中学习。

（7）能保持良好的人际关系。

（8）能适度地发泄情绪和控制情绪。

（9）在符合集体要求的前提下，能有限度地发挥个性。

（10）在不违背社会规范的前提下，能恰当地满足个人需求。

二、体育锻炼对神经系统的影响

神经系统由中枢神经系统和周围神经系统两部分组成。人的所有活动都是在神经系统的支配下进行的，运动器官的每一个动作、身体器官系统的生理活动都以刺激的形式作用于神经系统。

神经系统是人体发育最早、最快的系统，成人脑的体积不再增加，但大脑皮层的结构和功能还在发展。体育锻炼能有效提高脑细胞的生理功能，使神经细胞的兴奋强度、反应速度、兴奋抑制转换的灵活性及均衡性都得到提高。一般人的反应速度是0.4秒以上，运动员的反应速度变为0.332秒，近台快攻的乒乓球运动员的反应速度可达0.1秒左右。这些都将对学习、工作以及日常生活带来很大好处。

另外，经常参加体育锻炼能预防神经衰弱。运动使大脑的兴奋与抑制两种功能保持平衡，以防止功能性神经衰弱疾病的发生。经常从事体育锻炼，可以使大脑皮质兴奋性增强，抑制加深，兴奋和抑制更加集中，神经过程的灵活性提高。由于运动对神经系统有良好的作用，所以医学上广泛地运用体育作为治疗疾病的手段，特别是由神经系统机能障碍而造成的种种疾病。

体育锻炼还有助于增强记忆力、提高大脑工作效率，这是因为：一方面运动使心脏供血能力大幅度提高，脑细胞的供血量增加，脑细胞的思维能力提高；另一方面经过长时间的思考学习，专管学习思考的神经细胞会产生疲劳，由兴奋转为抑制，这时如果进行体育锻炼，指挥运动的肌肉的神经细胞群开始兴奋，包括专管学习思考的细胞在内的其他神经细胞能够得到良好的休息，使头脑更清楚，思维更敏锐。

三、体育锻炼对呼吸系统机能的影响

人体参与呼吸的器官，包括有鼻、喉、气管、支气管和肺脏，总称为呼吸系统。其中肺是气体交换的场所，而其他都是气体交换的通路（总称为呼吸道）。在安静状态下，每分钟大约需要氧气0.25～0.3升，这样只需1/20的肺泡工作，便足以完成。若长期这样，呼吸系统就可能萎缩，功能降低，而且容易得病。

体育锻炼时人体对氧的需求量增加，呼吸频率加快，为了适应这一需求，呼吸系统的各个器官逐渐改善自身机能，使更多的肺部组织参与气体交换，提高摄氧能力。

呼吸机能的改善表现在以下两方面。

1. 呼吸肌逐渐发达、有力、耐久，肺活量增大

体育锻炼使呼吸肌增强，胸围增大。扩大的胸廓，又有利于肺组织的生长发育和肺的扩张，使肺活量增加。一般人的呼吸差（尽量吸气时与尽量呼气时胸围差，叫呼吸差）只有5～8厘米，而经常锻炼的人，呼吸差可增加到9～16厘米。肺活量是衡量少年儿童生长发育

和健康水平的重要指标，胸阔发达，呼吸力度增加有利于回心血量的增加，对心脏的发育及提高心肺功能有重要作用。平常人的肺活量一般只有 3 500 毫升左右（女性为 3 000 毫升左右），经常参加体育锻炼的人肺脏弹性大大增加，呼吸肌力量加大，肺活量比一般人大1 000 毫升左右。

2. 呼吸深度加深，呼吸效率提高

一般人的呼吸浅而急促，安静时每分钟大约呼吸 12 ~ 18 次；而经常参加体育锻炼的人，呼吸深而缓慢，每分钟为 8 ~ 12 次，这就使呼吸肌有较多的休息时间。这种差别在运动的时候表现得更为明显。例如，在运动量相同的条件下（轻微运动），一般人呼吸可增加到每分钟 32 次左右，每次呼吸量只有 300 毫升，每分钟呼吸总量为 9 600 毫升；而运动员呼吸每分钟 16 次左右，但每次呼吸量可达 600 毫升，每分钟呼吸总量也是 9 600 毫升。从表面上看，一般人与运动员每分钟呼吸量相同，但实际上气体交换量却不相同。因为，每次呼吸都有 100 毫升空气留在呼吸道内，不能进入肺泡进行气体交换，所以实际换气量应是：

一般人实际换气量 = （300 - 100） ×32 =6 400（毫升）

运动员实际换气量 = （600 - 100） ×16 =8 000（毫升）

比一般人的实际换气量提高了 30%。

这表明肌肉需氧量增加时，一般人是以增加呼吸频率来适应氧气的需要量，因此运动时常常气喘；而运动员由于呼吸机能提高，呼吸加深，在相同的条件下，呼吸频率稍有增加，就可以满足气体交换的需要。因此，运动锻炼使人的呼吸效率更高，呼吸系统不易疲劳。

经常参加锻炼的人，呼吸中枢的兴奋性高，对血液化学成分的改变敏感。随意停止呼吸时间的长短是评价组织呼吸强度和呼吸中枢对缺氧和二氧化碳增多的耐受的重要指标。优秀运动员随意停止呼吸的持续时间较长，而且对膈肌的控制稳定。他们在恢复呼吸时，血液的氧合作用也恢复得特别迅速。

体育锻炼还能够提高人体的缺氧耐力，在缺氧条件下，仍能坚持复杂的肌肉活动。例如，登山运动员在高山缺氧条件下，不仅能够维持生命活动，还能继续完成艰巨的登山任务。

四、体育锻炼对血液循环系统的影响

血液循环系统是由心脏和血管组成的，所以又叫作心血管系统。血管是供血液流通的通道，遍布人体。血液是担负运输养料和氧气、排出代谢产物和二氧化碳的载体。心脏是生命的“发动机”，推动血液在血管里不断地流动，以便把氧气和营养物质运送到身体各处，同时把组织、细胞在新陈代谢过程中产生的二氧化碳和废物运送到肺、肾和皮肤等处，排出体外。体育锻炼能使心血管系统的机能得到明显增强，使血管弹性增加、心肌变得肥厚、心动徐缓和血压降低。

知识窗 心脏的功能

右心房/右心室：从静脉中收集缺氧血液，由右心房流至右心室，经肺动脉泵至肺部；

左心房/左心室：从肺静脉收集带氧血液，由左心房流至左心室，经动脉系统泵至全身。

1. 安静时“心搏徐缓”

一般人每分钟心跳频率为 70 ~ 80 次，经常从事体育活动的人心跳频率为 50 ~ 60 次，优秀运动员甚至减少到40多次。这是由于运动员每搏输出量增加，因而减少了心跳频率，心脏可以得到更多的休息时间。运动员心跳缓慢而有力的现象称为“心搏徐缓”现象。

有一种观点，认为人的心脏如同发动机一样，是有工作寿命的，一般能跳动30亿次，即能跳动80年左右，若心脏的工作频率降到一般人的70%，则人的预期寿命就可达115年。

2. 心脏运动性肥大

体育锻炼加速了全身的血液循环，同时也改善了心肌供血状况，使心肌得到更多的营养物质，心肌逐渐增强，心壁增厚，心脏容积增加（一般人约为700毫升，而运动员约在1 000毫升以上）。所以运动员心脏体积普遍比一般人大些，外形圆满，搏动有劲。这种现象称为“运动性心脏肥大”。一个更强大的心脏，才有可能带着生命跑得更远。

3. 心脏工作更有潜力

人在剧烈运动或在遇到紧急情况时，心脏应能迅速发挥机能，心跳加速，达180次/分钟。而优秀运动员的心跳频率每分钟可以增至200～220次以上，因此能承担大运动量的训练和大负荷的工作、劳动。遇到紧急情况比较容易成功化解危机，即生存和发展的机会更多些。

4. 血管弹性增加、血管表面积增大

体育锻炼可以增加血管壁的弹性，这对老年人来说是十分有益的。老年人随着年龄的增加，血管壁弹性逐渐下降，因而可诱发老年性高血压等老年性疾病。老年人通过体育锻炼，可增加血管壁的弹性，以预防或缓解老年性高血压症状。

5. 增加血红蛋白含量

血液负责运输人体代谢所需要的氧并排出二氧化碳，承担运输任务的主要是血红蛋白。1分子的血红蛋白可以结合4分子的氧，每克血红蛋白可以携带1.34毫升的氧，因此血红蛋白的含量高，运输氧的能力强。另外，血氧饱和度也直接影响氧运输能力。经常参加锻炼的人与一般人相比，血红蛋白的含量高，血红蛋白的正常值成年男性为每100毫升血液12～15克，女性为每100毫升血液11～14克。而运动员由于长期训练机体出现适应，可达到男性每100毫升血液中含血红蛋白15～18克，女性每100毫升血液含血红蛋白14～17克，血液运输氧的能力增强。运动时血液浓缩，血红蛋白含量相对增加，运输氧的能力提高；同时，肌肉组织气分压的降低、血液温度的增加、血液pH值的下降及血液中二氧化碳的增加，都增加了血液的氧运输能力，促使更多的氧释放入运动的骨骼肌。

6. 强化血液微循环

微循环主要是指毛细血管的血流情况。人体安静状态下，毛细血管仅有20%～25%开放，而较剧烈的运动可使毛细血管开放数量增加几倍，达70%以上，毛细血管总表面积达300～600平方米，从而大大改善了毛细血管的物质交换转运，还引起体内血液的重新分布。人体的许多疾病是由于血液微循环障碍造成的，如营养缺乏、早衰、脱发等，通过体育锻炼强化血液微循环系统建设，对健康的促进作用是巨大的。

在长期运动锻炼引起的适应性改建过程中，骨骼肌、心肌的毛细血管会出现增生，这不但有利于适应肌肉工作的需要，而且对于有血管栓塞局部的侧支循环的建立，具有极为重要的康复促进作用。

一些专家认为，坚持体育锻炼可以使心脏衰老推迟10～15年。

美国科学家发现人体内有一种高密度脂蛋白（HDL2）粒子，主要负责把沉积在血管壁上的脂肪和胆固醇去掉。经常进行身体锻炼，就会使体内的 HDL2 浓度明显增加，并能自动地在血管内筑起一道 HDL2 的防线，不断消除沉积物，使血液畅通无阻。

随着人们生活水平的提高，如果不经常参加锻炼，“文明病”也必然随之增多，目前世界上有不少的人死于心血管疾病。体育锻炼可以减少胆固醇在动脉壁上的沉积，预防或减轻动脉粥样硬化，从而对高血压和冠心病均起到良好的防治作用。德国近 20 年来心肌梗塞死者增加了 20 倍；美国 70 年代因心血管病死亡人数占死亡总数的 52% ~53%。据世界卫生组织于 1984 年公布的材料，心脏病是当前死亡率最高的疾病之一。据中国国家体委科研人员调查统计，我国部分大专院校、科研机构中高级知识分子平均死亡年龄是 58.2 岁，比全国人均寿命短近 10 年。导致中高级知识分子过早死亡的两大疾病是恶性肿瘤和心血管疾病。针对上述情况，最积极有效的方法就是自觉地、经常不断地进行身体锻炼，提高心血管系统的功能，以防止这类疾病的发生。

五、体育锻炼对消化系统的影响

1. 运动促进食物的消化和营养物质的吸收

胃肠是人体消化食物的主要器官，胃肠消化能力的好坏对身体健康的影响很大。经常参加体育锻炼，消化腺分泌的消化液就更多，消化管道的蠕动加强，胃肠的血液循环得到改善。由于发生了这些改变，使食物的消化和营养物质的吸收更加充分和顺利。另一方面，由于运动时呼吸加深，膈肌大幅度地上下移动和腹肌大量活动，对胃肠能起到按摩作用，对增强胃肠的消化功能有良好的影响。

体育锻炼对胃肠有着明显的良好作用，不少人采用体育锻炼作为治疗消化不良、胃肠神经功能症和溃疡病等的一种手段，并取得了一定的疗效。

2. 运动增进肝脏的健康

肝脏是人体的最大腺体，也是一个重要的消化腺，经常锻炼身体能使肝脏的机能提高，更有利于食物的消化。体育锻炼时，能源物质——糖的消耗增加，这使得肝脏的“后勤供应”工作加重，从而使其机能受到锻炼而得到发展。经过训练的运动员的肝脏里储备的糖原比一般人多，在运动时向外输送也更快。肝糖原对肝脏的健康也极为重要，它能保护肝脏，医生经常要求患肝病的人适当多吃些糖果。

运动员的肝脏机能水平高，对疾病的抵抗力也强。不但如此，经常运动的人，在动用肝糖原方面，也比一般人来得经济。由此可见，运动能增进肝脏的健康，而健康的肝脏又能提高人的劳动和运动的能力。

六、体育锻炼对人体运动系统的影响

人体的运动是由运动系统实现的。运动系统由 206 块骨骼、600 多块肌肉以及关节等构成。体育锻炼可以使运动系统产生良好的适应性变化。

1. 肌肉结构及机能的变化

组成人体肌肉的基本单位是肌纤维，肌纤维排列成肌束，许多肌束聚集在一起构成一块肌肉。人体在运动时，骨骼肌是运动系统的主动部分，人体的任何运动首先都表现为肌肉运动。体育锻炼时，肌肉工作加强，血液供应增加，蛋白质等营养物质的吸收与储存能力增强，肌纤维增粗，因而肌肉逐渐变得更加粗壮、结实，肌肉力量增强。由于肌肉中肌红蛋白的增加使其结合氧气的能力增强；储存的营养物质——肌糖原增加；肌肉内毛细血管的数量也增多了，更能适应运动或劳动的需要。一般人肌肉重量占体重的35%～40%，而经常参加体育锻炼及运动训练的人，特别是静力式力量锻炼者，其肌肉可达到体重的50%以上。青少年中不少人肩窄、胸平，胸部根根肋骨显露，只要坚持经常的体育锻炼，便会使自己肌肉发达，比例匀称，健美有力。

随着肌肉形态结构的改变，肌肉的机能也得到提高，神经系统对肌肉的控制能力增强，肌肉的反应速度、准确性和协调性都有明显提高。肌肉工作时能量消耗下降，效率提高。这些使运动员在肌肉的力量、速度、耐久力和灵巧性等方面都远远超过一般人，还可以避免人体在日常活动和体育锻炼过程中由于肌肉的剧烈收缩而造成的各种运动损伤。但是，肌肉在锻炼后的各种变化随运动项目的不同而有所不同。例如，经常进行速度性锻炼，可提高肌肉的兴奋性和灵活性，表现为动作的速度快，肌肉的收缩和舒张交替也快；举重锻炼者，腿部、手臂的肌肉更加粗壮、结实，肌肉力量增强；喜爱长跑者，肌纤维体积变化不大，但是纤维周围毛细血管开放的量增多，这样可以保证运动时肌肉细胞与血液之间的气体交换和物质交换顺利进行，使肌细胞获得充分的氧气和营养物质，并能及时排出代谢产物，提高人的耐久力。

2. 骨骼和关节的变化

骨骼是人体内最坚固的结构，共有206块。骨骼组成人体的支架，赋予人体基本形态，起着保护脑、脊髓、心、肺等重要器官的作用。骨骼肌附着于骨，在神经系统支配下，收缩时以关节为支点牵引骨改变位置，产生运动。骨骼还有造血的机能，因此，骨骼的生长发育不仅对人体形态有重要的影响，而且对内脏器官的发育，对人的劳动和运动的能力也有重要的影响。

身体锻炼可以改变骨的结构。经常从事体育锻炼可以增强骨质，体育锻炼引起肌肉对骨骼牵拉和重压，使骨骼不仅在形态方面产生变化，而且使骨骼的机械性能也得到提高。骨骼在形态方面最明显的变化是：肌肉附着处的骨突增大，骨外层的密质增厚，而里层的骨松质在排列上则能适应肌肉拉力和压力的作用。这就使骨质更加坚固，可以承担更大的负荷，提高了骨骼抵抗折断、弯曲、压缩、拉长和扭转的能力。

人体骨与骨连接能够活动的地方叫作关节。关节周围由关节囊、韧带和肌肉包围着，韧带能加固关节，而肌肉不仅能加固关节，还能牵引关节运动。关节是连接骨与骨之间的枢纽。科学、系统的体育锻炼，既可以提高关节的稳定性，又可以增加关节的灵活性和运动幅度。体育锻炼可以增加关节面软骨和骨密度的厚度，并可使关节周围的肌肉发达、力量增强、关节囊和韧带增厚，因而可使关节的稳固性加强，使关节抗负荷能力加强。在增强关节稳固性的同时，由于关节囊、韧带和关节周围肌肉的弹性和伸展性提高，使关节的运动幅度和灵活性也大大增加，有效减少伤害事故的发生。如在自由体操表演中，运动员的各个关节活动范围非常之大，做“后桥”“大劈叉”等动作，没有经过长期锻炼是很难完成的。

第四节　终身体育

王登峰司长解读十八大报告教育部分时说：“教育是民族振兴和社会进步的基石，那么体育就是教育的基石，是人幸福的基础，是社会进步的标志。”

一、终身体育的概念与特征

1. 终身体育的概念

终身体育是指人在一生中所接受体育教育和参与体育锻炼的总和。终身体育是根据人体发展变化规律、身体锻炼的作用，以及现代社会发展对人提出的要求所确定的，是在国际终身教育思想的启迪下逐步形成和发展的。终身教育是法国教育家郎格郎于1965年首先提出的，他强调教育和训练的过程不应随着学校学习的结束而结束，需要贯穿生命的全过程。终身体育，强调个体生命整个过程中不同时期（婴幼儿、学前儿童、小学、中学、大学、成人、老人）的体育，即体育健身贯穿于生命的全过程。

2. 终身体育的特征

1）体育锻炼时间的终身性

终身体育的思想突破了传统的学校体育目标过分强调学习和掌握运动技能的观念，使学校体育得以进一步的发展和延续。传统的观念把人接受体育教育的时间局限在青少年时在校的学习期间，把学校体育锻炼局限于体育知识、运动技能的学习和掌握。而终身体育要求根据个体生长发育、发展和衰退的规律和阶段性特征进行科学的身体锻炼，强调人们要始终把体育作为生活中不可缺少的组成部分。

2）体育锻炼群体的全民性

终身体育具有全民性，是指接受终身体育的所有人，在对象上有儿童、青少年、成人和老年人等；在范围上有学校体育、家庭体育、社会体育等。以终身体育为指导开展群众体育活动是现代体育科学化、社会化的趋势之一，其实质也是群众体育普及的进一步发展，以实现广泛普及化。国外终身体育论者强调，生活在当今社会的每一个人，都要学会生存，而要学会生存则离不开体育。因为生存发展是时代的主流，会生存必须会学习、运动锻炼和保健，这是现代社会给每一个人提出的新课题。所以，体育要为学习、工作后的生活和闲暇时间做好准备，要把体育与生活紧密联系在一起，让每一个会生存的人在参与体育活动中终身受益。

3）体育锻炼目的的实效性

终身体育的最终目的是维护和改善人的生活质量，增进健康，延年益寿。人们可以通过终身体育来完善个人适应社会的发展需要，即终身体育是以适应个人发展和社会发展为着眼点的。人们为了改善和提高生活质量，根据自己的条件选择适合自己的体育活动方式，需要什么就学什么，怎样对自己有益就怎样学。总之，体育健康知识学习和身体锻炼要具有明确的目的性：学是为了用，练是为了终身受益。

二、培养终身体育意识

21世纪是“知识爆炸”、科学技术和社会生产力迅猛发展的时代，从事脑力劳动的人越来越多，劳动方式和特点与过去相比有了明显的变化。主要表现为长时间从事单调与枯燥的工作，思想高度集中，精神处于紧张状态，很容易疲劳，且随着社会主义市场经济体制的进一步完善，竞争会越来越激烈，同时工作时间将会缩短，于是一方面工作压力加大，一方面余暇时间进一步增加，人们越来越重视生活质量，闲暇时间通过体育锻炼和体育欣赏来保持旺盛的精力，激发向上的精神，防止文明病，延缓衰老。所有这些都对高职学生们提出了新的要求，同时人的社会属性也决定了未来人才培养规格的要求和人们对体育的价值与功能认识的进一步深化，赋予了未来学校体育的发展走向将以终身体育为主线，培养学生在各种环境下能独立地进行自我健身和自我发展的意识和能力，养成终身从事锻炼的习惯，以适应社会发展的需要。

在高职阶段尤其要重视终身体育的教育，高职学生进入了学校教育的最后一站，即将走向社会，在最后阶段的学校生活中，确立终身体育的理念，培养参加体育锻炼兴趣，养成终身体育的习惯，促进个性的发展，为真正成为社会主义建设接班人奠定扎实的身体基础。

三、学校体育与终身体育

体育锻炼对人体发展的重要作用以及现代社会发展条件下对人体质量提出的要求，结合终身教育而不断发展。体育锻炼必须遵循人体发展的客观规律，持之以恒，才能获得持续性的锻炼效果。所以，终身体育不能只局限于学校体育，还包括学前体育和学后体育的连续过程。现代社会的生活方式已使体育锻炼成为现代文明生活的一部分，人需要不断地接受科学的体育指导，提高健身的效果。能否科学地指导人们终身从事身体锻炼，涉及如何提高中华民族整体素质的大问题。学校体育是终身体育的关键环节和基础，具有承前启后的作用。

学校体育遵循学生身心发展规律，有效地促进学生身体形态、机能和素质的正常发展，增进健康和增强体质，发展和完善他们的身体，既有利于学生在校期间的健康成长，精力充沛地投入学习，更好地掌握科学文化知识，同时也为他们走向社会后的学习、工作、生活及从事终身体育打下坚实的身体基础。另外，学校体育是一个有目的、有计划的体育教育过程，通过使学生学习与掌握系统的体育科学知识、技能和科学锻炼身体的原理和方法，既可以促进学生身体健康，还可以培养学生终身体育的意识、习惯和能力。

四、高职院校体育实施终身体育的基本途径及要求

1. 高职院校体育实施终身体育的基本途径

高职院校体育实施终身体育的基本途径主要有 4 个方面：体育课、课外体育活动、体育竞赛活动、拓展性体育活动。

1）体育课

体育课是学校教学计划的重要组成部分，是学校体育教育的中心环节，也是培养终身体育意识和终身体育能力的有效途径，更是落实“阳光体育”的重要手段。

2）课外体育活动

课外体育活动主要包括早操、课余体育活动、课余体育训练、体育节等，它是阳光体育的延续和补充，是高职体育教育过程中不可分割的环节。丰富多样的课余体育活动对巩固提高体育课教学效果、增强体质、培养自我体育意识和满足个性体育需要等都起到良好的促进作用。在课外活动中，学生可以运用已学习和掌握的体育健康知识、运动技能、科学健身方法，根据个性的兴趣爱好及身体条件，自主地选择运动项目和方式，以追求自我身心的协调发展。

3）体育竞赛活动

体育竞赛活动是丰富校园文化生活、增强集体凝聚力的有效形式。体育竞赛内容包括体育健康知识的竞赛和体育运动能力竞赛两个部分，其组织形式可分为体育健康知识问答竞

赛、学校运动会、单项比赛、健身运动游戏等。体育竞赛对激发体育兴趣和促进自我体育锻炼具有较好的作用。

4）拓展性体育活动

玩出高水平是人类文化成就的反映。拓展活动特点鲜明，针对性强，主要是根据学生个体的兴趣和自身身体条件进行拓展自己某种运动能力的活动，主要目的是在团队、责任、自信、顽强等方面进行针对性的体验，是实施“心理阳光”工程的最佳方法。拓展活动的内容主要有游戏、野外生存、定向越野等集体活动。拓展活动对学生体验自然、磨炼自我、锤炼意志、提高协作意识适应环境和增进健康很有意义。

2. 高职院校体育锻炼指导的基本要求

1）树立终身健身的体育观

思想和意识是人类特有的高级思维活动。人类的活动具有很强的目的性，其主观能动性具有相当的创造力。高职学生处于接受知识的较高级阶段，他们分析问题、认识问题的能力很强。教师应讲清道理，使学生明白只有有了健康的身体，才有满足个体发展的精力。树立正确的健身观，使学生进一步了解运动的规律，认识运动对身心健康、身体发育、功能发展的促进作用也是必不可少的。对于学生来说，如果把体育只是当作一种外在施加压力的东西，就不可能激发其自觉锻炼的兴趣，也不可能使其转化为日常生活中不可缺少的一部分，这就难以达到健身的目的，更难实现终身体育的目标。

2）注重终身体育能力的培养

过去学校体育过多重视运动技能的学习和掌握，学生在学校经过十几年的体育学习后，许多人都不会自我健身，不会运用适当的运动方法，不能掌握适当的运动负荷来达到健身的目的，以致他们很多人对健身逐渐失去兴趣，最终忽视身体锻炼。这种现象的出现，与学校体育教育教学中忽视培养学生健身能力和习惯是分不开的。终身体育追求的是连续性和一贯性，而自我体育锻炼能力是实现终身体育锻炼的基点。高职院校体育教学的重点是培养学生自我体育锻炼的能力和习惯。

3）重视个性化体育需要的培养

学校要尽可能组织和开展丰富多样的体育活动，以满足不同学生的个性发展和个体需要。学生参加体育锻炼的积极性最初往往不是来自兴趣，而是来自个体的某种需要。兴趣常常是由需要而引发的。学生体育锻炼的需要是多种多样的，有的是为了健身和增强体质，有的是为了缓解紧张学习和精神压力，有的是为了掌握某项运动技能，有的是为了宣泄情感，有的是探险猎奇等。

第二章

体育锻炼的原理与方法

第一节　体育锻炼的原则与方法

一、体育锻炼的原则

所谓体育锻炼的原则是指体育锻炼中客观规律的反映，是人们长期体育锻炼实践的经验总结，是达到理想锻炼效果所必须遵循的基本准则和原理。

体育锻炼的原则主要包括：自觉性原则、全面性原则、经常性原则、渐进性原则、针对性原则和适量性原则。

1. 自觉性原则

自觉性原则，是指体育锻炼的参加者必须有明确的健身目的，自觉主动地从事体育锻炼。必须明确“生命在于运动”的科学原理，认识体育锻炼对人生事业的重要价值，树立“健康第一”的思想，树立自己身体的好坏将关系到整个中华民族伟大振兴的理念，把体育锻炼作为生存的需要，全身心地投入其中。

2. 全面性原则

全面性原则，是指体育锻炼者在身体活动中使身体各器官系统、心理等都得到全面和谐的发展。人体是由各器官、系统构成的一个有机整体，进行体育锻炼时，必须采取多种形式和手段，使整个有机体得到全面均衡的发展，既要促进身体形态的发展，使体形匀称健美，又要提高和改善各器官、系统的工作效能；既要全面发展力量、速度、耐力、灵敏、柔韧、平衡能力等素质，又要提高跑、跳、投、攀、爬、游等基本活动能力，同时要注意培养心理素质，在体育锻炼过程中保持愉悦的心情。

3. 经常性原则

经常性原则，是指体育锻炼必须持之以恒，养成习惯，成为日常生活中的重要内容。体育锻炼所取得的效果，是日积月累的，要取得良好的锻炼效果，必须保持体育锻炼的时间、强度、次数的衔接性和连续性。要持久锻炼，反复练习，不断积累锻炼的效果，决不能“三天打鱼，两天晒网”。

4. 渐进性原则

渐进性原则，是指体育锻炼者必须按照人体自然发展和机体适应性规律，逐步积累增强体质的效果。体育锻炼不能急于求成，运动负荷的安排必须在个体所能承受的范围之内。一般情况下，运动的时间、次数、强度应由小到大，逐步上升，使机体逐步适应，要按照人体接受刺激—适应—再刺激—再适应的规律，决不能使机体一开始就超负荷运转，这样会引起过度疲劳，损伤身体。

《宽心谣》

日出东海落西山，喜也一天，愁也一天。
宠辱不惊看得淡，官也是缘，民也是缘。
去留无意任安排，上也坦然，下也坦然。
遇事不钻牛角尖，身也舒坦，心也舒坦。
每月领取养老钱，多也高兴，少也心安。
少荤多素日三餐，细也香甜，粗也香甜。
新旧衣服不挑拣，美也御寒，丑也御寒。
生男生女任自然，儿也喜欢，女也喜欢。
儿孙事情儿孙办，智也听便，愚也听便。
白头偕老好夫妻，朝也相伴，夕也相伴。
全家老少互慰勉，富也相安，贫也相安。
常与知己聊聊天，今也谈谈，古也谈谈。
早晚操劳勤锻炼，忙也乐观，闲也乐观。
心宽体健养天年，不是神仙，胜似神仙。

5. 针对性原则

针对性原则，是指体育锻炼者根据个人的实际情况，有针对性地进行锻炼。由于个体差异的存在，同样的方法，对甲适宜，对乙就不一定适宜，达到的效果也不一定相同，要根据年龄、性别、健康情况、兴趣爱好、生活水平等诸多因素来决定选择的项目、内容、方法和运动负荷，特别要注意改善和提高自己的薄弱环节。

6. 适量性原则

适量性原则，是指体育锻炼时要有适宜的生理负荷。锻炼效果的大小，很大程度上取决于运动刺激的强度，太弱的刺激不能引起机体功能的变化；过强的刺激则会损伤机体，只有适宜的强度，才能有利于能量消耗的恢复和超量补膳。体育锻炼必须量力而行，注意自我感觉并结合生理测定，如果锻炼后出现头晕恶心、四肢无力、精神萎靡、食欲不振、睡眠不好等症状，则说明强度过大，需要调整。

二、体育锻炼的方法

体育锻炼方法是根据人体发展规律，运用各种身体练习，以提高人体的身体素质和基本活动能力的途径和方式。主要有：重复锻炼法、间歇锻炼法、循环锻炼法、综合锻炼法和处方锻炼法。

1. 重复锻炼法

重复锻炼法，是指按一定负荷标准，反复多次进行某一动作或某一项目练习的方法。运用时，要掌握好负荷的有效程度，通常依据心率来调整重复的次数和休息时间。通常心率在每分钟 120 ~ 180 次范围内，心输出量能保持在最佳范围内；若心率超过每分钟 180 次，则心舒张充盈时间过短，回心血量少，心脏充盈不足，因而输出量下降，这时就应减少次数，安排足够的时间休息；若心率低于每分钟 120 次，由于心率过低，也不能达到最大的输出量，影响锻炼效果，此时应增加重复次数。

2. 间歇锻炼法

间歇锻炼法，是指严格规定重复锻炼各次的负荷强度和其间的休息时间的锻炼方法。运用间歇锻炼法，要根据个人的具体情况，科学合理地安排每次锻炼的负荷强度及间歇时间。一般地，当心率在每分钟 160～180 次时，进行间歇；而当心率恢复到每分钟 120～130 次时，就应进行下一次锻炼。

3. 循环锻炼法

循环锻炼法，是指将具有不同锻炼效果的各种类型的动作编成固定的程序，锻炼者按一定的顺序循环反复地进行锻炼的方法。锻炼者要按要求在各个练习点完成规定练习，当一个练习点结束，迅速移到下一个练习点，锻炼者完成各个练习点上的练习后，就算完成了一次循环。运用循环锻炼法时，各个练习点锻炼内容的搭配要全面，应选用已经掌握的、简便易行的动作，同时规定好练习的次数、规格和要求，使锻炼者得到全面的锻炼。

4. 综合锻炼法

综合锻炼法，是指根据锻炼的目的、任务，将上述各种锻炼方法综合运用，以便更灵活地调节运动负荷，取得更好锻炼效果的方法。运用综合锻炼法时，各锻炼法的组合运用要根据个人的实际情况和锻炼任务而定。综合锻炼法变化多，组合多样，能适应不同性别、年龄、身体状况、锻炼水平的不同人的需求。

5. 处方锻炼法

处方锻炼法，是指根据锻炼者体质测试结果，由体育专家制定锻炼身体的方案进行锻炼的方法。运用这种方法时，锻炼者应先进行体质测试，并根据测试结果，由体育专家来制定锻炼的处方。锻炼者根据锻炼处方的具体安排进行锻炼，并要定期进行体质测试，以便根据体质变化情况进行锻炼处方的修改。

第二节　不良生活方式对健康的危害

随着人民生活水平的提高及生活习惯的改变，医学家预言：大约在 2015 年，发达国家和发展中国家人的死亡原因大致相同，生活方式疾病将成为人类的头号杀手！

一、不良生活方式的主要表现类型

1. 不良饮食习惯

不良饮食行为的形成与多种因素有关，归纳起来有以下几个方面。

1）社会环境因素

人类在地球上大约生活了 400 万年，其中绝大多数时间是生活在原始生活状态。因此，人体代谢需要的基本模式是适应天然食物成分营养环境，需要吃多种类、多样化的动植物，其基本的特点是低脂肪、低盐、低糖、高钾、高纤维。随着科学技术的发展，人民生活水平的提高，使物质生活极大地丰富，食物的结构也随之发生了很大变化，人们大量享用高糖类、高蛋白、高脂肪的美味食品，致使食物结构失衡。再则，精制食品的不断出现，也使人体代谢失去了天然食物成分营养环境。

2）自然环境因素

人们的饮食行为在一定程度上也受地球和气候的影响。例如，我国北方地区由于气候条件，冬天多吃腌菜、咸菜，缺少维生素 C，这样不利于阻断致癌的亚硝酸类化合物的形成，因而是胃癌的高发地区。又如我国珠江三角洲、长江三角洲、雷州半岛、北部湾附近，甚至山东半岛的沿海等地区，为肝癌高发区，这与受海洋气候的影响潮湿多雨、粮食易霉变，人们多吃霉变的食物有关。

3）风俗习惯因素

风俗习惯往往使一些饮食行为可在一个人群中延续数代之久。如东南亚的居民有嚼烟和吃槟榔的习惯，致使该地区口腔癌发病率高于一般地区；还有我国一些少数民族有吃生肉的习惯，是导致人群中旋毛虫感染率较高的重要原因。

2. 不良的生活习惯

对于不良的生活习惯这里主要讲懈怠。与现代紧张状态相反，在文明社会中也有人惯于依赖自动化和物质享受，懒动脑子，四肢懈怠，甚至每天有五分之四的时间是在床上或座椅上度过。该类不良生活习惯的主要表现特点如下。

1）思维迟钝

写文章作报告由别人代劳，计算记忆靠电脑帮助，读书、看报一目十行，电视机、录像机使君逍遥。长此下去，大脑功能渐渐退化、思维智能逐渐迟钝、神情呆滞麻木、分析判断能力下降、气量狭小、性格孤僻、怕烦喜静、懒散健忘。

2）四肢疲软

家里有洗衣机、电饭煲、电冰箱、吸尘器，大大地减少了家务劳动的强度，外出乘车，上下楼乘电梯，出差坐飞机，旅游登山上缆车，使手和脚活动范围大大减少，致使四肢不勤，手脚软弱无力，动辄感到疲劳。

3）体质虚弱

这表现在越安逸越想安逸，越闲越怠，越养越懒，由此造成精神萎靡，呵欠不断，喜躺思睡，不求上进。

3. 不良的行为

1）吸烟

把吸烟称为“现代的鼠疫”一点也不过分。烟草可以说是一种慢性自杀剂，烟草的化学成分十分复杂，仅有毒物质就有 20 多种。有研究表明，在香烟点燃后产生的烟雾中，竟有多达 750 种以上的刺激和毒害细胞的物质。据统计，肺癌的发病率与开始吸烟的年龄有直接的关系。例如，20～26 岁开始的吸烟者，肺癌的发病率为不吸烟者的 10 倍；15～19 岁开始的吸烟者为不吸烟者的 15 倍；小于 15 岁的吸烟者为不吸烟者的 19 倍。童年时期就有吸烟习惯的成年人比不吸烟者死亡率高。

（1）吸烟对社会的主要危害。

① 促发和形成某些严重疾病，造成有效学习和工作日的减少，甚至导致学习和劳动力的丧失。

② 污染环境，使周围不吸烟者遭受被动吸烟的危害。

③ 引起和增加意外恶性事件的发生。我国1987年发生的大兴安岭森林火灾就是由吸烟引起的，造成了400人死亡、5万人无家可归的严重后果。

④ 增加了国家、社会、单位、家庭的医疗负担，造成了巨大的经济损失和医疗资源的紧张和浪费。

（2）吸烟行为及成瘾的原因。

① 社会和心理方面的原因。吸烟者认为，香烟是重要的社会“润滑剂”和“交际棒”，通过香烟来往，可以使社会活动更加方便，更易成功。同时，一定的社会形象、风度、仪态也可借助吸烟行为来表示。吸烟行为有较高的模仿效应，吸烟行为的“遗传”就是很好的例证。香烟中的确含有使人产生兴奋作用的物质，吸烟者往往在思考问题、精神紧张等一些心理活动的情况下更易吸烟。

② 从生理方面来分析。当人吸入第一口烟后的10秒钟内，烟中的尼古丁便进入血液，随血液到达大脑，像插进锁孔的钥匙一样钻进大脑神经表面的尼古丁受容器，开始刺激神经细胞，并迅速分泌肾上腺素等有兴奋作用的化学物质，使血液循环加快。当第一支烟吸完后，血液循环给大脑输送了大量的血液，脑细胞获得了充分的氧气与养料，因而头脑清醒、兴奋度提高，使人产生“吸烟能提神”的错觉。但好景不长，仅仅半个小时过后，吸入的尼古丁便消耗殆尽，上述有效影响逐渐消失，人的精力随之一点点减弱。这时，你不得不点上第二支烟。其奥秘在于尼古丁促使大脑生成了更多的尼古丁受容器，迫使大脑只有在尼古丁量不断增加的情况下才能正常工作，一旦停止吸入尼古丁，脑子便不好使了。香烟就是这样一步步地将人们诱进了它的圈套。

2）酗酒与嗜酒

酒的主要成分是酒精（乙醇）。一般啤酒的酒精浓度为3%～5%；果酒为10%～20%；白酒为50%～65%。长期酗酒将造成慢性酒精中毒，对人体的危害极大。酒能损害口腔、胃、肠黏膜，诱发胰腺炎、食道炎、胃及十二指肠溃疡；酒精对肝脏的影响是非常大的，它会使肝脏及结缔组织增生，从而导致肝硬化。在西方国家，20%～25%的肝硬化患者都是嗜酒所致；饮下的酒一部分是从肺部排出去的，呼吸道受到刺激，就会降低其防御功能。据调查，在常饮酒的人群中，肺结核的发病率比正常人群高9倍；长期饮酒还会使血管变窄，从而造成动脉硬化、高血压、诱发心肌梗塞和脑出血；酒精对生殖系统也有毒害，由于酒精对内分泌腺有不良影响，易引起染色体畸变、性功能障碍、精子畸形、导致胎儿发育缺损或智能底下；酗酒和嗜酒还损伤神经系统的功能，如酒精性神经症、小脑萎缩等；喝酒后在短时间内会产生兴奋，甚至感情冲动，粗鲁无礼，但很快会转为抑制，神志迷糊，这种抑制过程可以持续很长时间。经常酗酒的人必然会导致智力下降、记忆力减退、理解力降低，从而影响学习，严重的甚至会引起酒精中毒性精神病。据联合国提供的资料数据表明，20世纪90年代世界因酗酒死亡75万人，长期大量嗜酒者死亡率比一般人高1～3倍。酗酒使俄罗斯男性公民平均寿命由64.9岁下降至58岁。

3）吸食毒品

毒品通常是指能使人成瘾的药物，种类很多。我国在1990年12月28日颁布的全国人大常委会《关于禁毒的决定》中，根据当时的情况，将毒品定义为“鸦片、海洛因、吗啡、大麻、可卡因以及国务院规定管制的其他能够使人形成瘾癖的麻醉药品和精神药品”。“毒品”“吸毒”是我国的习惯讲法，而国际上习惯只讲麻醉品、精神药品的滥用。

毒品对人体健康的危害很大，主要表现为以下几方面。

（1）对消化系统的危害。绝大多数毒品均有抑制食欲的作用。部分吸毒成瘾者就是误认为毒品可以用来减肥而开始吸毒的。毒品抑制食欲的作用不仅可引起身体消瘦，还可引起某些人体必需的维生素和矿物质缺乏，从而引起一系列营养不良综合征。

（2）对神经系统的危害。吸食海洛因后，会引起一系列的神经系统病变，如惊厥、震颤、麻痹、周围神经炎、弱视、远离注射部位的肌肉功能障碍。长期吸毒可引起智力减退和个性改变，海洛因过量引起的呼吸抑制可造成脑缺氧。可卡因滥用可引起颅内出血、抽搐、持续性或机械性重复动作、共济失调和步态异常。

（3）对心血管系统的危害。很多毒品可以对心血管系统产生直接的毒害。静脉注射可引起感染，也可对循环系统发生不良影响，吸毒经常可引起各种心率失常和血管痉挛，冠状动脉痉挛可引起心肌梗塞，还可引起冠状动脉粥样硬化，使血小板聚集引起小血管内血栓形成进而引起栓塞。

（4）对呼吸系统的危害。

吸毒可通过以下 3 种主要途径对呼吸系统造成严重破坏。

一是经呼吸道滥用毒品对呼吸道有直接刺激。

二是通过不同途径进入人体内的毒品对呼吸道有特异性的毒性作用。

三是由吸毒引起的营养不良和感染也可能波及呼吸系统。

有些毒品可造成特异性呼吸系统损害。海洛因过量或中毒时可发生海洛因性肺水肿，如抢救不及时往往导致死亡。

可卡因可引起剧烈胸痛和呼吸困难，胸痛往往是可卡因滥用者求治的原因之一。此外，可卡因吸入还可以引起肺炎、肺水肿、咳嗽、咳痰、发热、咳血、哮喘、肺间隔积气、气胸、气心包和肺泡出血，可卡因还可通过抑制脑干延髓引起吸毒者突然呼吸抑制而死亡。

二、不良生活方式与疾病

生活方式疾病主要是由不良饮食习惯、精神紧张、吸烟、酗酒以及运动不足等不健康的生活方式所造成的。有调查研究表明，目前人群疾病谱和死亡谱已发生了很大的变化，疾病的病因按生活方式、行为因素、人类生物学因素、环境因素、保健服务因素等方面划分，其中生活方式和行为因素几乎占 60%。

世界卫生组织的专家指出：因生活方式疾病而导致死亡的人数，目前在发达国家占总死亡人数的 70% ~80%，如高血压、心脏病、中风、癌症和呼吸道疾病等生活方式疾病。在不发达国家中也占 40% ~50%。

据估计，到 2015 年发达国家心血管病的死亡人数将从 1985 年的 1 320 万增至 2 450 万，同时发展中国家死于此病的人数也将由 720 万增至 1 670 万，且死亡者往往是 65 岁以下的壮年。在我国心血管疾病的死亡已进入主要疾病死因的第二位，它的危害远远高于癌症。

目前全球每年大约有 700 万新的癌症病例，并有 500 万例死亡。常见的有肺癌、胃癌和乳腺癌。癌症的发生与吸烟、喝酒等不良生活习惯有关。肺癌的发生，吸烟者是不吸烟者的 220 倍。长期嗜酒能诱发多种癌症，这是众所周知的。全世界有众多的糖尿病患者，其中缺乏运动就是引发糖尿病的主要致病因素之一。

不良饮食习惯是生活方式疾病的基础。美国科学家历经 55 年对生活方式疾病研究后发现，超过自身标准体重25%的青少年肥胖者，最终受害将在成年之后。也就是说，男子在70岁以前极易发生冠心病、动脉硬化、中风、结肠癌等疾病，其死亡率近似为普通患者的2倍；女子在70岁以前则易患关节炎、动脉粥样硬化及丧失劳动能力等。曾一直参加实验研究的美国农业部人类营养研究中心的马斯特告诫说，青少年肥胖预防的最佳方法不是减肥，而是通过适当的饮食和体育锻炼，以防止肥胖症的出现。

此外，情绪紧张也是引发疾病的根源。现代医学研究认为，在一切对人体健康不利的因素中，最能使人短命夭亡的就是恶劣的情绪。过度紧张的情绪加之疲劳，不仅会诱发疾病，损害健康，而且还会夺去人的生命。吸烟酗酒是非传染性疾病的帮凶，非传染性疾病与传染病不同，因个人不健康行为而造成的疾病是不能用疫苗来预防的，而且每一种不良习惯对健康都有多种危害。

在我国前10位死因中，不良生活方式和不良行为习惯在致病因素中占44.7%，而这两种情况都是个人可以控制的。尽管慢性非传染性疾病是多种因素作用的结果，但不吃早餐、长期吸烟、过量饮酒、熬夜、不当的膳食结构和缺少体育锻炼等不良的生活方式，仍是发生这些疾病的危险因素。非传染性疾病都无法单纯依靠药物和手术治疗，只有通过健康方面的教育，改变生活态度和行为方式，才是控制非传染性疾病发生的最有效的手段。

三、有害的职业性习惯

大学生现在或将来都属于脑力劳动者，大学生学习和工作的特点部分地决定了他们的生活方式和行为习惯，如缺乏体力活动、长时间静坐不动、进食不规律、作息时间易变、“开夜车”等。这些长期职业性的行为习惯形成了脑力劳动者不良的生活方式，对健康构成了威胁。其中具有共性的行为习惯就是久坐不动。“生命在于运动”，这是家喻户晓、妇孺皆知的养生健身术。然而，许多脑力劳动者由于种种原因久坐不动，因此医学专家特别警告，当心“坐”出病来。

长时间静坐的弊端主要表现在以下方面。

（1）身体的消耗减少，心脏工作量需求便随之减少，由此可引发心肌衰弱、心功能减退、血液循环减慢，造成血液在动脉中沉积，为高血压、冠状动脉血栓埋下隐患。

（2）血液循环不良，使静脉回流受阻，直肠肛管静脉出现扩张，血液淤积，导致静脉曲张而出现痔疮、肛门疼痛、滴血或便血等，长此下去将导致贫血。女性则因盆腔静脉回流受阻而引发盆腔炎、附件炎等妇科疾患。

（3）人体亿万细胞要靠血液运输完成新陈代谢功能，久坐会使体内携氧血液量减少，氧分压降低；而携二氧化碳血液量增多，导致二氧化碳分压升高，从而引起肌肉酸痛、僵硬、萎缩，甚至丧失力量。

（4）肩、颈部因久坐不动，往往会引起颈椎僵硬，形成一种酷似驼背样的颈倾肩隆状，影响颈椎动脉对头部的供血量和失去体态的美感。

（5）久坐使躯体体质全部压在腰骶部，压力承受面分布不均，会引起腰、腹、背部肌肉下垂、疼痛。

（6）人体骨骼中，各连接处只有通过运动才会产生一种黏液，以阻止骨骼间相互磨损。久坐不动导致骨连接处干燥，继而引发关节病和脊椎病。

（7）大脑因久坐引起供血不足，出现头晕和手足麻木等不适症状，长此易致慢性眩晕、中风等。

（8）久坐会使机体摄入的脂类、淀粉等过多地转化为脂肪储存起来，导致肥胖等。

四、大学生不良的饮食方式

饮食是人最重要、最经常的一种行为，但能按科学方式对待饮食的大学生为数不多。一部分大学生对饮食不甚关注，抱着无所谓的态度；另一部分大学生则过分讲究，片面理解一些格言，听信广告，结果顾此失彼，事与愿违；还有一部分大学生经常纵欲进食和节食，造成消化系统功能紊乱，影响了身体的正常生长和发育。因此，大学生必须培养良好的饮食习惯。

1. 纵欲式的进食方式

有时暴饮暴食，有时忍饥挨饿。饥饿多半是因为睡懒觉，错过了早餐就餐时间，或夜间看书活动过久；暴饮暴食则多发生在亲朋聚会、过生日、野餐等场合。空腹学习，随后又一顿饱餐，会使消化器官负担加重，很不利于消化。暴饮暴食，使消化器官的功能发生紊乱，从而使机体代谢功能失去平衡，产生许多疾病，影响身体的正常生长发育和健康。

2. 盲目节食

这些情况女大学生多于男大学生，她们的减肥手段主要是限制饮食。限制饮食虽然可以使人消瘦，但体能营养物质也随之越来越匮乏，势必出现种种功能障碍或疾病。轻则头昏眼花、四肢乏力，重则出现贫血、低血糖、月经失调等情况。有的学生明知过分节制饮食对身体有害，但仍乐此不倦，甘愿付出巨大代价，这就不是单纯的知识缺乏问题，而涉及现代大学生的心态。如由于“肥胖恐惧”心理导致的饮食紊乱，其不良后果包括病理性肥胖及危险的体重过低，她们摄入的热量仅能维持其生存，不仅不能满足生长的需要，而且还严重影响了学业，造成终身遗憾。

3. 追求高蛋白、高脂肪饮食

盲目追求高能量、高蛋白饮食，认为西餐比中餐优越，大量食用牛奶、鸡蛋、面包、黄油，向欧美模式靠拢。其实，东、西方饮食习惯的差异历史悠久，东方式饮食所含的脂肪和蛋白质，虽然比西方饮食明显低，但东方人体内的淀粉酶、蛋白酶和消化脂肪的酶以及消化液的分泌量已与饮食结构相适应，盲目模仿，很容易造成消化不良和营养素的失衡。现在西方发达国家已认识到，营养过剩会引起心血管病、结肠癌、糖尿病、胆石症等许多所谓的“富裕病”。西方人已开始从饮食的误区中撤退，我们何苦反向误区挺进呢！东、西方饮食模式各有利弊，应彼此取长补短，根据自身体质状况逐渐适应，并以科学的分析监测作指导，才能使饮食科学化、合理化。

4. 不卫生的“共食”现象

“共食”是一种落后的习惯，虽在一定程度上能密切感情、交融思想，但极易传播某些疾病，明显弊大于利。我国传统的共食多局限在一家人内，大学生历来是分食的。但近些年来，大学生中“共食”现象明显增多。异性间的共食是恋爱活动的一项内容；同性共食或因节约开支，或因追求热闹。“共食”现象是预防传染性肝炎及肠道传染病的一大障碍。彼此共用餐具，其危害与“共食”相同，也应尽量避免。

5. 偏食

部分大学生片面认定某些食物是高营养食物而长期偏食，结果造成另一些营养素的缺乏。长期只吃一种或几种食物就会造成营养上的不平衡。如有的大学生不肯吃肉，结果身体不能及时补充优良蛋白质，造成发育迟缓或发育不良；有的偏吃荤腥，不吃蔬菜，造成多种维生素和矿物质的缺乏，而且为成年后患高血压、高血脂、动脉硬化埋下了一颗颗定时炸弹。

6. 偏信“营养补品”

听信广告，夸大营养补品的作用，甚至以药代食，以为补品可以补救一切营养缺乏，如仅依赖减肥、增高、增智等药物的作用。其实，营养补品仅仅提供一小部分营养素，而且只能对缺乏某种营养素的人起作用。至于补药，主要是调整提高某些生理功能，需不需要补、补什么，要因人而异。即便是所谓高贵的补品，单靠吃这一类补品，是满足不了身体的营养需要的。中医理论中的“虚则补之”有其特定的含义，不能简单理解为物质的补充。营养补品不是人人皆宜的强壮剂，更不能替代食物。

合理使用大脑的十种方法

(1) 思考问题时力戒紧张，要沉着冷静。

(2) 对一时考虑不出答案的问题，要静而思之，勿自责和烦乱。

(3) 要心情愉快地思考问题。

(4) 棘手的问题要安排在大脑“最佳状态”时考虑。

(5) 当思路被打断时，不做徒劳的追思。

(6) 对短时间不能下结论的答案，应采取“分节法”和“跳跃式”的思考方法。

(7) 具备良好的修养、气质，不轻率地下结论或处理问题。

(8) 对问题要进行逻辑分析、综合推理，不盲目处理或解决问题。

(9) 晚上用脑要适可而止，睡前考虑问题时勿吸烟、喝酒。

(10) 思考问题时力戒嫉妒心、压抑感。

第三章

常见的运动损伤和突发情况的处置

体育锻炼可以增进健康，防治疾病，延年益寿，但体育锻炼中也常会发生运动损伤。在运动过程中受到的机械性和物理性因素造成的伤害，称为运动损伤。损伤直接影响到个人的身体健康、学习和工作，因此要了解运动损伤的起因、预防、急救与保健知识，以科学方法进行身体锻炼。

第一节　常见运动性损伤的案例

1. 擦伤

1） 原因与症状

因运动时皮肤受挫致伤，如跑步时摔倒，体操运动时身体摩擦器械受伤。擦伤后皮肤出血或组织液渗出。

2） 处理

小面积擦伤，可用红药水涂抹伤口即可。大面积擦伤，先用生理盐水洗净，后涂抹红药水，再用消毒布覆盖，最后用纱布包扎。

2. 撕裂伤

1） 原因与症状

在剧烈、紧张运动时，由于受到突然强烈撞击，造成肌肉撕裂。其中包括开放伤和闭合伤两种。常见有眉际撕裂、跟腱撕裂等。开放伤顿时出血，周围肿胀。闭合伤触及时有凹陷感和剧烈疼痛。

2） 处理

轻度开放伤，用红药水涂抹伤口即可；裂口大时，则需止血和缝合伤口，必要时注射破伤风抗毒血清，以防破伤风症。如肌腱断裂，则需手术缝合。

3. 挫伤

1） 原因与症状

因撞击器械或练习者之间互相碰撞造成挫伤。单纯挫伤在损伤处出现红肿，皮下出血，并有疼痛感。内脏器官损伤时，则出现头晕、脸色苍白、心慌气短、出虚汗、四肢发凉、烦躁不安，甚至休克。

2） 处理

在 24 小时内冷敷或加压包扎，抬高患者肢体或外敷中药。24 小时后，可按摩或理疗。

进入恢复期后可进行一些功能性锻炼，如果怀疑内脏损伤，则做临时性处理后，送医院检查和治疗。

4. 肌肉拉伤

1）原因与症状

通常在外力直接或间接作用下，使肌肉过度主动收缩或被动拉长时引起肌肉拉伤。特别是在准备活动不充分、动作不协调时以及肌肉弹性、伸展性、肌力差者更易拉伤。损伤后伤处肿胀、压痛、肌肉痉挛，触诊时可摸到硬块。严重的肌肉拉伤是肌肉撕裂。

2）处理

轻者可即刻冷敷，局部加压包扎，抬高患肢。24 小时后可施行按摩或理疗。如肌肉已大部分或完全断裂者，在加压包扎急救后，立即送医院进行手术治疗。

5. 肩关节扭伤

1）原因与症状

一般因肩关节用力过猛以及反复劳损所致。也有的因技术错误，违反解剖学原则而造成损伤，如投掷、排球扣球、大力发球时常出现这类损伤。其症状有压痛、疼痛，急性期有肿胀，慢性期三角肌可能出现萎缩，肩关节活动受限。

2）处理

单纯韧带扭伤，可采用冷敷、加压包扎。24 小时后可采用理疗、按摩和针灸治疗。出现韧带断裂时，应立即送医院缝合和固定处理。当肩关节肿胀和疼痛减轻后，可适当施行功能性锻炼，但不宜过早活动，以防止转为慢性。

6. 踝关节扭伤

1）原因与症状

运动中跳起落地时失去平衡，使踝关节过度内翻或外翻致伤。在准备活动不充分，场地不平坦的情况下，更易造成这类损伤。主要症状为伤处疼痛、肿胀、韧带损伤处有明显压痛、皮下淤血。

2）处理

受伤后，应立即冷敷，用绷带固定包扎，并抬高伤肢。24 小时后，根据伤情采取综合治疗，如外敷伤药、理疗、按摩等，必要时做封闭疗法。待病情好转后，施行功能性练习，对严重患者，可用石膏固定。

7. 急性腰扭伤

1）原因与症状

运动时，身体重心不稳定或肌肉收缩不协调，引起腰部损伤。多数因腰部受力过重，或脊柱运动时超过了正常生理范围。

2）处理

腰部急性扭伤后，让患者平卧，一般不应立即扶动。如果剧烈疼痛，则用担架抬送医院治疗。处理后，应卧硬板床或腰后垫一个枕头，使肌肉韧带处于放松状态。也可针灸、外敷药物或按摩。

8. 关节脱位

1）原因与症状

因受外力作用，使关节面失去正常的连接关系，叫关节脱位，又称脱臼。关节脱位可分为完全脱位和半脱位（或称错位）两种。严重的关节脱位，伴有关节囊撕裂，甚至损伤神经。运动中发生的关节脱位，大都是间接外力撞击所致。

关节脱位后，常出现畸形，与健肢相比不对称，因软组织损伤而出现炎症反应，局部疼痛、压痛和关节肿胀，并失去正常活动功能，甚至发生肌肉痉挛等现象。

2）处理

用长度和宽度相称的夹板固定伤肢。如果没有夹板，可将伤肢固定在自己的躯干或健肢上，防止震动，随后及时送医院治疗。必须指出，如果没有把握做整复处理时，切不可随意做整复手术，以免再度增加病情。

9. 脑震荡

1）原因与症状

运动中，头部受到了外力打击或碰撞后，脑组织发生一时性功能障碍。脑震荡发生时，患者会立即出现神志昏迷、意识丧失，脉搏、呼吸较弱，并有不同程度的头痛、恶心、呕吐症状。

2）处理

脑震荡发生后，应立即让受伤者平卧，绝对保持安静。严禁摇晃、牵扯、移动，同时用毛巾冷敷头部，身体盖些衣物以保暖。对神志不清者可用手指压按人中、合谷穴，严重者立即平稳送往医院救治。

10. 骨折

1）原因与症状

运动中，身体某部受到直接或间接的暴力撞击时，造成骨折。例如，在踢足球时，小腿被踢造成胫骨骨折；摔倒时手臂直接撑地引起尺骨或桡骨骨折；跪倒时可造成髌骨骨折等。

骨折是比较严重的损伤，但发病率较低。骨折分不完全性骨折和完全性骨折两种。常见的骨折有肱骨骨折、小腿骨折、肋骨骨折、脊柱骨折和头部骨折等。

骨折发生后，患处立即出现肿胀，皮下淤血，有剧烈疼痛（活动时加剧），肢体失去正常功能，肌肉产生痉挛，有时骨折部位发生变形，移动时可听到骨摩擦声。严重骨折时，伴有出血和神经损伤、发烧、口渴，甚至休克等全身症状。

2）处理

若伴有休克出现时，应先进行处理，即点按人中穴，并进行口对口人工呼吸或心脏胸外按压；若伴有伤口出血，应及时实施止血和包扎。骨折后暂勿移动患肢，应用夹板或其他代用品固定伤肢，及时护送医院检查和治疗。

11. 肌肉痉挛

肌肉痉挛俗称抽筋，表现为肌肉发生不自主的强直收缩。其症状是：肌肉僵硬，疼痛难忍，痉挛肌肉所涉及的关节，伸屈功能有一定的障碍。运动中最容易发生痉挛的肌肉为小腿腓肠肌，其次是足底的屈踝和屈趾肌。

1）发病原因

① 寒冷刺激：肌肉受到低温的刺激，兴奋性增高，易使肌肉产生强直性收缩，如游泳时，未事先用冷水淋湿身体，突然受到冷水刺激；冬季户外锻炼时受到冷空气刺激，都可以引起肌肉痉挛。

② 电解质丢失过多：运动中大量排汗，长时间剧烈运动或夏天运动时（产生脱水），使

电解质从汗液中大量丢失。此时，使神经、肌肉的兴奋性增高，容易引起肌肉痉挛。

③ 肌肉连续收缩过快，放松时间太短，使肌肉的收缩与放松不能协调交替，因而引起肌肉痉挛，这在自行车和短跑运动中较多见。

④ 疲劳：运动会使肌肉中产生大量乳酸，肌肉中堆积的大量乳酸就不断地对肌肉的收缩物质起抑制作用，久而久之肌肉便开始疲劳致使痉挛产生。身体疲劳时，特别是局部疲劳状态下再进行剧烈运动或做些突然紧张用力的动作，就容易产生肌肉痉挛。

2）处理和治疗

不太严重的肌肉痉挛，只要向相反的方向牵引痉挛的肌肉，一般都可使其缓解，例如腓肠肌痉挛，可伸直膝关节，用力将踝关节背伸；屈踝和屈趾肌痉挛时，可用力将足和趾背伸；牵引时切忌暴力，用力宜均匀、缓慢，以避免造成肌肉拉伤，采用揉捏、点穴（委中、承山、涌泉）等手法，促使症状缓解。游泳中发生肌肉痉挛时，不要慌张，可先深吸一口气，仰浮水面，用抽筋肢体异侧的手握住抽筋肢体的足趾，用力向身体方向拉，同时用同侧的手掌压在抽筋肢体膝盖上，帮助将膝伸直，待缓解后，慢慢地游向岸边，此法如事先未能掌握，就应立即呼救，发生抽筋后一般不要再继续游泳，应上岸休息、保暖，按摩局部。

3）预防

加强身体训练，提高机体的耐寒能力和耐久力。运动前必须做好准备活动，对容易发生抽筋的肌肉可事先做适当的按摩。冬季锻炼时，要注意保暖；夏季进行剧烈运动或长时间运动时，要注意电解质的补充和维生素 B_1 的摄入；疲劳或饥饿时不宜进行剧烈运动；游泳下水前应先用冷水冲淋全身，使身体对冷水有所适应；水温低时游泳时间不宜太长；在降体重或控制体重时，要讲究科学性。

12. 网球肘

1）原因与症状

网球肘，又名肱骨外上炎，表现为肱骨外上裸疼痛。多见于网球、乒乓球等项目。本伤多因慢性劳损引起外上裸腱止末端病变，腱退行性改变及其下的软组织炎，肱桡关节局限性滑膜炎，环状韧带等退行性改变。少数病人是直接撞击致病。其症状有：

（1）肘关节外侧痛，并向上下放射。

（2）手不能提重物，有失力症状。

（3）肱骨外上裸压痛，前臂屈肌痉挛僵硬，抗阻力伸腕痛。Mill 氏试验呈阳性。

2）处理

（1）早期停止局部运动。

（2）前臂近端弹性绷带缠绕，减少肌肉收缩牵拉刺激。

（3）采用推拿按摩等手法治疗。

当伤势比较严重时，应请专科医生治疗。

第二节　常见运动突发情况案例与处置

1. 肘关节脱位

在全身各关节脱位中，肘关节脱位最为多见。常见于青少年中，因受到间接暴力伤害所致。例如突然跌倒时上肢外展、手掌着地，暴力沿前臂向上传递，肱骨前下端受身体中力作用突破关节囊前壁，向前移动，导致肘关节脱位。受伤后患者表现为肘关节肿胀、疼痛、畸形明显，前臂缩短，肘关节周径增粗，肘前方可摸到肱骨远端，肘后可触到尺骨鹰嘴，肘关节弹性固定于半伸位。

发生肘关节脱位时，如果跟前无救助者，伤员本人根据肘关节的伤情判断是否关节脱位，不要强行将处于半伸位的伤肢拉直，以免引起更大的损伤。可用健侧手臂解开衣扣，将衣襟从下向上兜住伤肢前臂，系在领口上，使伤肢肘关节呈半屈曲位固定在前胸部，再前往医院接受治疗。

肘关节脱位手法复位：伤员呈坐位，助手握住上臂做对抗牵引。治疗者一手握患者腕部，向原有畸形方向持续牵引，另一只手的手掌自肘前方向肱骨下端向后推压，其余4指在肘后将鹰嘴突向前提拉，即可使肘关节复位。复位后将肘关节屈曲90°，用三角巾悬吊于胸前，或用长石膏托固定。2~3周后去除外固定，辅以积极的功能锻炼，以恢复肘关节的功能。

2. 颈部扭伤

颈部损伤俗称落枕，是日常生活中较多见的软组织损伤，大多数是由于睡觉时颈部姿势不当、受风着凉或突然转动头部所致。主要表现为一侧颈后部肌肉紧张酸痛，颈部活动受限，头部转动时疼痛加剧。

1）急救措施

（1）检查颈后痛处，在颈左侧或右侧有明显压痛点。

（2）用理疗机或热敷袋做局部理疗，用手由轻到重揉搓按摩。缓慢转动头部，可口服镇痛、肌肉松弛药物，或贴膏药止痛。

（3）颈部扭伤轻者经治疗1~2天即愈。颈部扭伤严重者可到医院做封闭治疗或用针灸疗法。

2）急救要点

（1）减轻疼痛。

（2）松弛紧张肌肉。

（3）防止肌肉进一步拉伤。

（4）严重者去医院治疗。

3）注意事项

（1）不要强行转动头部，以免加重损伤。

（2）不要请外行人员随便推拿或扳动颈椎，以免造成截瘫。

4）康复练习——醋敷法治落枕

取食醋100克，加热至不烫手为宜，然后用纱布蘸热醋在颈背痛处热敷，可用两块纱布轮换进行，使痛处保持湿热感，同时活动颈部，每次20分钟，每日2~3次，两日内见效。

3. 踝关节扭伤

踝关节外侧主要有三根韧带固定它，它们是距腓前韧带、跟腓韧带及距腓后韧带。踝关节扭伤常见的是距腓前韧带损伤，而跟腓韧带及距腓后韧带损伤较少。如果跟腓韧带及距腓后韧带发生损伤，将引起踝关节不稳定，应手术治疗。

日常活动特别是体育锻炼中，踝关节损伤最常见，占全身各关节韧带损伤之首，而且常伴有踝关节骨折和关节脱位。扭伤后，出现踝部疼痛、肿胀、青紫及行走困难等症状。扭脚后应及时坐车到医院拍片检查，而不应强行走回家。

1）急救措施

踝关节扭伤后，应将患肢抬高，用轻柔的手法由轻到重地检查皮温，硬度，疼痛的部位、范围，疼痛的程度及活动受限的程度，早期用冷敷或制冷止痛剂可以减轻疼痛和肿胀。就地取材，用木板、硬纸板固定患肢。及时去医院拍片，以排除骨折。如果扭伤严重，应进行手术，修补损伤韧带。

2）急救要点

（1）抬高患肢及时止痛，卧床休息。

（2）早期冷敷，48 小时以后改用热敷或理疗，以利消肿。

（3）用石膏或胶布将踝关节固定。

3）注意事项

（1）伤者不要强行走路或活动。

（2）早期忌热敷。

（3）一定要拍片检查，排除骨折或关节脱位。

4）RICE 的理疗方法

RICE 的理疗方法，即休息（Rest）、冷敷（Ice）、压迫（Compression）和抬高（Elevation）。受伤的踝关节需要经过一段时间才能痊愈，在这段时间里你最好停止工作，至少在受伤后 1 天内不能用脚走或跑，如果非要走的话，应拄上拐杖。用冰袋或者用毛巾包裹冰块敷在踝部，特别是肿得最厉害或者疼得最厉害的部位。冷敷 20 分钟，然后移开大约 20 分钟，再冷敷。冷敷数次后，可以适当延长间隔时间，比如每小时做 1 次。

用一条弹性绷带把踝部缠起来也有利于遏制肿胀。绷带要先从脚趾缠起（让脚趾露在外面），然后慢慢往上缠到踝部。在踝部与脚底缠成一个“8”字形，两圈绷带之间要有 1/4 绷带宽的相互重叠。绷带要绷紧，但不能缠得太紧，以免影响血液循环。

高高抬起你的脚，把它放在枕头、沙发的扶手或者别的什么东西上，这有助于消肿。记住必须使你的脚略高于心脏，并且把身体伸直。

4. 游泳时突然抽筋

游泳时突然抽筋怎么办？抽筋是肌肉遇寒冷刺激、精神过度紧张、身体过度劳累所引起的过度收缩所致。夏日游泳，由于天气炎热而水温偏低，因此很容易发生抽筋。

1）急救措施

（1）发生抽筋时，要保持镇定，按动作要领进行解除，千万不可慌张忙乱。自己无法解除时，呼救他人援助。抽筋最常见的是腿肚子抽筋。因腿脚离心脏远，最易受凉，且易发生过度收缩。腿肚子抽筋时，先吸一口气，仰浮水面，用抽筋对侧的手指握住抽筋的脚趾，向身体方向用力拉动，另一只手压在抽筋脚的膝盖上，帮助膝关节伸直。如一次不能解脱，可连做数次。

（2）上臂抽筋时，紧握拳头，并尽量曲肘，再用力伸直，反复做几次。

（3）大腿抽筋时，先吸一口气，然后仰浮水面上，弯曲抽筋的大腿和膝关节，再两手抱住小腿，用力使它贴在大腿上并加以颤动，然后用力向前伸直。

（4）手指抽筋时，可手握拳头，再用力张开，这样快速交替做几次，直到解脱。

2）游泳前注意事项

（1）千万不可慌张忙乱，尤其在深水区。

（2）下水前先活动腿脚，做些准备活动。

（3）逐渐下水，避免突然跳入水中。

3）游泳发生意外的应急方法

游泳可以健身解暑，但有时也会出现一些意外，因此学会一些科学的应急方法是非常必要的。

（1）头痛。

多因呛水或暂时性脑血管痉挛供血不足造成。发生头痛时应迅速上岸，用大拇指对准头部太阳、百会等穴位进行旋转按摩，并用热毛巾做头部保暖。喝杯热茶，头痛可以很快缓解。

（2）头昏脑涨。

多因游泳时间过长，机体能量消耗过大，导致血糖降低，加上身体疲劳、饥饿而引起。此时要立即上岸休息，给予全身保暖，用中指按压印堂、人中等穴位，并喝淡盐糖水，头昏脑涨很快就能消除。

（3）眼睛痒痛。

无论是天然还是人工游泳场所，其水中多少带有一些致病物质，导致急性结膜炎，引起眼睛痒痛。有的人在海滨游泳，眼睛承受不了咸水的刺激，也会使眼睛发涩，红肿痒痛。此时应马上用清洁的淡水冲洗眼睛，然后用毛巾擦干，点些氯霉素眼药水。临睡前还可以做热敷。

（4）耳痛、耳鸣。

耳痛、耳鸣多数由于耳内灌水或鼻子呛水所造成。出现这种情况时，应上岸用盐水漱口，以疏通鼻腔、清洁耳道。

（5）恶心呕吐。

恶心呕吐多由于鼻子呛水、喝进脏水、疲乏劳累、精神烦躁、情绪紧张等造成，从而出现一时性的反胃而恶心呕吐。口服仁丹7～10粒即可止吐。

5. 溺水

溺水人淹没于水中，会吞入大量液体而腹部饱胀，泥沙和水草等杂物也会阻塞呼吸道。由于呛水反射引起喉头、气管痉挛可造成缺氧和二氧化碳潴留，引起急性窒息，严重者可导致呼吸、心跳停止。溺水者被救上岸后，常有神志不清、呼吸浅快而不规则甚至停止，脉细不能触及，甚至停搏。

1）急救措施

（1）将伤员抬出水面后，应立即清除其口、鼻腔内的水、泥及污物，用纱布（手帕）裹着手指将伤员舌头拉出口外，解开衣扣、领口，以保持呼吸道通畅。然后抱起伤员的腰腹部，使其背朝上、头下垂进行倒水。或者抱起伤员双腿，将其腹部放在急救者肩上，快步奔跑使积水倒出。或急救者取半跪位，将伤员的腹部放在急救者腿上，使其头部下垂，并用手平压背部进行倒水。

（2）呼吸停止者应立即进行人工呼吸，一般以口对口吹气为最佳。急救者位于伤员一侧，托起伤员下颌，捏住伤员鼻孔，深吸一口气后，往伤员嘴里缓缓吹气，待其胸廓稍有抬起时，放松其鼻孔，并用一手压其胸部以助呼气。反复并有节律地（每分钟吹 16～20 次）进行，直至恢复呼吸为止。

（3）心跳停止者应先进行胸外心脏按压。让伤员仰卧，背部垫一块硬板，头低稍后仰，急救者位于伤员一侧，面对伤员，右手掌平放在其胸骨下段，左手放在右手背上，借急救者身体重量缓缓用力，不能用力太猛，以防骨折，将胸骨压下 4 厘米左右，然后松手腕（手不离开胸骨）使胸骨复原，反复有节律地（每分钟 60～80 次）进行，直到心跳恢复为止。

2）急救要点

（1）立即将溺水者救出水，抢救必须争分夺秒。

（2）保持呼吸道通畅。

（3）心肺复苏。

（4）紧急送医院。

3）注意事项

（1）不要因倒水而影响其他抢救。

（2）防止急性肾功能衰竭和继发感染。

（3）注意是否合并肺气压伤和减压病。

（4）不要轻易放弃抢救，尤其是低体温（体温≤32 ℃）的，应抢救更长时间。

6. 水泡

穿不平的袜子，穿过小过紧的鞋或硬底鞋，都会造成脚起水泡。如果泡不大又不影响走步，最好不要刺破，在泡上涂点碘酒，泡里的水分就会被慢慢吸收；如果水泡很大，胀得难受，影响到正常的行走，可用消毒过的针挑破水泡，抹上药水或再贴上创可贴，也可用酒精消毒过的头发或带线的针穿破泡，把头发或线留在泡里，让泡内的水顺着头发或线慢慢向外流。如有条件，最好抹一些消炎软膏，用干净布包扎起来。

7. 毒蛇咬伤

人若不幸被毒蛇咬伤，要迅速（1 小时之内）用布条、手帕等物将伤口靠近心脏的一端扎紧，以减少毒液的上流，防止蛇毒的扩散。然后用消过毒的刀子在咬伤处划开一个大约长 1 厘米、深 0.5 厘米的十字口，挤出毒液，这样可以减轻中毒症状。也可以用嘴在刀口处将毒液吸出。如果吸毒液者口腔黏膜没有损伤，其唾液可以起到中和毒液的作用，所以，不必担心自己也会中毒。口吸需要进行 20～30 分钟。伤口上可以用 1%～3% 的高锰酸钾溶液湿敷，或用大蒜汁、雄黄、干草等配合涂敷。为确保安全，经过现场处置后，仍需尽快地将患者送往医院注射抗毒血清，或进行其他手段的进一步处置。

8. 昆虫咬伤

若被昆虫叮咬或蜇伤，先用嘴将毒液吸出后，再用肥皂水清洗，然后用冰或凉水冷敷，最后可以在叮咬处涂抹氨水或牛奶。

9. 鼻出血

发现鼻出血时要仰头，用手指按压鼻子上方两侧的血管，然后用冰、凉水或就地取材用冰棍、雪糕在额头部位进行冷敷，直到鼻血流量减少或完全停止。最好不要采用手纸或棉花堵塞鼻孔的方法，因为鼻孔被堵住，血液仍然可以从口腔中流出，达不到止血的目的。

10. 烧伤或烫伤

烧伤或烫伤后，先用凉水冲 20～30 分钟，不要用手揉搓损伤部位，然后涂上药膏，以隔离伤面与空气的接触，防止感染。

11. 刀外伤

由于外伤体表组织受到破坏，创伤面易受污染，所以很容易引发感染。在野外被刀等利器割伤，可先用干净水冲洗，消毒后再用创可贴或手巾等包住。如伤口轻微出血，可采用压迫止血法，1 小时过后，每隔 10 分钟左右要松开一下，以保障血液的正常循环。

如果患者表现出张口困难、咀嚼费力，逐渐发展为全身抽搐、发高烧等症状，就要警惕是否受到破伤风杆菌的感染。破伤风若不及时治疗，可危及生命。所以，发生开放性损伤后，应尽快与当地的急救部门取得联系，及时地送往医院进行清洗，注射破伤风抗毒素。

12. 运动性晕厥

在运动中，由于脑部突然供血不足而引起的一时性知觉丧失现象，叫作运动性晕厥。

1）原因与症状

运动性晕厥是由剧烈运动或长时间运动，使大量血液积聚在下肢，回心血量减少所致，也和剧烈运动后引起的低血糖有关。

其症状有：全身无力、头晕耳鸣、眼前发黑、面色苍白、失去知觉、突然昏倒、手足发凉、脉律慢而弱、血压降低、呼吸缓慢等。

2）处理和预防

（1）处理：应立即使患者平卧，足略高于头部，并进行由小腿向大腿、心脏方向推摩或拍击；同时用手指点压人中、合谷等穴位，必要时给氨水闻嗅。如有呕吐，应将患者头部偏向一侧；如停止呼吸，应立即进行人工呼吸。轻度休克者，应由同伴搀扶慢慢走一段时间，帮助进行深呼吸，即可消失症状。

（2）预防：平时要经常坚持体育锻炼，以增强体质；久蹲后不要突然起立；不要带病参加剧烈运动；急跑后不要立即停下来；不要在饥饿情况下参加剧烈运动。

13. 运动性低血糖症

正常人的血糖含量为 80 ~120 毫克/升，若低于正常的 50% ~60% 时，会出现一系列症状，称为运动性低血糖症。低血糖是在饥饿情况下，从事长跑、长距离自行车、长距离游泳等运动出现的症状。

1）原因与症状

造成低血糖的原因有：

（1）运动前（或比赛前）已处于饥饿状态，过分紧张或有病等状态。

（2）长时间运动，消耗大量血糖，使糖代谢机能出现紊乱状态。

（3）已有不同程度的糖代谢紊乱疾患，运动时诱发。

其症状表现有：

（1）轻者出现饥饿、疲乏、头晕、心悸、面色苍白、出冷汗等。

（2）重者出现低血糖性休克症状：神志不清、语言含糊、四肢发抖、烦躁至晕迷、脉搏快且弱、呼吸急促、瞳孔扩大等。

2）处理和预防

（1）处理：轻者喝浓糖水或进食含糖类食物，平卧保暖休息，短时便可恢复。重者若已昏迷，可先指掐或针刺人中、百会、涌泉、合谷等穴位，并迅速做静脉注射高渗葡萄糖液（可用 50% 葡萄糖液 50 ~100 毫升）。

（2）预防的方法：

① 不要在饥饿的情况下参加紧张的、剧烈的运动或参加过长时间的运动。进行长时间或长距离的运动时，中途应当补充含糖、盐的饮料。

② 有轻度症状时，应停止运动，迅速进食一些含糖食物或饮糖水。

③ 久病初愈（或未愈者）及体质差者，应避免参加长时间的剧烈运动。

④ 有糖代谢疾患，应及早治疗。

14. 运动性贫血

1）原因和症状

血液中红细胞数量与血红蛋白含量低于正常值，称为贫血。因运动引起的这种血红蛋白量减少，称为运动性贫血。

运动性贫血的指数：男性的血红蛋白量低于 12 克，女性低于 10.5 克。在通常情况下，本病的发病率女性高于男性。由于贫血，常引起多种不良的生理反应，危及健康，所以这部分人常常恐惧体育锻炼。其发病的主要原因如下。

（1）由于运动时，肌肉对蛋白质和铁的需求量增加，一旦需求量得不到满足时，即可引起运动性贫血。

（2）由于运动时，脾脏释放的溶血卵磷脂能使红细胞的脆性增加，加上剧烈运动时血流加速，易引起红细胞破裂，致使红细胞的新生与衰亡之间的平衡遭到破坏，从而导致运动性贫血。

其症状为：运动性贫血发病缓慢，其症状表现有头晕、恶心、呕吐、气喘、体力下降，以及运动后心悸、心率加快、脸色苍白等。

2）处理和预防

（1）处理：如运动中（后）出现头晕、无力、恶心等现象时，应适当减少运动量，必要时暂停运动，并补充富含蛋白质和铁的食物，口服硫酸亚铁，这对缺铁性贫血的治疗有明显效果。

（2）预防：遵循循序渐进和个别对待原则，调整膳食。如运动时经常有头晕现象时，应及时诊断医治，以便正常参加体育锻炼。

15. 运动性腹痛

1）原因和症状

腹痛是运动过程中较为常见的一种症状，在中长跑、马拉松、竞走、自行车、篮球等运动项目中发病率较高，其中有相当一部分人的发病原因属非病理性，而是与运动有关。简单地说，这是因为剧烈运动会引起胸内压、腹内压上升而影响到静脉血的回流量，进而引起脏器器官的活动发生紊乱，使呼吸肌、胃肠道产生痉挛引起腹痛。

另外，大量进食后马上进行剧烈运动最易引起运动性腹痛。

2）处理与预防

（1）处理：运动中出现腹痛时应减慢运动速度和降低运动强度，加深呼吸，调整呼吸和运动节奏，用手按压疼痛部位，或弯着腰跑一段距离，一般疼痛即可减轻或消失，若无效或疼痛反而加重，就应停止运动，口服解痉药物（如颠茄片、阿托品等），针刺或掐点足三里、内关、三阴交等穴位或进行腹部散热，如仍无效，则需请医生诊治。

（2）预防：进行体育运动一定要遵循其科学原理和规律，要注意循序渐进，加强身体的全方位训练，逐步提高身体机能水平。膳食安排要合理，饭后1.5个小时左右才可进行剧烈运动，运动前不宜过饥或过饱，也不要饮水太多；运动前要充分做好准备活动，运动中要注意呼吸节律，中长跑时要合理分配速度；对于各种疾患引起的腹痛，应彻底治疗，疾病未愈之前，不宜参加剧烈运动。

16. 中暑

1）原因与症状

中暑是热射病、热痉挛和日射病的总称，是高热环境中发生的一种急性疾病，一般发生在炎热的夏天。特别是在湿度大、通风不良或头部缺乏保护，被烈日直接照射等情况下，引起体温调节功能发生障碍而导致中暑。

其症状有：体温由正常开始稍有升高，头昏、头痛、烦躁心慌、全身无力、口渴舌干、恶心、大量出汗（中暑前兆）。若未及时处理，则体温继续升高，可达40 ℃以上，出现皮肤灼热、无汗、面色潮红、抽搐、瞳孔缩小、昏迷等体征，如抢救不及时，可因循环呼吸系统机能衰竭而导致死亡。

2）处理和预防

对有中暑前兆者，应迅速将其带到阴凉处休息，饮低盐的清凉饮料，服用十滴水、人丹和藿香正气水或涂抹清凉油，一般很快就会恢复。对情况严重者除采取以上方法外，还可采用物理降温法迅速降温，如扇扇子，头部冷敷，用冷水、冰水或酒精擦身体等，如果有条件应该及时送医院处理。对中暑的预防，平时要坚持在较热的环境中锻炼，逐步提高身体的耐热能力。在炎热的夏天进行锻炼时，应该穿浅色、单薄、宽松的衣服，并准备好清凉解暑的饮料和药物，体育锻炼的时间不宜太长，应安排适当的休息时间，运动量大的项目应放在早晨或傍晚进行。在室内锻炼要注意通风，膳食中注意水和无机盐的补充。

第四章

现代人的心理调适

关注情绪异常变化，及时发现心理问题，构筑健康快乐的人生防线。学会包容，挖掘自己的聪明才智，享受生活，奉献社会。

——编者

心理健康问题不仅影响到人的心情，还影响到人的身体，甚至对事业也会造成重要的影响。乐观、自信的人性格开朗，给人一种阳光的感觉；悲观、沮丧的人整天郁郁寡欢，使人感觉沉闷乏味。

从生命的本质上来说，每个人在自然界中都差不多。不管是达官显贵还是黎民百姓都要经历生老病死、悲欢离合、酸甜苦辣的人生境遇。悲观的人即使住在高楼大厦、吃山珍海味，还是感觉不到快乐，而乐观者即使住间草房、吃碗水煮豆腐也照样笑口常开。

造成这种区别的根本原因在于你的心理状态，正所谓心态决定命运。“天下本无事，庸人自扰之。”许多是是非非、许多抱怨、许多痛苦、许多仇恨都是由人们不健康的心理引起的。要做到“不以物喜，不以己悲”才能以一种豁达平静的心态来面对生活中出现的各种人和事。其实幸福和快乐就在我们身边，只是我们没有调节好自己的心态去发现它、享受它，心理健康需要用正确的方法进行调节。“自己丰富才能感知世界的丰富；自己好学才能感知世界的新奇；自己善良才能感知世界的美好；自己坦荡才能逍遥地生活在天地之间。”因此，每个人都必须掌握一些适合于自己的心理调适方法，做自己贴身的心理医生，只有这样，才能过上真正有品质的生活。

第一节　克服人性的弱点——战胜自己才能赢得世界

这是个躁动的时代，我们的心灵似乎也越来越脆弱，人性的弱点显露无遗。人们受物欲所惑，为了满足俗心、满足欲望、满足虚荣，将自己弄得殚精竭虑、疲惫不堪也毫无知觉。因此，只有学会了心理自我调适，克服人性的弱点，才能使生活更随意、更自由、更放松……

一、克制嫉妒，让别人的光彩照亮自己的前程

嫉妒是因为别人超过自己而引起的抵触情绪，是对别人的行为感到不满的一种思维方式。它产生于自信的缺乏，担心他人比自己强，并因此憎恨或迁怒于人；是力图在某些方面超越对方的企求得不到满足时产生的一种心理状态。

嫉妒是一种卑下的情感，它会使人失去理智，使人头脑发昏，也会堵死自己向上进取的通路，甚至还会使人堕落，嫉妒就像一股祸水，害人又害己。

心理学家认为：每个人都有不同程度的嫉妒心理，只要我们正确地看待嫉妒心理，根据嫉妒者的行为导向的不同而加以区别，努力把嫉妒转化成为奋斗的动力。

在所有的嫉妒心理中，爱情嫉妒心理（吃醋）是最常见的。嫉妒不是爱情的属性，过分的爱情嫉妒，是出于自私、猜疑、占有的心理，并不是纯真的爱情，只会葬送爱情。

嫉妒心理与年龄、地位、文化、社会背景等方面因素有着直接的关系。嫉妒心理如果没有得到及时的调整，不论对自己、对他人还是对社会都是有害的。它不但破坏人际关系、败坏群体和组织的风气，而且会导致人才被扼杀和抑制、社会凝聚力销蚀。嫉妒导致的恶劣情绪，使神经内分泌功能失调、免疫功能紊乱，引发多种身心疾病，发展到一定强度，可能成为犯罪的动机。

消除和化解嫉妒心理的直接方式有以下几种。

1. 正确对待他人的进步和成功

每个人都有成功的渴望，而且每个成功的人都有他的优点与成功的条件。面对别人的成功，我们要做到：不是去嫉妒，而是从中发现成功的道理，为自己的成功做好准备。有了正确的价值观，就能肯定别人的成绩，虚心学习，采取正确的比较方法，将人之长比己之短，发现自身缺点和不足，产生完善自我的愿望。

2. 正确对待人与人之间的竞争

人与人之间正当的、健康的竞争是正常的，而且也是有利的。健康的竞争可以促使社会加速进步。所以，在看到别人在某些方面超过自己的时候，不要盯着别人的成绩怨恨，更不要企图把别人拉下马，而应采取正当的策略和手段，在“实干”上狠下功夫。

3. 学会调节心理

面对生活和事业上的巨大落差，或社会的种种不公正现象，可以找个知心亲友、朋友，痛痛快快地说个够，适当地宣泄一下。但不要“借酒”消愁，这种方法只是暂时解决而不能最终解决嫉妒心理。

4. 建立健康的人生观、价值观体系

每个人都有自己的理想，自己的奋斗目标，所以别人的成功与自己没有关系。心胸狭窄的人，才容易产生嫉妒，而心理健康的人，总是胸怀宽阔，光明磊落。虚荣心是一种扭曲了的自尊心，是嫉妒产生的重要根源。自尊心追求的是真实的荣誉，而虚荣心追求的是虚假的荣誉。所以，克服一分虚荣心，就少一分嫉妒。

5. 正确、客观地认识自己

嫉妒其实是一种极度强烈的自我表现欲望。嫉妒心理强的人，无论什么事，首先考虑到的是自身的得失，因而引起一系列心理上的不良后果。冷静地分析自己的想法和行为，客观地评价自己，寻找出一定的差距，积极地调整自己的意识和行动，从而控制自己的动机和感情。

6. 从生活中寻找快乐

快乐是一种情绪心理，嫉妒也是一种情绪心理。生活中真正的快乐不是在与别人攀比之中，而是在于实现自己的理想，不断进步。

7. 正确对待别人的得与失

一个人的成功，受许多因素制约，别人的成功是基于他们自己的特色或长处的，而我们在这方面不成功，是因为我们不擅长，明白了这一点，我们就可以欣赏别人的长处，而不是非要与别人一样。

二、被人嫉妒怎么办

天下有那么多爱嫉妒的人，遭到别人嫉妒也就在所难免。因此，在现实生活中，既有人苦于嫉妒别人，又有许多人苦于被人嫉妒。那么怎样摆脱这种被人嫉妒，给学习、生活、工作带来不便的困境？下面提供几种方法供广大同学们参考。

1. 确立自己的信心

俗话说：“身正不怕影子斜，脚正不怕鞋子歪。”只要自己的所作所为是正确的，就不要在乎别人的嫉妒。否则，自信不足，心存疑虑，庸人自扰，势必忧心忡忡。

2. 宽大自己的胸怀

从被人嫉妒的困境中解放出来并不是一件非常困难的事，最根本的途径是自己的胸襟要宽，气量要大，不去计较别人的恶伤言语，仍旧保持坦诚的态度与人相处，即使是嫉妒者本人，也不必疏远，大家了解你后，流言蜚语也就没有市场了。但我们自己要注意，我们每每取得的一点成绩都是与别人的帮助、支持是分不开的，不要居功自傲，要真诚地感谢大家，共同分享成功的喜悦。

3. 时刻反省自己

对于别人的嫉妒，一方面是客观对待，不庸人自扰；另一方面是善意对待，从冷嘲热讽中发现和吸取对自己有用的东西，冷静思考、分析风言风语的起因，说得对不对。有些逆耳的挖苦，也可能说到自己的短处，有时比和颜悦色的批评更加一针见血，击中要害；即使是完全的无中生有，也不必生气，不妨引以为戒，作为自勉和鞭策。

小测试

你的嫉妒心理有多少？

请仔细回忆一下，最近半年来，是否经常出现下列情况：

(1) 别人发财了，你是否特别生气？ (Y) (N)

(2) 同学提升了，你是否很不舒服？ (Y) (N)

(3) 别人的房子气派，你是否有不平之感？ (Y) (N)

(4) 别人的家庭幸福，你是否酸楚？ (Y) (N)

(5) 朋友的女朋友身材很秀美，你嫉妒吗？ (Y) (N)

(6) 别人事业有成，你嫉妒吗？ (Y) (N)

(7) 别人出国了，你嫉妒吗？ (Y) (N)

(8) 同学家长路子多，你嫉妒吗？ (Y) (N)

上述8个问题，建议你在自然的状态下，真实地填写出来，根据填写结果，可以自测嫉妒心理指数。

第二节　告别自负，认识真正的自己

俄国作家契诃夫说："人应该谦虚，不要让自己的名字像水塘上的气泡那样一闪就过去了。"就算你拥有广博的知识、高超的技能、卓越的智慧，但如果没有谦虚镶边的话，就不可能取得灿烂夺目的成就。

自负的人盲目自大，过高地不切实际地评估自己的能力，以至于失去自知。他们往往由于过分地拔高自己，逐渐养成了以自我为中心、孤僻、自视清高的性格，他们最终将为此付出沉重的代价。只有跳出自负的樊篱，才能做到知己知彼，百战不殆。

一、自负心理的形成

自负心理说得通俗一点就是觉得自己了不起，比别人厉害，而且容不得别人超过自己。在现实社会中，我们可以见到许多有自负心理的人，他们往往对自己的能力评价过高，忽视他人或集体的力量。纵然有人会出于好意去指正他们的缺点，但他未必就能听得进去，我行我素，势必会影响自己在工作中与同事的沟通甚至是在和领导的接触中处处暴露自视清高的迹象。这样，就很难和同事融洽相处，会在同事和领导的心里留下不好的印象。

具有自负心理的人有很强的自尊心，事情不管大小，都希望自己在别人之上，嫉妒别人的进步、成功。在别人成功时，这种人常用"酸葡萄心理"来维持自己的心理平衡；看到别人失败就幸灾乐祸，不会伸出援助之手。

自负形成的原因，一般有以下几个方面。

（1）家庭过分娇宠。

（2）生活没有任何波折。

（3）认识自我过于片面。

（4）情感因素突出。

二、自负心理的防范

有人说：自负是我们自掘的一个陷阱，当我们得意忘形时，经常会坠入其中。自负的人往往自欺欺人，吞掉了苦果还要装出甜蜜的样子，自负害人，它甚至能造成灾祸夺走人的生命。那么，发现自己是个自负的人时，最主要要做到以下两点。

1. 倾听别人批评

懂得接受别人的批评是消除一个人自负心理的最好办法。自负者最大的弱点就是不愿意或不肯接受别人的观点，改变自己的观点接受批评即是针对这一特点提出的方法。它并不是让自负者完全服从于他人，只是要求他们能够接受别人的正确观点，通过接受别人的批评，改变过去固执己见、唯我独尊的形象。

2. 平等地与人相处

自负者把自己看得比谁都高，无论在观念还是行动上都认为自己就是正确的，别人必须毫无理由地服从自己。平等相处就是要求自负者以一个普通社会成员的身份与别人平等交往。

老子曾说："上善若水，水利万物而不争。"《菜根谭》："谦受益，满招损。"一个人不懂谦逊，就会走向自满，以致不愿去面对挑战。谦逊使我们相互之间敞开心扉，使我们坦然与人交换意见，相互学习，取得进步。

小测试

你有自负的心理吗？

假如你今天情绪非常地"郁闷"，下列四种方法，你会选哪一个来作为排解方式？

（1）希望像他人一样喧闹一番。（ ）

（2）做不可告人的坏事。（ ）

（3）培养新兴趣。（ ）

（4）剪短头发。（ ）

上节答案：

如果出现3个以上"Y"的话，说明你有了嫉妒心理，应该引起重视。嫉妒心理往往是混合心理，如果对所嫉妒的对象不怎么关心，只是陷入焦虑不安的状态之中，并没有那么可怕；如果对嫉妒对象很重视，产生了报复心理，总想着铤而走险，就严重了，应该坚决克服。

第三节 戒除虚荣，不要让表象折磨自己

在现实生活中，人们总想表现自己，让他人知道自己，看重自己。其实这是虚荣心在作怪的表现。

70多年前林语堂先生在《吾国吾民》中写道："面子、命运与恩典是统治中国的三女神。"讲面子是中国社会普遍存在的一种民族心理，反映了中国人尊重与自尊情感的需要，丢面子就意味着否定自己的才能，这是万万不能接受的，于是有些人为了不丢面子，通过"打肿脸充胖子"的方式来显示自我。

"虚荣的人被智者所轻视，愚者所倾服，阿谀者所崇拜，而为自己的虚荣心所奴役。""虚荣心使人多嘴多舌，自尊心使人沉默。"

《辞海》：虚荣——表面上的荣耀、虚假的荣誉。

柳宗元：为农信可乐，居宠真虚荣。

心理学：虚荣心是自尊心的过分表现，是为了取得荣誉和引起普遍注意而表现出来的一种不正常的社会情感。人的虚荣心是无限的，俗话说得好，做了皇帝想成仙。

一个爱慕虚荣的人是多半具有外向、冲动、反复善变、做作，具有强烈情感反应、浮躁不安的人。虚荣心的背后掩盖着的是自卑与心虚等深层心理缺陷。虚荣只是一种补偿作用，竭力追慕浮华以掩饰心理上的缺陷。虚荣的心理与戏剧化人格倾向有关。

一、虚荣换不来真正的荣耀

古人云："上士忘名，中士立名，下士窃名。"虚荣也是一种"窃"。有虚荣心的人，容易轻浮；既轻浮，便容易受骗上当；人受了骗，就要受伤；人受了伤就容易沉沦。因此，虚荣心经常给人造成巨大伤害。

"一粥一饭当思来之不易，半丝半缕恒念物力维艰。"人要远离虚荣心，树立正确的人

生观与价值观，把精力放在事业上，要珍惜生活，珍惜现在，放眼未来。无论外面世界多么精彩，多么诱惑，自己要心中有数，去掉浮躁之心，完善自我。

二、炫耀只会使自己变得更加丑陋

日本福富太郎在《智慧赚钱法》中提到获得财运的第四十八种方法是：“勿一味追求时尚。”

“穿衣戴帽，个人所好”，但是请不要忘记，世界毕竟不是一个人的世界，个人的行为举止会对周围的人产生影响。一个人的穿着要与环境场合相协调，才能得到他人的接受。否则，无所顾忌地炫耀自己，认为自己超俗，长此下去，就会变得目中无人，自以为是，不尊重别人的感受，最终将被集体所冷落和鄙视。

为了避免虚荣心的诱惑和掉入炫耀的泥坑，必须做到以下几点。

（1）正确地评价自己，学会谦虚与礼让。

（2）看到别人的优点，经常暗示自己，自身没有什么可以炫耀。

（3）明白集体的力量与重要作用，知道任何成绩的取得都与集体分不开。

（4）加强学习，不断地充实自己，多读书，读好书，提高自己的理论水平。

虚荣不会使人变得更漂亮，更不会使人得到更多的尊敬。一个人不管自己的地位如何，都要以一种平和之心对待周围的人和事；无论取得了多大的成绩，也要保持谦虚的态度；无论你个人有多么大的本领，也不要居功自傲，肆意炫耀。记住，靠外表是不能赢得大家的尊重的，而真正有学问、有才干，值得大家尊重的人，是最朴实无华的人。

小测试

你的虚荣心理指数是多少？

自己在闲暇之时动动笔，就会清楚地掌握虚荣心理指数了。仔细回忆一下，最近一个月以来，你经常有下列情况发生吗？

（1）因一点小事，与人家争个高低上下。　（Y）（N）

（2）工作有了问题，只是强调客观原因。　（Y）（N）

（3）自己犯了错误，狡辩说是别人的错误。　（Y）（N）

（4）总爱给别人看自己的名贵东西。　（Y）（N）

（5）为了尊严，不说实话。　（Y）（N）

（6）为了提高身价，谈论有地位的亲戚与朋友。（Y）（N）

（7）有了成绩，夸大其词。　（Y）（N）

（8）接受别人的批评，感到很没面子。　（Y）（N）

上节答案：

（1）希望像他人一样，暂且忘记自我的行为，自然不愿引起他人的侧目，此种人的自负程度非常低。

（2）做不可告人的坏事，无非是希望在排遣烦忧时把他人牵扯近来，属于自我本位强的人。

（3）培养新兴趣的人，是属于自我满足型，不会太自我本位。

（4）剪短头发的人，希望给周围的人一些刺激以排遣无聊时刻，是自我本位最强的人。

第四节　远离懒惰，勤奋是收获的前提

懒惰是一种精神腐蚀剂，对一个人来说，懒惰往往具有很强的劣根性。因为懒惰，人会滋生出恶习，人生将步入谷底；因为懒惰，人们不愿意爬过一个小山冈；因为懒惰，人们不愿意去战胜那些完全可以战胜的困难。人只有赶跑了懒惰，才能有创造，才能点燃智慧的火把。

一、懒惰是一种精神腐蚀剂

懒惰是人生中的一大劲敌。俗话说："懒惰是死海，会吞没一切道德。"人一旦懒惰就会滋生恶习，人生就会滑入谷底。在社会上生存，不论要做成一件什么事，都必须抗击来自人性中懒惰的缺点，使自己做事的动力由外界的逼迫变为内心的自觉。

懒惰是人的本性之一，是一种心理上的厌倦情绪，它是勤劳的反义词。它的表现形式多种多样，包括极端的懒散状态和轻微的犹豫不决。生气、羞怯、嫉妒、嫌恶等都会引起懒惰，使人无法按照自己的愿望进行活动。那么什么样的行为算是懒惰行为呢?

（1）平时生活起居极无秩序，无要求，不讲卫生。

（2）经常旷课、迟到或找借口不上课而且不以为然。

（3）课堂上不专心听讲、玩游戏、睡觉、说话、不按要求完成作业，文具常不配齐，甚至连教材都没有等。

（4）不知学习的目的，没有职业奋斗目标，不主动思考问题。

（5）不能愉快地与亲人或他人交谈，尽管你很希望这样做。

（6）不能从事自己喜爱做的事，不爱参加体育运动，心情也总是不愉快。

（7）整天苦思冥想而对周围漠不关心。

（8）由于焦虑而不能入睡，睡眠不好。

令人非常忧虑的是，许多人在面对自己的懒惰行为时，浑浑噩噩，不知其严重性，甚至连领导、同事、同学多次提醒和批评而不顾；有些人懒惰成性，总是幻想美好的未来；还有一部分人则意识到了自己的懒惰行为造成的不良影响，但又不知道如何下手去解决，因而得过且过，日复一日。

懒惰是很不容易克服的东西，只有坚强的意志才是克服懒惰的有力武器。那么在现实生活中我们应该怎样同懒惰做斗争呢?

（1）合理安排时间：懒惰常常与散漫分不开。养成有规律的生活节奏是矫治懒惰习性的第一步。日常生活井然有序的人，做事就不会拖拖拉拉、疲疲沓沓。

（2）微笑面对他人：当你不再用冷漠、生气的面孔与亲人或他人交谈时，你会发现他们其实都很喜欢你，重视你，这样你就能获得克服懒惰的动力。

（3）激发学习兴趣：兴趣是勤奋的动力，一个人如果对某项事物产生了兴趣，便会消除怠惰，积极主动地投入。

（4）独立解决问题：依赖性是懒惰的附庸，而要克服依赖性，就得在多种场合提倡自己的事情自己做。

（5）培养勤奋作风：懒惰是一种不良的行为习惯，也反映了一个人对生活、学习、工作的态度和观念。所以，要帮助这些行为懒散的人认识到勤奋是人不可缺少的美德。勤奋可以使人学业进步、事业成功、生活幸福。勤奋的人比懒惰的人有更多的人生乐趣。

（6）加强体育锻炼：身体虚弱或疾病而容易疲乏，就难以持久工作，表现为工作拖拉、效果不好，会被视为懒惰。应加强身体锻炼，积极参加体育活动，改善营养状况，增强体质，提高生活、工作的积极性。

（7）保持乐观精神：要让自己有乐观的精神气质，不要动不动就生气。碰到困难与挫折时，生气是最无能的表现。应该冷静地查找问题的根源，或自我解脱，或与他人商量，哪怕争论一番，对扫除障碍有很大益处。这个过程带来的喜悦能使你更加热爱和珍惜所从事的工作。

（8）勇敢地肯定自己：要勇敢地肯定自己，同时把自己的不足之处找出来，然后以勤奋弥补它。全身心投入到学习和工作中，争取最满意的结果。如果改变方法也不能取得理想结果，那说明或是技术或是在某些方面还需完善，以坚强的毅力、乐观的情绪，脚踏实地地实践，由易到难不断更换目标，最终会取得成功的。

克服懒惰，正如克服任何一种坏毛病一样，是件很困难的事情。只要你有毅力与决心，懒惰迟早会被你赶跑的。只要持之以恒，你就一定会有一个灿烂的未来。

二、业精于勤荒于嬉

《颜氏家训》说："天下事以难而废者十之一，以惰而废者十之九。"惰性集中表现为拖拉，就是说可以完成的事不立即完成，今天推明天，明天推后天。许多人奉行"今天不为待明朝，车到山前必有路"。结果是事情没做多少，青春年华却在这无休止的拖拉中流逝殆尽。

"业精于勤荒于嬉"。产生惰性的原因就是试图逃避困难的事，图安逸，怕艰难，积习成性。人一旦长期躲避艰辛的工作，就会形成习惯，并发展为不良性格倾向。

比尔·盖茨说："懒惰、好逸恶劳乃是万恶之源，懒惰会吞噬一个人的心灵，就像灰尘可以使铁生锈一样，懒惰可以轻而易举地毁掉一个人，乃至一个民族。"

懒惰能使人过早衰老，人由于懒惰，心脏搏血量小，不能最大限度地满足身体各部分对氧和营养物质的需要，体内代谢产物不能有效地排出，从而加速了衰老的进程。懒散不爱运动的人要比勤奋爱运动的人在体格和机能状态上早衰老 10 年左右。运动使人们延年益寿，精力充沛。

懒惰，从某种意义上讲就是一种使人堕落、具有毁灭性的东西，它就像精神腐蚀剂一样，慢慢地侵蚀着你。一旦背上了懒惰的包袱，生活将是为你掘下的坟墓。没有什么比无所事事、懒惰、空虚无聊更为有害的了。

小测试

你有懒惰心理吗？

在闲暇之余动动笔，就会清楚地掌握自己的懒惰心理指数了。

（1）有"当一天和尚，撞一天钟"的想法。　（Y）（N）

（2）工作被动，只有在被逼着的情况下才往前走。　（Y）（N）

（3）工作得过且过。　（Y）（N）

（4）没有事情干总是闲聊。　（Y）（N）

（5）遇到困难打退堂鼓。 （Y）（N）

（6）有行动计划，没有实际行动。 （Y）（N）

（7）对于不良的生活习惯，不想改变。 （Y）（N）

（8）对事业没有热心了。 （Y）（N）

上节答案：

如果有 2 个以上回答“Y”的话，说明你有了虚荣心理，应该引起高度重视。心理实践证明，有了虚荣心理之后，要加强学习，调理心态，不断提高自己的修养，才能使自己变得现实起来。

第五节　解除依赖，扔掉拐杖走得更快

雨果曾写道：“我宁愿靠自己的力量打开我的前途，而不愿哀求有力者的垂青。”一个人只要活着，他的命运就取决于自己，成功与失败，都只系于自己身上。而依赖是对生命的一种束缚，是一种寄生状态。一个人首先需要学会依靠自己、尊重自己，不接受他人的施舍，不等待命运的馈赠。只有在这样的基础上，才可能做出成就。将希望寄托于他人的帮助，便会形成依赖性，失去独立思考和行动的能力；将希望寄托于某种强大的外力上，意志力就会被无情地吞噬掉。

一、抛开依赖，学会独立行走

人不能把希望寄托在别人身上，而应该自己独立地行走。一个会独立行走的人，才能算得上是一个真正的人，一个脱离了动物界而成为万物之灵的人。

依赖是青少年走向成熟必经的心理断乳期的最大障碍。随着身心的发展，青少年一方面比以前有了更多的自由度，另一方面则碰到了比以前更多的问题，担负着比以前更多的责任。面对这些问题与责任，有些人感到胆怯，还无法摆脱对别人的依赖。依赖别人，放弃对自己的主宰，往往使人不能形成独立的人格。

依赖的产生同父母过分保护和过分专制有关。过分保护，使子女时时依靠父母，头脑中没有问题，没有矛盾，自然也就没有解决问题的方法。过度专制，否定子女思想，容易形成“父母对，孩子错”的思维模式，走上社会也觉得“别人对，自己错”。这两种教育模式都剥夺了子女独立思想、独立行动、增长能力、增长经验的机会，妨碍了子女独立性的发展。

然而，依赖心理并不是不可以克服的，有依赖心理的人可以从以下几个方面做起：

（1）对于少年儿童来说，应该培养自己独立的生活能力，丰富生活内容，主动承担一些工作，有机会去面对问题，独立地拿主意，想办法，增强主人翁的意识和独立生活的信心。自己该干的事要自己去干，多参加集体活动，学会帮助别人，做有意义的事情。

（2）青少年应该时刻提醒自己要杜绝依赖心理的侵害，纠正平时养成的依赖习惯，多向周围独立性强的朋友、同学、同事学习，不要什么事情都指望别人，遇到问题要独立地思考做出自己的选择和判断，加强自主性和创造性。独立的人格首先要求独立的思维能力。

（3）成年人要多与独立性较强的人交往，观察他们是如何处理自己的事情，学习他们独立自主的能力的。良好的榜样可以激发我们的独立意识，改掉依赖这一不良性格。

（4）树立自信心，锻炼自己的勇气。自己能做的事一定要自己做，没做过的事情要锻炼自己去做，并能正确地评价自己。

二、自助者天助，自立者成材

爱因斯坦说："一个人的真正价值首先决定于他在什么程度上和在什么意义上从自我解放出来。"

编者认为："人生是每个人自己拥有的财富，任何人都有绝对权利来支配自己的人生，不必接受其他人的设计和规划。你应该果断地、毫无顾忌地向世人宣告并展示你的能力、你的风采、你的气度、你的才智。"在生活的道路上，必须善于做出抉择，不要总是踩着别人的脚印走，不要总是听凭他人摆布，要勇敢驾驭自己的命运，调控自己的情感，做自己的主宰，做命运的主人。善于驾驭自我命运的人，是最幸福的人。

自助者天助，完全依赖别人的恩赐是不可能的，只有你自己首先尽力而为，才能最终解决问题。生活中最大的危险，就是依赖他人来保障自己。这种错误的心理，会剥夺一个人本身具有的独立权利，使其依赖成性，靠拐杖而不想自己走；有依赖，就不会想独立，其结果是给自己的未来挖下失败的陷阱。只有充分发挥个人的潜能，靠自助和自立，尽力而为，那么你终将取得成功。

美国总统约翰·肯尼迪的父亲从小就很注意对儿子独立性格和精神状态的培养。有一次他赶着马车带儿子出去游玩，在一个拐弯处，因马车速度很快，猛地把小肯尼迪甩了出去。当马车停住时，儿子以为父亲会下来把他扶起来，但父亲却坐在车上悠闲地掏出烟吸起来。

儿子叫道："爸爸，快来扶我。"

"你摔疼了吗？"

"是的，我自己感觉已站不起来了。"儿子带着哭腔说。

"那也要坚持站起来，重新爬上马车。"

儿子挣扎着自己站了起来，摇摇晃晃地走近马车，艰难地爬了上来。

父亲摇动着鞭子问："你知道为什么让你这么做吗？"

儿子摇了摇头。

父亲说："人生就是这样，跌倒、爬起来、奔跑，再跌倒、再爬起来、再奔跑。在任何时候都要全靠自己，没人会去扶你的。"

一个人首先需要学会依靠自己、尊重自己，不接受他人的施舍，不等待命运的馈赠。只有在这样的基础上，才可能做出成就。将希望寄托于他人的帮助，便会形成惰性，失去独立思考和行动的能力；将希望寄托于某种强大的外力，自身的意志力就会被无情地吞噬掉。

小测试

你的依赖心理有多重？

根据自己的行为表现，可以有目的地检查一下依赖心理程度，以便心中有数。仔细回忆一下，近2个月以来，你有没有下列情况发生。

（1）当某人离开你以后，感到心情特别不好。　（Y）（N）

（2）当某件喜欢的物品被损坏时，情绪不好，很烦恼。　（Y）（N）

（3）当心爱的东西丢失时，感到心情沉重。　（Y）（N）

（4）不能与喜欢的人见面便感到空虚。　（Y）（N）

（5）精心饲养的动物丢失后，感到生活没有意思。　（Y）（N）

(6) 自己栽培的花卉死了，觉得非常不好受。 (Y)(N)

(7) 离开熟悉的环境觉得紧张，有点难以适应。 (Y)(N)

(8) 形成规律的事情被打乱了，很不高兴。 (Y)(N)

上节答案：

如果是有 2 个以上回答“Y”，说明你有了懒惰心理，应该引起高度的重视。有了懒惰心理并不可怕，只要积极调理，不断提高自己的人生修养，就能使自己变得积极、坚韧与主动起来。

第六节 扫除灰色情绪——别让阴云笼罩自己

情绪是一个人生活质量的风向标。事实证明，人在非正常情况下会出现情绪上的失控。所以，一个人应该尽量控制好自己的情绪，特别是在关键时刻，切不可因为一时激动而采取不理性的行为，否则其后果是难以预测的。

一、走出私欲，你将拥有更多

私欲是所有生物的共性，是一种潜藏在心灵深处的本能欲望，私欲强的人不顾社会和他人的利益，一味地满足自己的需求，而在自己私欲得到满足的时候却心安理得地享受，所以，自私的人，没有人愿意与其共事，因而他（她）也永远难以取得成功。世间成大事的人一般都是做事坦荡、能克制私欲的君子。

自私与无私之间并不是天壤之别，它们之间只隔一层薄膜，捅破薄膜便可以看见一片蓝天。无私奉献，舍己为人，不求任何回报是人世间最快乐的事情，也是人一生中最大的快乐。无私能够突破个人狭小空间的束缚，让人看到更加广阔的天地，能净化人的灵魂，给人带来不可比拟的快乐。任何个人、任何国家、任何民族如果没有无私奉献的精神，都不会有成就。人活着应该让别人因为你活着而得到快乐，付出与分享是最快乐的事情，别让自私毁了你。

二、敞开心扉，遣散孤独的阴影

孤独是现代社会中一种常见的心理现象。有些人在孤独中受尽煎熬，他们离群索居，形单影只，精神压抑，具有严重的孤独感，甚至会失去生活的勇气和信心。其实，许多人之所以孤独是因为他们不了解爱和友谊。一个人要想得到他人的欢迎或被接纳，一定要积极主动地面对现实生活。

1. 孤独是现代人难以驱散的阴影

现代社会，交通、通信越来越发达，人们的生活越来越丰富多彩。与此同时，却有越来越多的人感到内心孤独。由于人口愈来愈增加，人性已汇集成一片汪洋大海，根本分不清谁是谁了……邻里间互不往来，工作、学习压力大，再加上经常更换工作（跳槽），于是，人们的友谊无法持久，时代就像进入了另一个冰河期一样，使人内心觉得冰冷不已。

许多人之所以感觉到孤独，是因为他们把爱情和友谊当成了从天而降的礼物。一个人要想得到他人的欢迎，被他人接纳，一定要付出许多努力和代价。要想让别人喜欢自己，是需要尽点心力的，幸福并不能靠别人来布施，而是要自己去赢取。

2. 被动消极的社交意识是产生孤独的根源

社交能力是导致孤独感的重要因素。缺乏基本的社交能力，则人际关系十分有限。

（1）对他人和自己的评价过于严厉、苛刻，从而使他们无法与他人建立持久的关系。

（2）内向、焦虑，对拒绝反应敏感，并且更容易抑郁。

3. 坚定信心，超越孤独

（1）确立目标，充实生活。有了目标就会多一些宽容与豁达，就会淡化得失的心情。

（2）认同与接纳孤独。静下心来，仔细梳理自己的情感，审视自己的内心世界，在走出孤独的同时，对人生的思考也会升华。

（3）多站在他人的角度（移情）思考问题。花一些时间和精力关注、关心别人，就会在良性互动的人际关系中体验到一种自我价值感。温暖别人的心，也会温暖自己，驱走孤独的寒意。

（4）消除内心深处的自卑。每个人都是世界上的唯一，不必为自己与别人不同而难过，怀着一种自信与平等之心与人相处，就会在交往中少一些疲惫和牵强，多一些轻松和愉快。

（5）将心态调整好。树立新的思想、确立新的观念、学习更多的技能，克服孤独带来的伤害。

自信、自立、自强是战胜孤独的三件法宝。

小测试

你是否孤独？

根据每个句子是否准确地描述了你或你的情况，指出“Y”或“N”。如果一个题目因为目前还没有卷入这种情况而不适用，就答“N”。

（1）我对家人感觉亲近。 （Y）（N）

（2）我有一位能与我讨论重要问题和烦恼事的恋人。 （Y）（N）

（3）我觉得自己确实与生活其中的更大团体没有多少共同点。 （Y）（N）

（4）我很少接触家人。 （Y）（N）

（5）我与家人相处得不好。 （Y）（N）

（6）我正卷入一种恋爱关系，双方都衷心努力合作。 （Y）（N）

（7）我与直系亲属中的多数成员有不错的关系。 （Y）（N）

（8）我认为当需要时，我不可能向生活在周围的朋友求助。 （Y）（N）

（9）我生活的团体中没有人关心我。 （Y）（N）

（10）我让自己去亲近朋友。 （Y）（N）

（11）从恋人和丈夫那里我很少得到所需的安全感。 （Y）（N）

（12）我对生活中的团体及街坊有归属感。 （Y）（N）

（13）在我居住的城市中，我没有许多朋友。 （Y）（N）

（14）当我需要时，没有任何邻居会帮我。 （Y）（N）

（15）我从朋友那儿得到许多帮助和支持。 （Y）（N）

（16）我的家人很少真正听我讲话。 （Y）（N）

（17）只有少数朋友以我希望被理解的方式来理解我。 （Y）（N）

（18）我觉得在目前的恋爱或婚姻关系中自己的价值被重视。 （Y）（N）

上节答案：

如果出现2个以上“Y”，说明你有了依赖心理，应该及时调节，逐步走出阴影。

第七节 适时调整心态——视角不同结论不同，心态好一切都好

心态就是人的意识、观念、动机、情感、气质、兴趣等心理素质的一种综合体现。它是人的心理对各种信息刺激做出反应的趋向，而这种趋向对人的思维、选择、言谈和行动具有导向和支配作用。有句名言说：“自己丰富才能感知世界的丰富；自己好学才能感知世界的新奇；自己善良才能感知世界的美好；自己坦荡才能逍遥地生活在天地之间。”心态决定命运，心态决定成败。心态是后天修炼的，我们完全可以通过修炼我们的心态来成就我们的事业，改变我们的人生。

一、少安毋躁，浇灭心中的怒火

“真正伤害你的，只有自己而非他人。”人生在世，会遇到许多伤害，有身体伤害，有精神伤害，而精神伤害大多是自己伤害自己。

生活中，到处都充满了忙碌和重复的事情，面对无变化的生存和工作、学习环境，人难免烦躁，脾气也就随着变坏。然而，一次两次地爆发后，如果你还不加以克制，那么演变下来，就会养成暴躁的习惯。我们并非生活在真空，因而人生总会有压力，如果遇到不如意的事情就如爆竹一样炸裂，那么受伤的恐怕就不仅仅是身体，还有事业、家庭甚至是整个生活。

易怒是由一个人的失常情绪所引起的，人往往由于控制不了情绪而产生怒气。情绪是一个人的心理状况，人的情绪会影响到他的大脑思维和判断能力。古语云：“小不忍，则乱大谋”“小忍便无事，力行方有功”，都是说控制情绪的问题。一个人如果能控制情绪，做到宠辱不惊，喜怒不形于色，便可很好地保护自己，免去许多不必要的麻烦。人生要有“不以物喜，不以己悲”的气质，要做到处颓势不倒，处逆境不躁，心静若水才能明察秋毫，干出一番大事。

多学多看，谨言慎行。有容乃大，无欲则刚。

克制怒气与暴躁的具体方法如下。

1. 认识怒的危害

当“火气”上来时，往往失去理智，很容易引“火”烧身，并将事态扩大化。这时想想“怒”对自己身体、心理、人际关系的危害，冷静一下，发怒的情绪就会大大缓解。

2. 解除激怒的诱因

使人生气、恼怒的原因众多，要善于找出其中主要原因，认真思考分析，化解矛盾；大事化小事，小事不纠缠。对一些暂时不能解决的事情，也可采取回避的办法，一旦离开不快的环境，愤怒情绪也将随之消除。

3. 适度宣泄

发怒就像洪水来临，不能单靠堵截，而需要疏浚一样，对愤怒的情绪，也要用疏导、转移注意、适当发泄的方法使之平复。可及时找亲人、知己倾吐心中烦闷，一吐为快，使怒气

得以疏泄。

4. 情感升华

把精力集中于所从事的事业，化愤怒为动力，精神有所寄托，无暇旁顾，怒气自消。读书可以让人心平气和，从容思考，调节自己的情绪，抑制莽撞行事。

5. 性格修养

培养自己宽阔的胸怀，大度和善的美德，则能拥有遇事不怒的涵养。向别人发泄怨恨，既伤害了别人，又损伤了自己，不妨来点幽默，倒是更好的心理防卫。“气怒催人老，一笑泯恩仇”。

6. 因人而异的制怒之法

可以因人而异采取意志控制法、环境转移法、躲避刺激法、自我释放法和通过运动、精神放松法及开怀大笑法等来使身体内啡肽增加，以放松情绪。

7. 药物应用

心理异常者的愤怒发作，单纯用心理疗法往往难以奏效，应采取医疗措施，选用卡马西平、碳酸锂等药物，有益增强控制能力，避免情绪冲动。

二、不要狭隘，世界原本海阔天空

“心胸豁达，足能涵万物；心胸狭隘，无能容一沙。”孔子认为：一个真正成功的人有包容、恭敬、诚信、灵敏、慷慨五德，而包容是五德之首。宽怀大度一些，机会便多了，世界也大了；狭隘小气，机会便少了，世界也小了。

1. 狭隘心理的根源是以我为中心

心胸狭隘之人，心情忧郁、好静不好动、饮食少而无规律，经常失眠，神经衰弱，爱发脾气、生闷气等。这类人常常不自量力，妄自尊大。他们由于对自己或别人在某方面存在着很高的期望值，一旦这种期望得不到满足，会在人生的道路上设置障碍。狭隘性格的人与其生活习惯相互作用，从而形成恶性循环，导致内分泌紊乱，组织器官因养分不足而过早衰老。性格开朗的人则喜爱运动，心胸开阔，乐观向上，这些良好的生活习惯与性格特点形成良性循环，有利于内分泌系统平衡稳定，组织器官新陈代谢旺盛，机体充满活力。

宋朝大学士朱熹有句名言说：“以责人之心责己，恕己之心恕人，不患不到圣贤地位。”人不要对于芝麻绿豆般的小事耿耿于怀、锱铢必较。把自己的眼光从狭隘的个人圈子里放出去，你就会发现，个人一时的得与失算不上什么，而多做点对他人对社会有益的事情才是有意义的。抛开“自我中心”，使自己“心底无私”，才能做到大腹能容，容尽天下事。

2. 以宽容之心化解狭隘的阴影

心理狭隘的人用一层厚厚的壳把自己严严实实地包裹起来，生活在自己狭小冷漠的世界里。他们处处以自我利益为中心，无关爱之情，无恻隐之心，不懂得宽容、谦让、理解、体贴、关心别人。他们往往把自己的幸福建立在别人的痛苦之上，以牺牲别人的利益来得到自己的利益，干一些损人利己的事。狭隘的人往往也是目光短浅的人。

一颗宽容豁达的心是摆脱狭隘的关键，它使人从琐碎的烦恼中挣脱，变得坦荡，变得开阔。正所谓：心无芥蒂，天地自宽。

一个人不仅自己的胸怀要宽阔，度量要恢宏，更要注意维护朋友的自尊。常言道：化干戈为玉帛者是机智坦荡之人，化仇恨为友情者是胸怀博大之人。忍受一时的怨恨，能使人终身受益。

小测试

你有狭隘的心理吗?

自己在闲暇之时动动笔，就会清楚地了解自己的狭隘心理指数。

(1) 看到比自己强的人，非常气愤嫉妒。 (Y)(N)

(2) 看到不如自己的人，非常瞧不起。 (Y)(N)

(3) 为一点小事，常常吃不下，睡不着。 (Y)(N)

(4) 别人在说话，总是疑心是说自己的坏话。 (Y)(N)

(5) 一点小利益也不肯让人，吃不得一点亏。 (Y)(N)

(6) 经常猜疑别人。 (Y)(N)

(7) 付出了，没有得到，终日郁郁寡欢，生闷气。 (Y)(N)

(8) 好事没有轮到自己，心理便失去平衡，痛苦不堪。 (Y)(N)

如果有 1 个以上回答“Y”，说明有了狭隘心理，应该引起高度的重视。有了狭隘心理，要及时克服，通过学习，使自己的心胸宽广起来。

上节答案：

计分：当你的答案与下面的（各测量表的题号及答案）相一致时就加一分。

(1) 友谊测量表：(8) -是；(10) -否；(13) -是；(15) -否；(17) -是；

(2) 团体测量表：(3) -是；(9) -否；(12) -是；(14) -否；(20) -是；

(3) 家庭关系测量表：(1) -否；(4) -是；(5) -是；(7) -否；(16) -是；

(4) 恋爱—婚姻关系测量表：(2) -是；(6) -是；(11) -否；(18) -是。

各测量表的平均分数通常为 5 ~ 6 分，分数越高表明孤独程度越高。分别计算四个表的得分，你会发现生活中哪个方面你最有孤独的困难。

第五章

体育文化

第一节　校园体育文化

一、校园体育文化的概念

校园体育文化是指在学校这一特定的范围里，人们在历史实践过程中所创造的体育精神财富和物质财富的总和。校园体育文化有广义和狭义之分，广义的校园体育文化指所有的学校师生员工在体育教学、健身运动、运动竞赛、体育设施建设等活动中形成和拥有的所有的物质和精神财富；狭义的校园体育文化则指学校师生员工的体育观念和体育意识。校园体育文化是一种有着深刻内涵和丰富外延的独特的文化现象，校园体育文化和校园德育、智育、美育文化等一起构成了校园文化群，它又与竞技运动文化、群众体育文化一起组成了广义的体育文化群。根据文化学的观点，人们通常按文化要素的不同把文化划分为三大类，即意识文化、行为文化和物质文化。意识文化包括一切意识活动的产物，行为文化包括各种行为活动，物质文化包括所有的物质性产物。由于校园体育文化内容非常丰富，它的外延具有广泛性，所以校园体育文化被包含于这三大类文化之中。意识文化是意识因素占主导地位的文化，校园体育意识文化主要反映在体育的观念、精神、道德风尚、知识等方面。行为文化指人类活动本身构成的文化，这里的行为指广义的行为，它包括人的骨骼、肌肉、神经、器官等的生理活动，也包含遵守各种规范，进行各种文化创造，从而具有生理性的文化因素。校园体育行为文化的表现还包括体育教学，健身锻炼，运动竞赛，体育的传统、制度、规范等。物质文化也是一类很重要的文化，校园体育物质文化表现为体育建筑、雕塑、环境、场地、器材、服装、用品等。

二、校园体育文化的功能

1. 教育熏陶，促进身心全面发展

文化环境是一个使人不断地接受新文化滋养、熏陶、装备的园地。校园体育文化是存在于学校这一特定环境中的体育文化形态。学校的体育教师，是拥有专门体育知识的人才，人类创造的体育文化以系统的知识形态经教师的传授，给学生们以滋养，使他们掌握体育知识，认识体育的价值，逐渐地成熟起来。同时，文化是一种超个体的社会存在，它不依人的产生而产生。从个人的角度看，文化首先是作为一种生活环境而先于个人存在的，人受其影响得到发展，通过从文化环境中吸取营养，潜移默化，接受熏陶，不断地追求培养人的可能和界限，促使人从“自然”到“文化”，从“现实”到“理想”的实现。

2. 强身愉情，增进人们身心健康

“健康应是在精神上、身体上、道德上以及社会上保持健全的状态”，这一世界卫生组织对健康的定义提出了现代健康的新概念，阐明了人的健康应包括身体和精神两个方面。身体健康包括良好的发育、正常的生理机能及承担负荷的适宜反应。校园体育文化中的行为文化即是以身体运动为基本的表现形式，由它所构成的体育锻炼过程，给予人体各器官系统以一定的强度和量的刺激，使机体在形态结构、生理机能等方面发生一系列适应性反应，从而对机体产生积极的影响并能有效地促进人们的身体健康。校园体育文化中的意识、行为、物质三个文化部分均能有助于人们的心理调节，满足师生员工对精神文化生活的需要。通过各种体育手段和方法，可以锻炼意志品质，催人奋发进取，培养集体观念，加强组织纪律，协调人际关系，消除精神烦恼，给人带来欢愉，使人身心得到和谐、健康的发展。

三、校园体育文化建设和措施

1. 校园体育文化意识建设

校园体育意识文化集中反映了文化主体的精神、道德观念、知识等。在校园体育文化建设中，应积极倡导健康的体育精神，如爱国主义、集体主义精神，拼搏进取精神，敬业笃学精神，竞争开拓精神等，把体育精神与学风建设融为一体。思想与行为道德也应是校园体育意识文化建设中的重要内容，如运用各种传媒，宣传我国体育健儿在国内外比赛中克服困难，为国争光，挑战人生的事迹，以此激发师生员工的爱国热情和民族自豪感，引导形成和完善正确的世界观、人生观。在校园体育文化活动中，以公平竞赛、公开竞争、遵守规则、尊重对手、求真求实的体育道德精神来培养、教育和感化师生员工。师生们的体育道德是对体育目的的自觉反映，它在体育的实践中产生，校园体育文化为体育观念的形成提供了有利的条件。我们要在实施全民健身战略中加大对体育的宣传力度，通过理论、实践的形式，进行体育目的、意义和重要性的教育，使师生员工真正认识到强健的身体是人生的第一财富，是现代人生的基本条件，使之充分了解体育对身体、生活、家庭、社会的影响。通过课堂教学、各种喜闻乐见的活动，培养对体育的兴趣，提高参与程度，使大家都了解体育、参与体育、享受体育。

2. 校园体育文化行为建设

1）深化体育教学改革

确立以学生的学习和锻炼为中心，培养学生树立体育意识、养成锻炼习惯、提高锻炼能力的指导思想。在体育课程发展上注意体育文化、卫生保健知识的传授，使学生具有全面的体育文化修养。体育课程教材的选择，要注意增加教材的科学性、实效性和趣味性，加强身体锻炼知识、方法等内容的教学。改革体育成绩考评办法，变单纯的技评、达标向技评、达标与增强体质实效相结合。

2）重视校园体育组织系统的建设

健全学校的体育运动委员会组织机构，支持学生和教工成立各种体育社团并为他们的活动提供方便和创造条件。制定学校体育的各项规章制度，使学校的体育工作纳入制度化、规范化的运行轨道。

3）丰富师生员工的体育活动

师生员工学习和工作之余的体育活动是校园体育文化的一个重要方面。学生的课外体育活动对学生体育兴趣、能力和观念的培养，从而对体育文化素养的提高非常有利。学校可通过运动会，体育节和种种小型多样、生动活泼、师生员工喜爱的活动来丰富大家的余暇生活。同时，加强学校运动队的建设，运动队在校园体育文化建设中往往有着举足轻重的地位。有特色的传统运动队常常成为凝聚学校师生员工的一块磁石，又是学校对外的一个窗口。在建设校园体育文化过程中，我们应充分发挥它的作用。

3. 校园体育文化物质建设

校园里的体育建筑、雕塑，加上设施、场地等，它们本身就是一种文化现象，是人的本质力量的外化。同时，它们又成为意识文化的载体，凝聚和展示着人类的知识、思想和智慧，体现着人们的情操、意志、价值观念等多种文化特质，这些特质会折射人们的心灵，对人起到一种潜移默化的陶冶作用。此外，体育建筑、设施、场地等，作为一种依托，又承受着师生们体育锻炼的实践。因此，要努力创造条件加强体育物质文化建设，包括建造体育场馆、添置设施和精心合理地使用好已有的场地设施和器械。

4. 有特色的传统校园体育文化建设

体育文化的传统和特色，指的是一个学校在体育方面形成并延续着带有普遍性、重复出现的相对稳定的一种独具特点的文化形态，表现出自觉、经常的基本特征，并具有教育、导向、规范、凝聚和激励的力量。由于各个学校的类型、规模、办学条件、师生构成等不同，加上学校所处的地区、环境、地理气候等的差异，决定了建设校园体育文化的具体思路会有所不同，因此，在建设校园体育文化的过程中，各个学校应该根据自己的具体情况发展校园体育文化，最终形成自己的传统和特色。目前，沈阳职业技术学院已初步形成自己独特的校园体育文化。大学生体育文化艺术节、传统武术、“建校杯”体育竞赛及各体育协会组织的赛事。学院即将组建舞狮协会，届时将在全院师生面前展示。

5. 加强校园体育文化建设的措施

1）加强媒体宣传力度

经常运用标语、图展、广播、录像等媒体，进行体育文化的渗透，使师生员工真正认识到强健的身体的重要性，培养他们对体育的兴趣，提高参与程度，使大家都了解体育、参与体育、享受体育。

2）重视课外体育活动

课外体育活动是开展体育文化活动的主要途径，它既能完成体育锻炼的任务，又能活跃学生的课余文化生活。要认识到课外体育活动对提高学生锻炼意识和积极性有很好的促进作用。

3）组织体育知识讲座

体育知识讲座是丰富学生体育知识的重要手段，可以请校内外体育专家、运动员配合体育教学任务进行讲座，介绍国内外体育赛事、体育形势、体育文化等，拓宽学生视野，丰富学生体育文化知识。

4）组织观摩体育比赛

观摩比赛可分为录像、电视实况转播、现场观看等形式。组织学生观赏比赛，有利于提高学生对体育的兴趣，同时也是陶冶学生情操，培养学生热爱体育活动，欣赏体育美的重要手段。

5）组织体育知识竞赛

学校组织体育知识竞赛具有简单易行的特点。可充分利用所掌握的体育知识，组织班级、年级甚至全校的体育知识竞赛活动，以提高学生对体育文化的兴趣和参与的积极性。

第二节　体育竞赛的组织与实施

一、体育竞赛常见种类

1. 锦标赛

锦标赛是运动竞赛的一种。一般进行一个运动项目的比赛，并确定个人或团体冠军，故又称之为“单项锦标赛”或“冠军赛”。锦标原为中国古代赠给竞渡领先者的锦制旗帜，今泛指竞赛优胜者所得之奖品，如锦标旗、银盾、银杯等。锦标赛的任务是检查某一运动项目的开展情况，交流和总结该项运动教学与训练的经验，促进运动技术水平的提高。国际单项锦标赛由该运动项目的国际体育组织定期举行，如国际足球联合会举办的世界足球锦标赛由主管体育运动的国家机关或足球项目运动的国家协会举办，地方和基层单位也可组织项目运动的锦标赛。

2. 杯赛

杯赛是运动竞赛的一种，是以某种奖杯命名的运动竞赛，属锦标赛性质。如戴维斯杯网球赛，世界乒乓球锦标赛中的 7 项冠军赛也是杯赛。获得奖杯的方式方法在竞赛规程中予以规定，如果竞赛的目的不同，规定的方法也就不同。

3. 联赛

联赛是运动竞赛的一种，按运动队的技术水平分为甲级队、乙级队的比赛，如篮球、排球、足球等的等级联赛。其任务在于检查训练工作质量，交流经验，相互学习，提高运动技术水平，推动群众性体育运动的开展。成绩较好或较差的队，一般有升降级的规定，乙级队的优胜者可晋升为甲级队，而甲级队的失败者则降为乙级队，并分别参加下一次所属级别的联赛。超级比赛也是联赛的一种，如英格兰足球超级联赛。

4. 邀请赛

邀请赛是运动竞赛的一种，由一个或几个国家（地区）邀请其他国家（地区）进行的竞赛，如亚非拉乒乓球友好邀请赛。国家组织邀请赛的任务是：促进国际交往，增进国家（地区）人民和运动员之间的友谊和团结，交流经验，互相学习，提高运动技术水平和训练工作质量。省、市、自治区和基层单位也可举办邀请赛，如省际、埠际、校际、厂际及厂、校之间的相互邀请，主要为推动体育的普及和提高。

5. 及格赛

及格赛是运动竞赛的一种措施。一般在参加人数过多时（如田径、游泳、举重等项目），先举行及格赛，达到预定成绩标准或在规定名额以内者，才能参加正式竞赛。参加奥运会比赛，所有运动员或运动队，成绩必须达到 A 标方才可以参加比赛。

6. 选拔赛

选拔赛是运动竞赛的一种。主要任务是发现和挑选运动技术水平较高的运动员，组织或补充代表队，准备参加高一级的运动竞赛。优点是能促使更多的人参加比赛，提高体育锻炼的积极性。缺点是花费时间多，组织工作较复杂。常采用一些条件限制或简化比赛要求的方法进行。

二、常用竞赛规则

1. 竞赛规则

为进行运动竞赛而制定的统一规范和准则。内容包括：裁判员的资格和职责，比赛的组织和方法，评定成绩和名次方法，以及有关场地设备和器材的规格等。竞赛规则明确规定了适用的条件；必须对各种行为定出明确的概念；说明哪些是允许、要求或禁止教练员运动员采取的，同时也指明了违反规则后所应承担的后果。规则是裁判员的执法依据。我国各项竞赛规则由国家体育总局审定和颁发。

2. 竞赛规程

竞赛规程作为运动竞赛的指导文件，是竞赛的组织者和参加者进行工作的具体依据，非遇特殊情况不宜轻易变动。内容包括竞赛的名称、目的和任务，比赛日期、地点，主办单位，参加单位，运动员，工作人员人数、年龄、组别，运动员资格，比赛的详细项目，比赛方法和比赛规则，个人和团体名次的评定方法，奖励办法，报名、报到时间与手续，派出裁判的要求等。

三、常用竞赛方法

常用的竞赛方法一般有 5 种，即淘汰法（单淘汰、双淘汰）、循环法（单循环、双循环、分组循环）、顺序法、轮换法和混合法。组织竞赛时，应根据比赛的宗旨、规模、时间、场地和组织工作以及不同项目的特点等情况来选择不同的竞赛方法。

1. 淘汰法

淘汰法是通过比赛逐步淘汰成绩较差者，最后决定优胜者的方法。这种方法有单淘汰和双淘汰两种，单淘汰就是在比赛中失败一次即被淘汰。双淘汰就是在比赛中失败两次即被淘汰。不同轮次中的获胜者继续比赛，直到最后决赛出冠、亚军为止。双淘汰可以弥补单淘汰的不足，给初次失败者增加一次比赛的机会。

淘汰法一般是在参加队数或人数较多，而比赛期限较短的情况下所采用的一种比赛方法。其优点是比赛进程快，节省时间。其不足是参赛队（人）因一败或两败即被淘汰，不能合理地反映参赛队（人）的实际水平。为了弥补淘汰法的不足，使比赛能够较合理，还可以采用种子法和补赛法。

1）种子法

为避免强手之间过早地相遇而被淘汰，可把一些强队或强手确定为“种子”，抽签时把他们合理分开，使他们最后相遇，从而产生较合理的名次。种子的确定一般是根据参赛队（人）的实际技术水平和近期内各种比赛的成绩，由组织者在赛前经过抽查和协商而确定的。比赛成绩好的队（人）将被确定为种子。每次竞赛种子数目的多少主要是根据参赛队（人）数的多少来确定。种子的数目为 2 的乘方数。种子的位置应均匀地分布在标有顺序号的淘汰表的若干相等的区内。如设 4 名种子，每个种子应分别进入不同 1/4 区；设 8 个种子，每个种子应分别进入不同的 1/8 区……

2）补赛法

补赛法是在最后一轮之后，用补赛的办法来确定第二名以下的各个名次。例如单淘汰中决赛出第一、二名后，可让倒数第二轮的两名失败者补赛 1 次，以确定第三名和第四名（或不补赛，令其并列第三名），余者类推。采用补赛法应以种子法为基础，以便较合理地决定第二名以下的名次。

2. 循环法

就是在一次竞赛中，参加比赛的队（人）互相进行比赛的方法。这种方法的优点是使各队（人）都能有互相比赛的机会，能较好地反映各队（人）的实际水平。其缺点是比赛时间较长。球类和棋类比赛较多采用此法。

循环法一般分为单循环、双循环和分组循环 3 种。

1）单循环

参加比赛的队（人）均能相遇一次，最后按各队（人）在全部比赛中的成绩决定各队（人）的名次。

2）双循环

参加比赛的队（人）均相遇两次，最后按各队（人）在全部比赛中的成绩决定各队的名次。如时间较充裕，参赛队（人）数又较少，可采用此法安排比赛。它比单循环增加 1 倍的比赛机会。因为全赛中每队（人）必须相遇两次，所以在编排第二循环时，可按第一循环秩序重新比赛一遍，当然也可以重新抽签编排循环秩序。

3）分组循环

参加比赛的队平均分为若干小组，在小组中进行单循环比赛。按各队在本小组比赛的成绩，决定各队在小组的名次。这种方法多在参赛队（人）数较多，而竞赛时间较短时采用。为了较合理地赛出名次，避免较强的队（人）集中在一个小组，可根据分组情况，选出相应的几个种子队（种子选手），然后再用抽签的方法确定其他各队（人）所在组的位置，每个小组设 1 至 2 名种子队（种子选手）为宜。

分组循环一般分两个阶段进行，第一阶段是所分小组分别进行单循环比赛，决定每组名次。第二阶段有以下几种比赛方法。

第一种：将第一阶段各小组同名次的队（人）划为一组，进行决赛，例如第一阶段分 4 组，将各小组第一名划为一组，决定 1 ~ 4 名；将各小组第二名划为一组，决定 5 ~ 8 名；将各小组第三名划为一组，决定 9 ~ 12 名；将各小组第四名划为一组，决定 13 ~ 16 名。

第二种：如预赛分 4 组，将预赛各小组第一、二名划为一组，决定 1 ~ 8 名；将预赛各小组第三、四名划为一组，决定 9 ~ 16 名。或者只进行 1 ~ 8 名的决赛，其他队不再继续比赛。

第三种：采用交叉法，如 8 个队参赛。第一阶段分为 2 个小组，每组 4 个队进行单循环比赛。第二阶段将第一组的第一名与第二组的第二名，第一组的第二名与第二组的第一名进行比赛。然后将两个胜队进行比赛决定第一名和第二名；两个负队进行比赛决定第三名和第四名。两组的第三名和第四名，采用同样的方法交叉比赛，决定第五名至第八名。当前大型国际比赛多采用交叉法进行阶段的比赛。

决定名次的方法：总的说来是按各队在比赛中的积分多少决定名次，积分多者名次列前。如遇两队以上积分相等，如何决定其名次，由于项目不同，方法也不尽相同。这在各单项竞赛规则中都有规定（见表1－5－1）。

表1－5－1　采用循环法进行比赛计分的常用方法

结果＼计分＼方法	一	二	三
胜	1分	2分	3分
平	0.5分	1分	2分
负	0分	0分	1分
弃权	0分	0分	0分

3. 顺序法

按参加比赛运动员的时间快慢、距离远近、重量轻重、分数多少等确定成绩而分出名次的方法。适用于田径、游泳、举重、体操等项目。在田径、游泳等项目中，由于参赛选手较多，可设立几个赛次。

4. 轮换法

将比赛选手分成若干组，并在同一时间内分别进行各个项目的比赛，比赛完一个项目后，各组依次轮换再进行其他项目比赛（如体操比赛中按各单项分组轮换）。

5. 混合法

混合法是将淘汰法与循环法结合起来进行比赛的一种方法。采用混合法，一般是将比赛分为两个阶段进行。第一阶段采用分组淘汰法，第二阶段采用分组循环法；或者相反，第一阶段采用分组循环法，第二阶段采用淘汰法。例如，乒乓球单打比赛，第一阶段采用分组单循环赛，第二阶段由小组的第一名进行单淘汰赛。

第四节　体育欣赏

体育与美自古以来就紧密相连，当人类根据自身的目的和需要，通过体育活动去塑造自己的身心和自己的形象时，就是按照“美的规律”在创造自己，并且表现出了对美的渴望与追求，这种欲望越来越强烈。在现实生活中，人们追求完美的、快节奏的生活，体育运动恰恰迎合了现代人的要求和欲望。所以，当代人把体育欣赏作为社会文化中的一个很重要的内容。通过观赏体育竞赛将人们引入美的境界，进而达到净化心灵、陶冶情操的效果，启迪和激励人们的体育意识，同时，可以强化集体观念、激发爱国热情、振奋民族精神。

一、体育欣赏的意义

有关专家通过研究得出健康长寿的几大因素，其中最重要的是“情绪乐观”这一状态指标，而经常进行体育欣赏或观赏，通常能使人心情舒畅，悦目欢乐，保持着“情绪乐观”

的状态，对紧张和疲劳的大脑神经有着很好的调节放松功能。健康是人类生存的最基本条件，也是创造社会物质和精神文明的基础。随着现代社会的发展和文化的提高，我们可以通过观赏体育比赛来充实高质量的文化生活，主动接受体育运动中道德情操、意志品质、审美情趣和视觉美感，以及体态美、造型美、速度感和动作美等的熏陶，直接感受体育运动的表现力、意志力、想象力、创造力和艺术感染力。

1. 满足精神快乐与享受生活乐趣

经常观赏体育竞赛和表演，除了可以享受各种运动美感外，还可以使自己的心理状态与运动场上发生的一切同步律动，达到精神需求的满足。同时也会被那绚丽缤纷的文化氛围和环境所感染，无论你看到运动中的腾飞、旋转、减速、冲撞、造型和感受到音乐旋律、色彩，还是凭自己的经验、情感去预测比赛胜负和不可预测的结果，都将使你的情绪处于兴奋之中，甚至会永远留在你的脑海里，“回味无穷”乃至“永不忘记”。

2. 陶冶道德情操与领悟人生真谛

通过观赏体育竞赛和表演，不但可以满足精神快乐，同时可以培养和陶冶道德情操，从中领悟人生真谛。良好的道德情操的形成，受内部和外部两个方面因素的影响，体育所创造的文化环境有着独特的价值观念和功能，道德意识、意志信念、高尚情操在体育竞赛的表演中有着实质的反映。例如在激烈的竞赛中所表现出坚定不移的信念，顽强拼搏，胜不骄、败不馁的精神，运动员在比赛中遵守诺言、尊重对方、尊重裁判、尊重观众的友好表现，公平竞争，为国争光等优秀品质激励着每一位观看者和参与者，从而使他们成为生活的强者，社会上优秀的一员。不论人生处于顺境或逆境，只有知己知彼，勇往直前，不骄不躁，敢于面对困难，勇于战胜困难，战胜自我，超越对手，公平竞争，才能实现自身价值和领悟人生真谛。

3. 品尝体育文化与振奋民族精神

不同的民族、国家对体育文化有着不同的看法和要求，所提倡的体育文化观念和文化理念以及运动员的价值都不尽相同，例如东方与西方的体育文化在表现形态上都有不同的历史背景和文化内涵。

奥林匹克运动的创始人提出了体育运动与文化艺术结合，以达到身心均衡发展的重要思想，一直影响着体育文化的发展。我们经常受到重大体育竞赛的一切宣传和推广、开幕式和闭幕式的大型文艺演出、纪念章、纪念币、邮票、画展、火炬接力、电视转播、新闻报道等文化形式的影响，这些文化形式渗透在人们的生活里，相互交融、完美结合，丰富了人们的物质和精神生活。与此同时，所有重大体育竞赛，无论是以个人名义或是国家名义参加比赛，为表达对优胜者的崇敬，均进行升国旗、奏国歌，颁发奖杯、奖牌等隆重仪式，这使得体育运动竞赛的胜负起到了一个振奋民族精神和为国争光的作用。尽管世界各国的政治观点和生活方式不尽相同，但体育竞赛的结果直接关系到国家的尊严与荣誉，同时将从民族情感方面产生巨大的影响。

4. 缓解压力，享受生活

随着现代社会知识更新周期的日益缩短和生活节奏的加快，人们面临着工作、生活、学习上的巨大压力。体育欣赏成为缓解这种压力的有效途径之一。在体育欣赏活动中，人们可以暂且忘记生活的烦恼，尽情享受体育带来的快乐，可通过鼓掌、呐喊、唱歌等形式来尽情释放自己在工作、生活、学习中产生的压力，从而在繁忙的工作之余高质量地享受生活。

5. 分清美丑，陶冶情操

雨果说："丑就在美的旁边，畸形靠近着优美，粗俗藏在崇高的背后，恶与善并存，黑暗与光明相共。"对于体育事件来讲，处处都存在着美，但也夹杂着不少丑的现象，如假球、黑哨、球迷骚乱、服用兴奋剂等都是体育事件中不和谐的因素。在现代体育比赛中，由于许多外在因素的介入，干扰比赛的正常秩序。有些人或某些国家利用手中的权力或金钱，公然违背体育道德，亵渎体育的神圣，影响体育健康发展，极大地伤害了欣赏者的感情。在体育欣赏过程中树立正确规则，恪守运动道德，服从裁判，公平竞争，从而接受美的教育，陶冶情操。

6. 丰富情感，感受竞争

现代社会在演进过程中，一定程度上压抑了人类情感的正常发展，高科技的运用，忽略了人们情感的平衡，单调的工业生产也使人的情绪不佳，而现代生活方式使家庭逐渐缩小，亲属情感疏远，给社会带来许多情感问题。欣赏体育运动可以有效解决这类问题，例如欣赏竞技体育，可以从运动员的拼搏中增强自豪感；欣赏群众体育，可以从团结协作中提高对集体的信赖感；欣赏家庭体育，可以从和睦欢乐的气氛中增强家庭的归属感。总之，欣赏体育运动，丰富了现代人的情感生活。

现代社会又是一个竞争激烈的社会，没有竞争力很难在社会上找到自己的立足之地。而体育运动最能体现公平竞争的法则。欣赏激烈的体育比赛，感受竞争的存在，可以提高欣赏者的竞争意识。

二、体育欣赏的内容

1. 人体美的欣赏

现代人之所以喜欢观赏体育比赛和表演，一个重要的方面就是运动员的美吸引着人们。体育运动能塑造健美的人体，而健美的人体又能给人以美的精神享受。通过对身体美的欣赏，能给人一种特殊的美感，同时会产生一种生机勃勃的感受。

身体美由多种因素构成，其基本要素包括：健康美、体态美、强壮美、体型美，还有素质美、风度美等。

1）健康美

健康美不仅表现在人体的外部形态上，如身高、体重、胸围等，而且还表现在身体的质量方面，如形态、机能、素质、运动能力、适应能力等。人的精神面貌状况和心理发展水平，如积极进取、乐观向上、对事业充满信心等也是健康美的具体表现。

2）体态美

体态美是指人的形体和姿态的美，表现在比例、匀称、和谐、线条4个方面。

（1）身体的合理比例是体育运动的目标之一。古人提出了"黄金分割法"和"头身比例法"。数学上黄金分割的比例关系（1∶1.618），同样适用于人体，如人体以肚脐分界，如果下半身长，人体就显得美。如果人的头和身体的比例为1∶8，这样的人体就美。

（2）匀称的身体更能充分地表现出身体美，两臂不一样长，两腿不一样粗的人，这样的身体不会是匀称的身体，也不会是美的身体。但在体育欣赏实践中有一种特殊情况应该区别对待，就是特殊的运动需要，往往会使运动员身体的某些部位变得相对突出，导致整个身体看起来不够对称。

（3）和谐是指身体各组成部分多样统一的协调关系，主要表现在3个方面：人体形态各要素的和谐；各器官、系统功能上的和谐；人的外部形态、内部功能与运动形式在技能上的和谐。和谐是优美的基本特征，一个人的身体美首先表现出来的就是和谐。

（4）身体的线条是指人身体的外部轮廓。根据人们一般审美经验，男、女的线条是不一样的。男性的魅力在于阳刚之气，身体线条多平直、有棱角，显出一种刚劲有力、粗犷豪放之美；女性的魅力在于阴柔之美，身体线条更圆润、有曲线，显示出秀美、柔和的特征。无论男性还是女性，均可通过体育运动，自觉按照“美的规律”加以塑造，形成自己理想的身体轮廓线条。

3）素质美

素质美是指人在身体素质方面所呈现的美，是以特殊的形式存在于身体美之中。人的身体素质就是人体活动的一种能力。运动员通过体育运动形式把人的力量、速度、耐力、灵敏性和柔韧性等素质所表现出的美展现于人们的面前，使人们产生强烈的美感。

4）风度美

风度美是指人的风采、气度的美。体育运动不仅能塑造健美的体格，而且也能培养健康的人格。在长期的体育实践中，这种健康的人格可以使运动员和教练员形成一种风度美，比如举止大方、语言文明、乐于助人、尊重对手、服从裁判、关心队友、珍惜荣誉、自重自强，还有仪表端正、雷厉风行等，都给人以高尚、典雅的感受。

风度美一般具有两个基本特征：一是符合社会道德规范；二是表现出鲜明的个性特点。

2. 运动美的欣赏

运动美是指人在体育实践中，通过人体运动的艺术感情的动态操作过程表现人的本质，同时有意识、有目的地去实践和创造健康的体格和人格，是身体运动所呈现的一种动态美。它是体育美的重要内容，同时也是体育美的基本表现形式。

1）技术美的欣赏

技术美是指人在完成各种体育动作时，从方法和技巧上表现出来的美。技术美在体育运动中最为常见，如马拉多纳巧妙的过人技术，乔丹精妙绝伦的空中投篮，霍尔金那优美流畅的高低杠动作等。运动技术作为体育欣赏对象，之所以能给人以美感，就是因为它是人类在体育实践中的一项伟大的创造。这种创造的过程表现在运动者能够准确、协调地完成各种体育动作，以此向自然显示人的本质力量。动作的准确性、协调性、连贯性和节奏感构成了技术美的主要特征。

运动技术本身是不断发展的，随着体育科学水平的提高和人们对体育运动认识的深化，一些更加符合人体运动规律的先进技术不断创造出来。如篮球比赛中的跳起空中投篮、勾手投篮、补篮以及单手、双手正（反）扣篮、投3分篮；排球比赛中近体快球、短平快球、远网快球，以及中国创造和发展的“时间差”“位置差”等快球技术。不胜枚举的运动技术，无不给人以美的享受。

对技术美的欣赏不仅欣赏技术动作的高、难、险、新等方面，还应该结合技术动作的平衡性、准确性和节奏感等方面来欣赏。平衡、准确能给人以平稳、有效、安全之感，协调而有节奏能给人以合理、圆满、明快之感。

经常参加体育竞赛的文化色彩

（1）比赛中表现出专心致志，团结协作，认真负责的态度。

（2）剧烈的身体碰撞中不失绅士风度。

（3）激烈的争夺中，具有永不退缩的精神。

（4）拓展视野、提升境界、增长才干、提高能力，利于学业的完成。

（5）体现出一种修养、一种执着、一种心态、一种性格、一种能力、一种信念和良好的教育。

2）战术美的欣赏

战术美是指在体育比赛中运动员个人技术的合理运用及运动员之间协调配合时所表现出来的美。它是运动员根据比赛双方的情况采取合理行动，以发挥己方特长，限制对方优势，夺取体育比赛胜利的一种艺术。

现代的体育运动都是激烈的对抗，每项运动的比赛都充满了竞争，这种对抗和竞争不仅是运动员的体力、技术、心理、智力因素的角逐，而且是战术水平的较量。所以，战术被称之为发挥个人技术的先导，驾驭比赛的灵魂，是夺取胜利的法宝。

捕捉战术美的依据：一是技术是战术的基础，又是战术的表现形式，全面、熟练、准确、实用的技术是实现战术的先决条件；二是战术的运用，必须根据比赛的具体情况，灵活机动地加以变换，任何单一的战术都不会取得良好的比赛效果；三是比赛中战术的变化；四是运动员良好的战术意识。

在实际比赛中，战术美的表现往往错综复杂。例如篮球比赛中战术美的欣赏问题。随着现代篮球运动技术和战术的发展，当今世界篮球运动形成了：一是以美国为代表的战术风格，主要讲究一对一的打法，比赛中没有固定的位置，这种战术对运动员的能力要求非常高。二是以亚洲为代表的战术风格，主要讲究一定的套路，比赛中每个队员都有明确的位置，根据对方的防守战术采用不同的进攻对策。对这两种战术打法该做出怎样的欣赏评价呢？这就要求具备一定的篮球知识，具有一定的欣赏经验。

因此，仅凭几条经验还不够，要求人们要不断积累美感经验，形成具有一定的体育审美观点，并掌握每项运动的特点，才能逐渐由“外行”转为“内行”。

3）意志美的欣赏

意志美是指在体育运动中自觉地确定目标，并在目标支配下调节自己的行动，从而实现预期目标时呈现的意志美，通常是运动员良好意志品质的具体表现。

现代体育运动最显著的特点是：运动员之间的运动水平越接近，竞争和对抗就越激烈。要夺取比赛的胜利，运动员必须克服各种困难，与对手进行顽强的竞争。在这个过程中，运动员所表现出来的主动、自制、勇敢、顽强等，都属于意志美的范畴。

意志美在体育运动中的各种表规形式，绝大多数都具有崇高美的意味，所以在具体的欣赏活动中，不能用优美的标准去衡量它们。比如：赛跑运动员在终点冲刺时，其面部表情和身体姿势都与常人大不相同。人们不应该刻意挑剔，因为这是运动员为了超越自我而做出的种种意志努力，应该知道这是一种意志美的表现。

4）智慧美的欣赏

智慧美是指运动员、教练员和裁判员根据比赛场上变幻莫测的情况迅速做出判断，并能采取相应对策所呈现出的美。

现代的体育运动，不仅是人的体能、技术、战术和意志的全面较量，而且还包括智慧之争。因此，体育运动过程中处处表现出智慧美的存在。如在比赛中，运动员根据对手情况采取随机应变的合理行动；教练员根据运动员的场上行为，胸有成竹地调兵遣将，变换战术打法，裁判员根据场上情况及时做出准确判罚，合理地控制比赛节奏等，都是智慧美的具体表现形式。

在通常情况下，体育运动中智慧美同运动员的文化知识、技术水平、比赛经验以及教练员的指挥才能、裁判员的反应能力等，都有密切的联系。因为现代体育比赛多在高速度、高强度的对抗中进行，赛场形势瞬息万变，所以迫使运动员、教练员和裁判员必须在最短的时间内，及时做出行动方案和采取相应对策。这一切使观众看到了人的智慧，并产生强烈的美感。

第二篇

竞技体育与健身

第一章

球类运动

第一节　篮球运动

篮球运动是人们最喜爱的运动项目之一，在世界各地得到广泛的开展。它具有对抗激烈的特点，比赛中技、战术变化多端，个人与集体两方面的作用都很明显，是大学生参与率最高的体育运动项目之一。

一、认知篮球运动

1. 篮球的起源与发展

篮球运动起源于美国，1891 年由美国麻省春田基督教青年会训练学校的体育教师奈·史密斯发明，最初是将桃篮钉在健身房内看台的栏杆上，向桃篮投球的一种游戏。他当时根本没有想到这项运动在今后会风靡全世界，成为受到亿万球迷关注的一项体育运动。

1932 年国际业余篮球联合会在瑞士日内瓦成立，1936 年男子篮球进入第 11 届奥运会，1976 年女子篮球进入第 21 届奥运会。1992 年国际篮联允许 NBA 职业队员参加第 25 届奥运会比赛。

篮球主要赛事有：奥运会篮球赛、世界篮球锦标赛和洲际比赛。1896 年篮球运动传入中国。1913 年在华北运动会上被列为比赛项目；1956 年举办了全国甲、乙、丙级篮球联赛，以后又被列为第 1 届全运会主要比赛项目。近 10 年来，中国男子篮球一直称雄亚洲，多次代表亚洲参加世界大赛，曾获世界第 8 名。女子篮球在第 25 届奥运会上获得亚军。近几年由于我国男篮在中锋位置上出现了难得一见的三名优秀人才——姚明、巴特尔、王治郅，因此男篮在整体实力上有所上升。姚明在 2002 年 NBA 选秀大会中被休斯敦火箭队以“状元秀”的身份招至旗下，开创了亚洲篮球的先河。目前姚明已成为美国“NBA”最优秀的中锋之一。但与世界强国相比，我国的篮球运动仍有较大的差距。

锻炼价值

经常参加篮球运动，通过跑、跳、投的锻炼对促进人体的协调性、灵活性、应变能力，培养团队精神等全面素质的发展都会起到良好的作用。

我国男篮职业联赛（简称 CBA）由于近几年整体实力的提高，现在已经吸引越来越多的球迷。尤其是近几年来联赛的对抗越来越激烈，各队也吸引了许多优秀外籍球员的加入，他们的加盟使比赛更具有观赏性和悬念，比赛中越来越多地出现了“空中接力”等高难度的扣篮场面，也推动了我国联赛的发展。

大学生的篮球联赛（简称 CUBA）于 1998 年开始，每年 12 月份开始在四个分赛区进行预选赛，第二年进行男八强和女四强的总决赛。

2. 现代篮球特点

现代篮球运动竞赛和各种形式的篮球游戏，其基本活动方式都是围绕高 3. 05 米，直径 0. 45 米的篮筐和周长为 75 ~ 78 厘米、重量为 600 ~ 650 克的球，展开的空间与时间、控制球与夺取球、投篮与制约投篮的攻守对抗。其活动方法与手段多种多样，如跑、跳、投、停、转、接、传、运、打、断以及个人、几个人之间和全队整体的各种攻守配合。

篮球运动以其特有的魅力，吸引并深受世界各国人民的喜爱，使国际业余篮球联合会成为世界上单项体育人口最多的国际单项运动协会。四年一度的奥林匹克运动会男、女篮球比赛，世界男、女篮球锦标赛，美国 NBA 职业联赛，这三大赛事代表着世界篮球运动的最高水平，汇聚着世界最强的篮球队伍和最著名的篮球明星。篮球运动的发展历程折射出人类从个体到集体，从民族到国家的一种自强精神，创造理念与文明进步的层次氛围。篮球运动在各级学校的体育教学与课余校园文化生活中，已成为增进学生健康的身体教育手段和贯彻德、智、体、美全面素质教育手段之一。

比赛对抗性强，技、战术变化多端，攻守双方更是短兵相接，以高、快、准、变相结合的对抗成为比赛的主要特点。

打篮球时为什么要保持低重心的基本站立姿势?

这种姿势，使身体提前获得了一定的肌肉张力，便于起动随时地完成各种复杂的动作。如突然的移动、抢球、断球、变速、变向、摆脱、接球和投篮等。相反，如果直腿站立，重心高，要做动作就需要先屈膝降低重心，便会出现处处比对方慢半拍的现象。

3. 比赛的基本方法

篮球比赛由两队各 5 名队员参加；比赛分为 4 节，每节 10 分钟，第一节与第二节、第三节与第四节中间休息 2 分钟，第二节与第三节中间休息 10 或 15 分钟；投球进筐即得分，3 分线内投中得 2 分，3 分线外投中得 3 分，罚篮投中一次得 1 分；当第四节结束，双方最终得分相等时，比赛进入 5 分钟的决胜期，如比分还相等，则再进行下一个 5 分钟的决胜期，直到分出胜负为止。

二、入门与基础

基础动作是指篮球技术各类动作中具有共性的基本方法，是比赛中最常用，最典型，必须掌握的专门动作。基础动作是一种模式，有其科学性和合理性，具有完整的动作机构。通过基础动作的学习，能进一步掌握正确的技术结构以及操作方法。因此，必须狠抓基础动作的学习，只有正确地，较好地完成基础动作，才能向高难技术和复杂动作发展。

篮球基础动作方法有：

1. 基本站立姿势

1）动作要领

两脚左右或前后开立，两脚之间的距离与肩同宽，全脚掌着地，两膝弯屈，大小腿之间的角度大约为135°，身体重心落在两脚之间，上体略微前倾，两臂屈肘自然下垂于体侧，两眼平视场上情况。防守时的站立姿势两脚间距离略比肩宽，两臂屈肘左右或前后张开。

为什么用单手投篮？

单手投篮具有出手点高、灵活性大、变化多、便于用力、出手快、防守者难以防守的特点。

2）练习方法

（1）按动作要求做基本站立姿势和熟悉球性练习。

（2）以一脚为轴做跨步、撤步、同侧步、交叉步后迅速恢复成基本站立姿势。

注意事项：两脚应微屈，便于起动，两眼广视场上情况。

2. 熟悉球性

打篮球离不开手的控制，所以首先要以“玩球”的方法熟悉球性，并且左右手接触球的时间要均衡，决不能有所偏重，这对于初学者来说很重要。只有这样，才能在控球时随心所欲。

1）技术要求

手接触球时，要用五指接触球，掌心空出，因为手指对触觉更敏感，双脚自然开立，用手腕做各种压、翻、转等动作。

2）基本方法

（1）用手腕的抖动来回拨动球，不要看球，全凭手对球的感觉，可以增强手感和球感。

（2）单手举球，转动球。左右手交替练习，保持球在手中转动。注意并不是一个手指转动，而是整个手要转动。

（3）背后单手抛接球练习，球的飞行路线要从头顶经过，手腕有“抖”的动作。

（4）双手体前抛球，背后接球，然后双手从背后抛球，体前接球。不用眼睛看球，凭感觉来练习。

（5）手在两腿之间前后抛接球，然后用交叉的方式抛接球，球不能落地。用球在脖子、腰、腿上绕，这是球手一体的练习。

（6）腿下绕“8”字练习。练习者动作要有节奏，从右向左及从左向右两个方向在腿下绕“8”字。

（7）换腿绕球练习。按照双腿—单腿—双腿的顺序重复换腿绕球练习。

3）注意事项

（1）无论何种情况下的基本站立姿势，都绝对不能有直腿站立和低头弯腰的错误动作，一定要保证练习者视野开阔和随时可以起动。

（2）熟悉球性应选择适合实际水平的方法，由易到难，特别注意手腕抖动、压、翻转手、指拨球的动作，并要结合传球、运球等技术练习共同进行。

3. 移动

移动是篮球技术的基础。篮球比赛中队员几乎在全部时间里都处于动态中运用各类技术动作去完成攻守任务。

1）起动

动作要领：起动时，上体向跑的方向迅速前倾，后脚掌用力蹬地，头两步要小而快，短促有力，距离稍远时，也要用力摆臂。向侧启动时，上体向前进方向迅速侧转并前倾，同时后脚掌用力辗转蹬地，前脚掌指向前方并迅速有力地跨出。

2）变向跑

动作要领：变向跑时（以从右向左为例），最后一步右脚着地，脚尖稍向内扣，用脚前掌内侧用力蹬地、屈膝，腰部随之左转，快速移动重心，左脚向左前方跨出，这一步要快，右脚迅速随着跨出，继续加速跑动前进。

3）急停

（1）跨步急停（两步急停）。

动作要领：在快速跑动中急停时，先向前跨出一大步，用脚跟先着地过渡到全脚抵住地面，并迅速屈膝，同时身体微向后仰，后移重心。

（2）跳步急停（一步急停）。

动作要领：在中慢速移动时，用单脚或双脚起跳（一般离地面不高），上体稍后仰，两脚同时平行落地。

4）转身

（1）前转身。

动作要领：重心移向移动脚，以移动脚前脚掌为轴，身体以弧线向前移动。

（2）后转身。

动作要领：重心移向移动脚，以移动脚前脚掌为轴，身体以弧线向后移动。

4. 各种脚步动作的练习方法

（1）以基本站立姿势站好（面向，背向，侧向），听或看信号做起动跑的练习。

（2）抛接球练习：持球者向前方4～6米上空抛球后，快速起动，接球急停，如此反复练习。

（3）利用篮球场上的线、圈和固定目标进行各种移动练习，要求注意观察场上情况。

（4）结合实战练习：两人一组，一攻一防，结合实战练习各种移动的动作，巩固提高动作质量。

注意事项：

（1）学习移动是为其他技术打下基础。练习顺序可按跑、急停、转身等分别组合进行，并要与其他攻防技术结合。

（2）应以着重练习脚步动作的突然性、快速性、灵活性作为重点，在各种移动练习中都要注意站立姿势。

三、技术与战术

要想成为一个优秀的篮球运动员，就应该具备其最基本的技术与战术，在此分类讲解篮球的技术与战术。

1. 篮球技术

1）运球

动作要领：两脚前后或左右开立，两膝微屈，上体前倾，抬头平视前方。运球时手臂自然弯曲，以肘关节为轴，用前臂和手指的力量控制球的运动，另一只手臂自然张开，以保护球。运球的技术动作很多，总的来说分为以下几种。

（1）高运球：运球时，两腿微屈，目平视，运球手在腰腹间触球，手脚协调配合，使球有节奏地向前运行。

（2）低运球：两腿弯曲，上体前倾，用身体保护球的同时短促地按拍球，使球的反弹高度在膝部以下。

（3）体前变向：以右手运球为例，右手按拍球的右后上方，把球从右侧按拍到左侧前方，同时向左转体以保护球，然后换手运球，加速前进。

（4）背后运球：以右手运球为例，变向时右脚在前，右手将球拉至身体右侧后方，迅速按拍球的右后方，将球从身后按拍至左侧前方，然后换左手加速运球。

（5）胯下运球：以右手运球为例，变向时左脚在前，右手按拍球的右上部，将球从两腿之间按运至身体左侧，然后上右脚并换手运球，加速前进。

（6）转身运球：以右手运球为例，变向时，左脚在前并为轴做后转身，右手将球拉至身体左侧前方，然后换手运球，加速前进。运球时要尽量降低身体重心，不要上下起伏。

练习方法：

（1）原地垂直地高、低运球，体会运球的动作要领。

（2）对墙运球练习，提高手腕、手指的控球能力。

（3）体前左、右手交替做推进横运球练习。

（4）体前单手做横推拉运球练习，体侧单手做纵推拉运球练习。

（5）原地运球比赛，在相同时间里看谁运球次数多。

2）传接球

（1）持球方法。

① 双手持球：两手手指自然张开，握球的后侧方；两拇指成“八”字形，掌心空出，手腕放松。两肘弯曲，自然下垂。

② 单手持球：手指自然分开，掌心空出，托球的后下方，手腕后屈，小臂向上，用手指和指根把球控制住。

（2）传球动作。

动作要领：由下肢蹬地，全身协调用力，最后通过伸臂、屈腕和手指拨球的力量将球传出。

（3）接球动作。

① 双手接球：伸臂迎球，两指指成“八”字形，手指向上自然张开，掌心倾向前似球状，当手指触球时随球收臂后引，持球于腰腹间。

② 单手持球：以右手为例，右脚朝来球方向迈出，两眼注视来球，手指成勺形自然分开，迎来球方向伸出，当手指触球时顺势将手臂收向后下方，左手立即协助握球，双手持球于腰腹之间。

（4）传接球练习方法。

① 徒手模仿练习，体会要点。

② 原地相对传接球，两人一组面对面站立，相距 3 ~ 5 米，用一球做原地传接球练习。

③ 两人一组全场短传推进练习，传球要有提起量，跑动时脚尖朝前，上体面向同伴。

3）投篮

（1）单手肩上投篮：以右手为例，右手持球于肩上，左手扶球的左侧，右臂屈肘，前臂与地面接近垂直。两脚前后开立，两膝微屈。投篮时下肢蹬地发力，右臂向前上方伸直，手腕前曲，用中指和食指用力拨球，全身协调用力将球投出。

（2）行进间单手低手上篮（三步篮）：以右手为例，运球或接球时右脚跨出一大步，同时双手持球于体前，左脚再跨出一小步用力起跳，右腿屈膝上提，双手向前上方举球，当身体接近最高点时，右手伸臂屈腕，用手指拨球投篮。

2. 篮球战术

1）传切配合

传切配合是进攻队员之间利用传球和切入技术所组成的简单配合。

示例一：5 传球给 4 后，立即摆脱对手 5 向篮下切入，接 4 的回传球投篮，即一传一切。

示例二：空切，4 传球给 5，6 立即摆脱对手，6 向篮下切入，接 5 传来的球投篮。

2）突分配合

突分配合是有球队员持球突破后，主动地或应变地利用传球与同伴配合的方法。5 从防守者的左侧突破，4 协防，封堵 5 向篮突破的路线，此时 4 及时跑到有利的进攻位置，接 5 的球投篮，或做其他进攻配合。

3）策应配合

策应配合是指进攻队员背对篮筐或侧对篮筐接球，由他作枢纽，与同伴空切相配合而形成的一种里应外合的方法。

示例一：4 摆脱防守插到罚球线作策应，5 将球传给 4，并立即空切篮下，接 4 的策应传球投篮。

示例二：4 传球给策应者 5，并从 5 身边切入篮下，6 向底线下压后绕出，5 可将球传给 4 篮下进攻或传给 6 外围投篮，也可自己进攻。

4）掩护配合

示例一：给持球队员做侧掩护，5 传球给 4 后跑到 4 侧面做掩护，4 接球后做投篮或突破的动作，吸引 4 的防守，当 5 到达掩护位置时，4 持球从 4 的右侧突破投篮。5 掩护后及时移动到有利的位置去接球或抢篮板球。

3. 练习过程中应注意的事项

1）如何提高投篮命中率

（1）选择良好的投篮时机，果断出手。

（2）投空心篮时，瞄准点是篮圈的中心点；投擦板篮时，瞄准点是擦板点。

（3）选择合适的投篮出手角度和球的飞行弧线。

（4）投出后旋转球，以保持球的飞行方向和均匀速度。

（5）要有强烈的投篮欲望和自信心。

（6）规范投篮动作，加强投篮练习。

2）抢篮板球

进攻方要有强烈的冲抢篮板球的意识和欲望，掌握绕过、闪躲对手冲抢篮板球的移动步法。作为防守者需要养成“挡人抢球”的习惯，做到“一挡而抢”和“挡抢结合”。

3）传球的隐蔽性

俗话说：狡猾的传球是进攻成败的关键。

(1) 隐蔽传球意图，出球突然，减少横向传球和跳起传球。

(2) 将球传到远离防守者的同伴一侧。

(3) 传给移动的同伴时，要传出提前量。

(4) 传给内线插上的队员时，传球高度和速度要适中，使其便于接球马上投篮。

(5) 传给近距离迎面跑来接球的人时，传球时的力量要小而柔和。

4) 最佳的投篮时机

(1) 当移动到容易投篮得分的空位和自己习惯的投篮位置上接到球时。

(2) 当彻底摆脱防守时，或者防守者注意力分散时。

(3) 当利用同伴掩护、策应出现了良好机会时。

(4) 当同伴占有抢篮板球的有利位置，或有抢篮板球的准备时。

(5) 当完成教练布置的特定战术要求时，要当机立断，信心百倍地投篮。

5) 持球突破技术动作的几个关键环节

(1) 蹬跨：跨出第一步要大，争取接近或超越对手。

(2) 转体探肩：在跨出第一步的同时，向前转体探肩，降低身体重心。

(3) 放球：以球领人，发挥速度。

(4) 加速：二次加速，彻底甩开防守者。

6) 把握持球突破的最好时机

(1) 防守队员失去重心时。

(2) 防守队员注意力分散，或防守能力差时。

(3) 对方犯规较多，为了达到清除对方的有生力量或获得罚球得分的目的时。

(4) 为了吸引防守，给同伴创造良好的进攻机会时。

7) 防守无球队员与防守有球队员的区别

(1) 防守无球队员时，主要是集中精力控制对手活动，不让其接球，对威胁较大的投篮队员或进攻区域能接到球的队员，要选择合理的位置紧逼防守，不可懈怠。

(2) 防持球队员时，对手有可能投篮、突破或传球，防守者要善于发现对手的动向，正确判断持球进攻者的真正意图，及时占据有利位置，积极主动防守。

8) 组织战术的主要因素

(1) 位置：每个队员按一定阵形落位。

(2) 路线：队员或球都按一定的计划有目的地移动，从而形成一定的路线。

(3) 任务：在完成战术配合中，每个队员必须完成不同的职责。

(4) 技术：以娴熟的技术来保证配合的完成。

(5) 时间：必须根据战术的结构，严格地按一定时间程序去完成。

9) 全场紧逼人盯人防守的运用时机

(1) 主动变化战术时。

(2) 有意识消耗对方体力、扩大战果或挽回败局时。

(3) 对付切入少而中投很准的球队时。

(4) 对付经验不足的球队时。

10) 区域联防的最佳时机

(1) 对方外围中远距离投篮不准，而内线威胁较大时。

（2）对方频繁地采用穿插移动和运球突破，本队个人防守技术差，或犯规较多时。

（3）有策略地改变防守战术时。

（4）为了加强组织抢篮板球时。

11）防守快攻的方法

（1）积极拼抢前场篮板球。

（2）堵截对手快攻第一传和接应的队员。

（3）防守快攻队员。

（4）真假结合，成功地以少防多。

四、评价与赏析

20世纪90年代以来，是现代篮球运动面向21世纪创新飞跃和进入攀高发展的新时期，即现代篮球运动当代化时期，也预示着21世纪世界男、女篮球运动都将进一步在世界范围内普及，发展，创新，提高，运动员的技术、战术、身体、体能条件与要求将进一步向篮球运动本体专项特征靠拢，规则将围绕“高、快、准、全、狠”进一步完善与补充，将激励攻守技术、战术的不断同步创新发展，推动攻守对抗的速度、力量、准确性、技巧性的全面提高和拼争强度更加凶悍激烈，竞赛更具魅力。为此，21世纪世界篮球运动将依然是“巨人”群体智慧、意识、形态、个性修养、体能、技能、能力等多因素综合实力的搏斗与较量，并将成为新世纪篮球运动的发展潮流，即带着创新意识，沿着“智博谋高，身高体壮，凶悍顽强，积极快速，机敏多变，全面准确”的同一个方向和不同流派、风格及多种多样打法的方向发展。而智、高、壮、快、准、捍、巧、变、积极主动拼搏、攻守全面兼顾、高度与速度结合、个体与群体统一、帅与星有机相辅则是总趋势，总要求，从而进一步促进现代篮球运动进入当代化的新时期。

然而认识与把握篮球运动趋势与潮流的前提，是基于对篮球运动本质特征和规律的真正理解和认识，以及对当今世界篮球运动最高水平现状的客观了解和掌握。美国和俄罗斯等世界篮球最强队伍之所以几十年来能始终处于世界最高水平，其根本的原因之一，就是能深刻认识和掌握篮球运动的专项特征及基本规律，认为篮球运动主要特征就是在凶悍的拼抗中将球准确地投进篮圈，而且是在特定对抗拼搏的条件下进行。因此，必须抓住“高”字，突出“准”字，强调和重视“对抗”两字，并围绕“高”“准”“对抗”这四个字，深加研究，确实理论观点，制定训练指导思想，从而引申出进攻要“快”，拼斗要“狠”，技术要“全”，战术要“精”，打法要“变”，队伍有“星”，身体要“高”，体能要“强”，球场一切行动要“准”，始终倡导要快、高、准、狠。以上观念和观点就是从篮球运动自身特征和运动实践总结出来的篮球理论，这在参加世界两大赛事和美国NBA职业篮球联赛的队伍中得到最充分的反映，如：技艺高，说明运动员基本功扎实，能不断创新和派生出新技术，并能将拼斗意识与攻击性及个体特殊性技术有机结合，针对变化能用智慧打球；身体形态高又壮，反映要合理运用身体和意志凶悍拼斗，重视制空优势和立体作战；个人攻防能力强，反映个体技术全面扎实，特别重视技术明星和核心队员的培养；比分高，反映要在重视攻守转化的速度和节奏中提高进攻数量，突出提高投篮质量，而且自己进攻时所有运用的技、战术环节都要准确，特别呼吁每名运动员外围三分投篮要准，攻守对手要主动，积极和坚定；变化多，反映要掌握战机和运用战机变化的多种战术手段，并从实际出发，在比赛中重视计谋和策略，以不变应万变，在变中应万变，在变中求主动。从而全面反映队伍整体身体、技术、战术、素养、智商等综合结构的水平和竞赛能力。

总之，21 世纪无论男子和女子篮球运动都将继续沿着一个共同发展方向，不同流派与风格，五彩缤纷的打法创新飞跃，具体反映为运动员的智、高、壮、快、准、悍、巧、变的身体与技艺，智慧、谋略的科学结合，充分体现智勇、高壮、全特、快巧、精确、多变。高智慧、高身体、高体能、高速度、高强度、高技巧、高比分将仍是新世纪高水平球队比赛的特点。但智在充实，高有新意，快在延伸，特有绝招，全在拓宽，巧在技艺，准在提高，狠在凶悍，精在扎实，变在机动，它们的外延和内涵都更加丰富，体现出 21 世纪新时代的世界篮球运动的新特征。

第二节　排球运动

排球运动也是人们十分喜爱的体育运动项目之一，高度的技巧和团队的密切配合，使人们喜欢欣赏和参与，是大学生课内外体育健康锻炼的主要内容之一。

一、认知排球运动

1. 排球的起源和发展

排球运动始于 1895 年，创始人是美国人马萨诸塞州的霍利沃克城基督教青年会干事威廉·莫根（William Morgan），最初是用篮球胆在室内的网球网上拍来拍去使球不落地的一种游戏。排球运动问世后，由美国的传教士和驻外国的军官和士兵带到了世界各地。1947 年成立国际排球联合会后，排球运动就成为一项世界性的体育项目。

目前，国际排联已有 200 多个会员国。1949 年举行了第 1 届世界男子排球锦标赛。排球运动世界大赛主要有世界锦标赛、世界杯赛、奥运会排球赛、世界沙滩排球锦标巡回赛、残疾人奥运会排球赛。中国女排夺得 7 次世界冠军的拼搏精神，对壮国威、振奋民族精神起到了极大的作用。

2. 现代排球的特点

（1）形式的多样性和广泛的群众性：排球运动场地设备比较简单，室内外均可进行，形式多种多样，参加人数可多可少，运动负荷能大能小，适合不同年龄、性别、体质和不同训练程度的人在不同的环境下进行活动。

（2）技术的全面性和高度的技巧性：参加比赛的每个队员必须全面掌握各项技术，需使球不能落地，也不能连击、持球和 4 次击球。

（3）激烈的对抗性：各个比赛环节都是在激烈地对抗中进行的，对抗的焦点尤其是集中在网上的扣、拦上。

（4）轻松的娱乐性和高雅的休闲性：排球运动不拘泥形式，可支网相斗，亦可围圈嬉戏，只要有一块空间、沙滩或草地，尽可享受击球的乐趣。排球比赛隔网进行，双方斗技，没有身体接触，安全、儒雅，是人们欢悦、休闲的理想方式。

3. 比赛的基本方法

正式比赛球网的高度为男子的为 2. 43 米，女子的为 2. 24 米，比赛场区为长 18 米、宽 9

米。比赛采用五局三胜制和每球得分制。比赛时双方各上场6人，分前后排站位，由获得发球权一方的后排1号位队员在端线后宽9米区域内发球。发球方胜一球后，由该队同一发球队员继续发球，接发球队胜一球后，按预先登记的发球顺序，换由下一名队员发球。前四局先得25分并同时超出对方2分的队胜一局。当比分为24:24时，比赛继续进行至某队领先2分为止，如28:26；第五局则为先得15分并同时超出对方2分的队获胜。当14:14时，比赛继续进行至某队领先2分为止，比分无最高限制。局间进行交换场区，决胜局中某队领先获得8分时，两队交换场区，不休息，队员在原来的位置继续比赛。第一至四局，每局有两次技术暂停，时间为1分钟。每当领先队达到8分或16分时自动执行，另外每局还有两次请求30秒钟的暂停，第五局无技术暂停，每队可请求两次30秒钟的暂停。同时，每队每局最多允许请求6人次换人。

二、排球入门

1. 准备姿势

上体自然前倾，可稍蹲、半蹲和低蹲，两臂自然放松置于腹前，重心稍靠前，全身肌肉适当放松。

2. 移动

常用的主要移动步法有并步、跨步、交叉步、滑步和跑步等。

要求：时刻准备，及时判断，快速起动第一步，移动中身体重心不能起伏太大，以免影响移动速度。

3. 正面双手传球

正面双手传球示意图如图2－1－1所示。

图2－1－1

传球手形：两手自然张开成半球形。

击球点：在额前上方约一球距离处。

用力：主要靠蹬地伸臂、手指和手腕的力量以及球的反弹力。

传球的错误动作：

（1）触球部位离身体太远。

（2）伸手过早或过晚，判断不准确。

（3）大拇指朝前。

4. 正面双手垫球

正面双手垫球示意如图2－1－2、图2－1－3所示。

垫球基本手形：抱拳式、叠掌式和互靠式。

击球部位：利用腕关节以上10厘米左右处的桡骨内侧平面击球的后下部。

用力：两臂夹紧，前伸，插到球下，蹬地压腕，抬臂击球。

口诀：移、蹬、跟、插、夹、提。

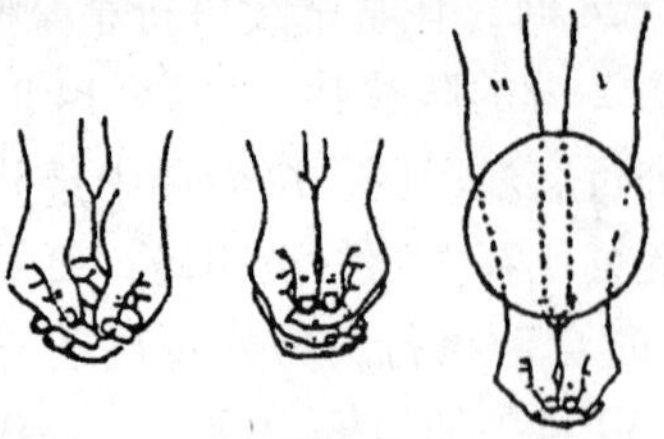

图2－1－2

图2－1－3

垫球的错误动作：

(1) 屈肘，两臂弯曲。

(2) 手臂用力突然。

(3) 只用手臂，不用腿。

5. 正面下手发球和正面上手发球

1) 正面下手发球

正面下手发球如图2－1－4所示。

图2－1－4

抛球：平稳抛球。

击球部位：直臂掌根或全掌击球的后下部。

用力：挥臂以肩为轴，依靠蹬地和身体重心前移，挥臂击球。

2) 正面上手发球

正面上手发球如图2－1－5所示。

图2－1－5

抛球：垂直抛于右肩前上方。

击球部位：半握拳、全掌或掌根击球中下部。

用力：身体稍转，在肩上方伸直手臂的最高点，快速挥臂击球。

6. 正面扣球

正面扣球示意如图 2－1－6、图 2－1－7 所示。

图 2－1－6

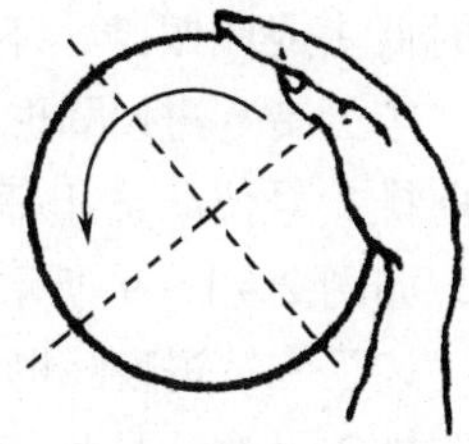

图 2－1－7

1）助跑起跳

步法：采用一步、两步、多步或原地垫步等。助跑前需观察二传的传球方向和高度，据此寻找起跳时机和起跳点。

节奏：步幅由小到大，速度先慢后快，最后一步左脚及时并上，踏在右脚侧前方，制动身体，增加弹跳高度，同时避免前冲力过大而触网。

起跳：左脚跟上两脚用力蹬地，踏跳，加强摆臂增加弹跳高度。

2）空中击球手形

空中击球手形：五指张开呈勺形。

击球：全掌击球后中部，击球保持最高点，手掌包满球，用推裹动作击出前旋球。

用力：鞭甩挥臂，展腹腰发力。

3）扣球技巧

（1）准确判断二传球落点。

（2）加大摆臂幅度，增加高度。

（3）挥臂放松，如鞭甩。

（4）高点击球，手掌包满球。

7. 单人拦网技术

单人拦网技术示意如图 2－1－8 所示。

图 2－1－8

准备姿势：站距球网 30～40 厘米，两臂置于胸前并屈肘，手指张开。

移动起跳：采用移动步法，取好起跳点，重心降低，两膝弯曲，用力蹬地，垂直起跳。

空中击球：双臂尽力过网，伸向对方上空，两手自然张开，当手触球时，突然紧张，手腕用力下压盖住球的前上方。

注意：避免触网、脚过中线的犯规；避免起跳过早，否则身体下降时对方才会扣球；避免拦网时低头或闭眼睛，不看扣球动作和球，盲目阻拦。

8. “中二传”进攻阵形

由前排3号位队员担任二传、2号位和4号位队员扣球的战术形式，称为“中二传”进攻阵形，如图2－1－9所示。

9. “边二传”进攻阵形

由前排2号位队员担任二传、3号位和4号位队员扣球的战术形式，称作“边二传”进攻阵形，如图2－1－10所示。其战术变化多于“中二传”。

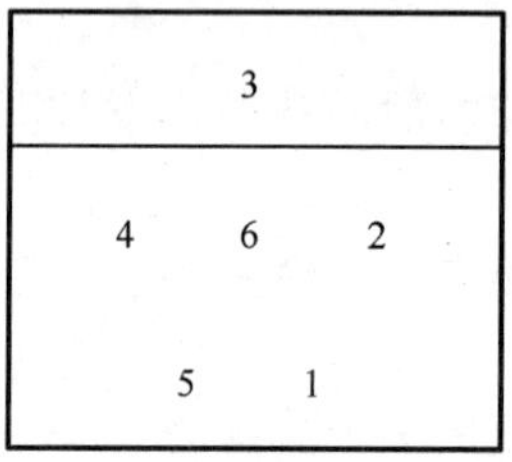

图2－1－9

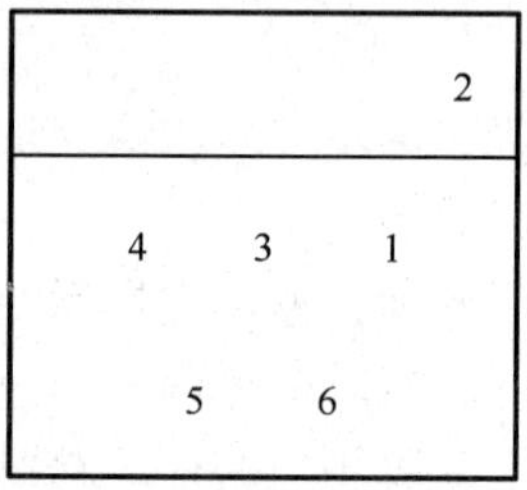

图2－1－10

注意：二传队员应站在2、3号位之间，便于运用快攻战术。

10. 五人接发球站位阵形

除站在网前1名二传队员或由后排“插上”二传不接发球外，其余5名队员都按接发球的阵形站位。

（1）“W”形站位：前面3名队员接前场区的球，后排2名队员接后场区的球，也称“一三二”站位，如图2－1－11所示。

（2）“M”形站位：前面2名队员接前区球，中间队员负责接中区的球，后面2名队员接后区球；也称“一二一二”站位，如图2－1－12所示。

（3）“一字”形站位：5名队员“一”字形排开，左右距离较近，如图2－1－13所示。

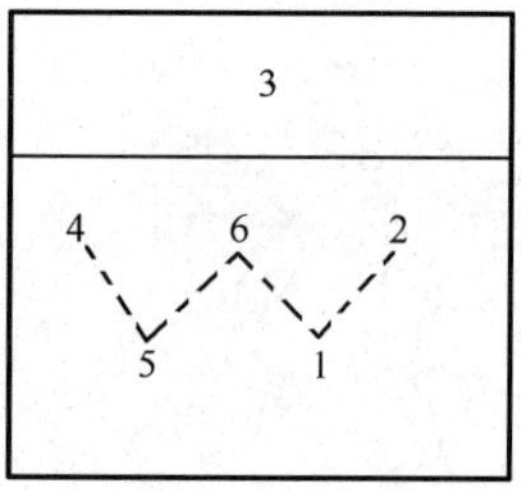

图2－1－11

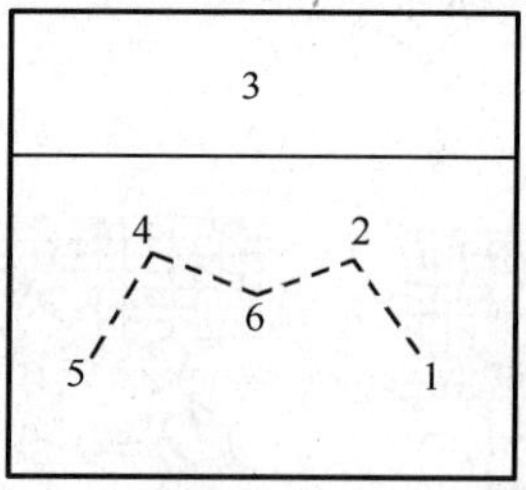

图2－1－12

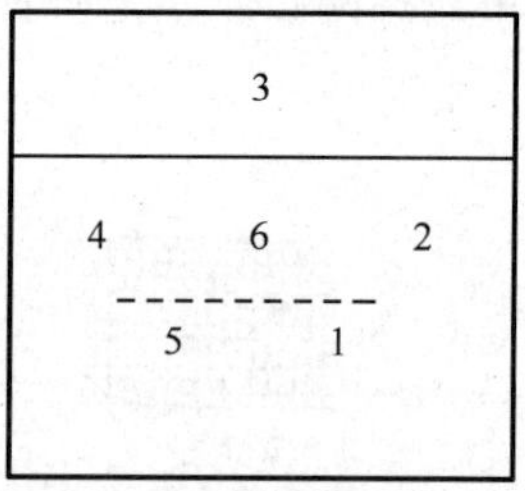

图2－1－13

（4）“边二传”站位换成“中二传”阵形：发球出手后可以换位成“中二传”进攻。

（5）“中二传”站位换成“边二传”阵形：发球出手后，二传队员换到2号位组成“边二传”进攻。

接发球技巧与配合

（1）注意力高度集中，对来球迅速做出正确判断，及时移动取位对正来球。

（2）接起来的球尽量送到二传队员的位置上。

（3）站位时，以前排同伴为基准适当取位，不要前后重叠站位，遵循“远飘、轻飘分散站，平快、大力一条线的规律取位。

（4）接发球配合：接发球较好的队员接球范围可大一些，反之，范围小一些，后排队员接球范围可大一些，前排队员范围可小一些。

三、技术与战术

1. 传球技术

1）顺网二传

比赛时一传多来自后场，尽量保持正面传球，使球顺网飞行。

2）背传

上体比正传时稍直立，击球点保持在额上方，手腕适当后仰；掌心向上，手指击球的下部，依靠蹬腿、展腹、抬臂、伸肘向后翻腕以及手指、手腕的弹力将球传向后上方。

3）调整二传球

离网较远作二传球时，其动作与正面传球动作相同，但要加大传球时的力量。

2. 垫球技术

1）体侧垫球

侧垫时两臂夹紧向体侧伸出，同侧臂要高，保持好反弹角度，用力时转腰收腹，双臂截击来球，将球平稳垫起。

应用时机：当来球速度较快、落点较低、来不及移动正面垫球时，采用体侧垫击。

2）背垫

快速移动到落点，背对垫球方向蹬地抬头挺胸，蹬腿展腹使身体呈反弓形，双臂夹紧向后上方摆臂，垫击球的后下部。

应用时机：背垫是在球飞行较远、较高，无法运用其他垫球技术时采用。

3）脚踢排球

1995 年，规则允许身体任何部位均可触球，这样就出现了一种新的垫击技术——脚踢排球。脚踢排球的技术动作可以充分利用腿和脚离地面近的优势，减少了运动员起动和完成动作的时间，经常能收到意想不到的效果。

应用时机：在球的落点较身体远且低或速度非常快，来不及做出反应时利用。此技术稳定性差，只能作为应急使用。

3. 接发球技术

接发球技术主要采用正面双手垫球技术。但在接大力发球时，不要抬臂用力，手臂相反还要稍后撤，缓冲来球。接发球要求一定要有接好球的信心，注意配合，避免互相抢球或让球。

4. 接扣球技术

早判断，快取位，下降重心，高球挡，低球垫，千方百计争取多起球。要防好扣球需有争抢救险球的作风，不怕重球，防止重心后坐，根据对方扣球动作、特点和同伴拦网情况，预先判断取位。

中国排球为世界排球做出突出贡献的技术创新

男排：创造并掌握了“盖帽”拦网技术；
创新了“平拉开快球”扣球技术，成为我国传统的快攻特点；
名将汪嘉伟创造了“前飞”“背飞”等进攻打法。

女排：创新了“快速反击”战术，在技战术打法上走在世界前面；
创造了“全攻全守”“高快结合”的新型打法；
创新了单脚起跳背飞扣球、前快错位背飞等快攻战术。

5. 排球基本战术

1）个人战术

（1）发球个人战术的运用：主要运用变换发球方法，变化发球的力量、落点和飞行幅度；对方正处于进攻较弱的轮次时，应注意发球的稳定性；“找人”发球时，发给连续失误、信心不足、情绪急躁或刚上场的队员；得分困难或比分落后较多的情况下，采取攻击性强的发球战术，等等。

（2）扣球个人战术的应用：避强打弱、避重就轻。从对方身体矮、弹跳力差或拦网能力差的队员的拦网区域进行突破。扣球落点尽量找人、找点，向防守技术差的队员或对方空当扣球。

（3）防守个人战术的运用：集中注意力观察对方进攻的意图和本方拦网的情况，在接球前做出正确的判断，选择有利位置。当判断出对方进行大力扣球而本方布置好拦网时，重点防守未拦到的线路或防打手出界的球；而对方扣球变吊球时，则要快速前压防守。

2）“插上”进攻战术

如图 2－1－14 所示，后排二传队员分别从 1、6 或 5 号位插上到网前，充分利用球网全长，组织三点攻，以突破对方的防线。

注意：发球时，二传必须在发出球后方可移动“插上”，否则要被判为越位犯规。同时，不要影响其他队员接球，“插上”队员传球后，应立即对进攻队员进行保护，防拦回球或后撤防守。

3）进攻战术的各种打法

（1）平快掩护：2、4 号位平行拉开进攻、3 号中间短平快进攻的战术形式，如图 2－1－15 所示。

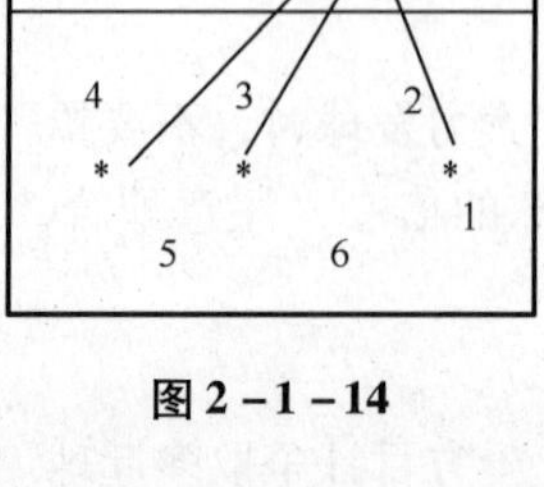

图 2－1－14

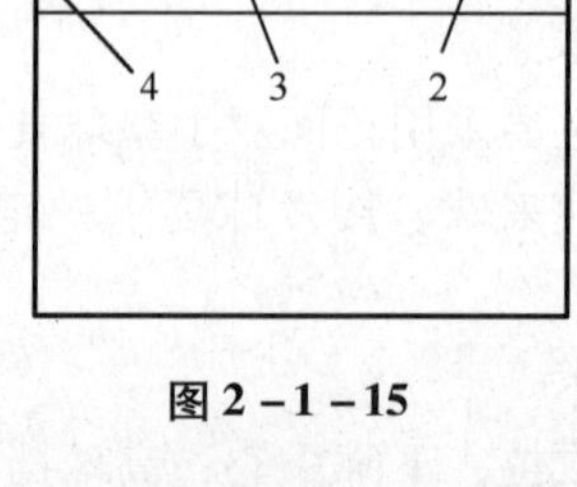

图 2－1－15

（2）交叉进攻：两名队员用交叉跑动路线换位进攻的形式，目的在于扰乱对方盯人拦网的布置，如图 2－1－16 所示。

（3）重叠进攻：两名队员几乎在同一点上进行不同时间的进攻成重叠之势，使拦网人难以判断真假，如图 2－1－17 所示。

（4）“夹塞”进攻与“串平”进攻：短平快为掩护，另一进攻队员跑动“夹”在传球手与快攻手之间的进攻，称“夹塞”进攻。扣球队员在短平快掩护队员的背后打平拉开快球的进攻，称为“串平”进攻，如图 2－1－18 所示。

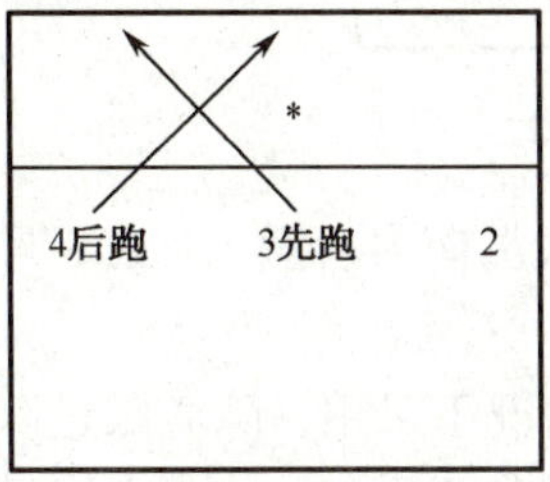

图 2－1－16

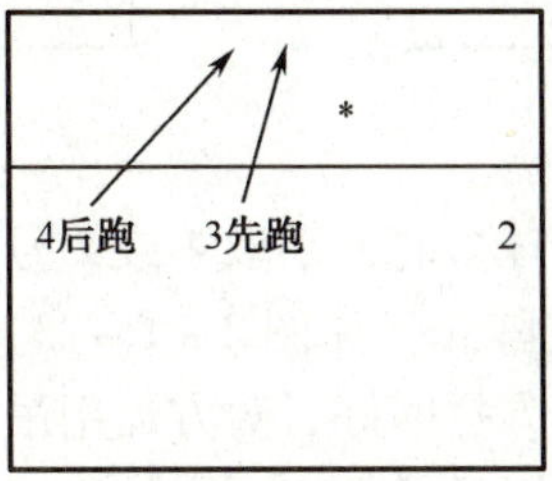

图 2－1－17

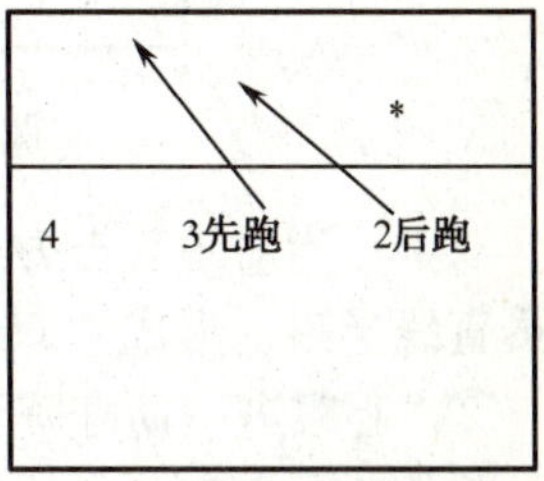

图 2－1－18

（5）双快一跑动进攻：两名队员进行快球进攻，第三名队员进行大范围跑动进攻，如图 2－1－19 所示。

（6）前后排互相掩护的进攻：也称立体进攻，这是近年来世界排球十分流行的战术，优点是可以形成进攻队员人数上的优势，进攻点多，扩大了进攻的纵深范围，如图 2－1－20 所示。

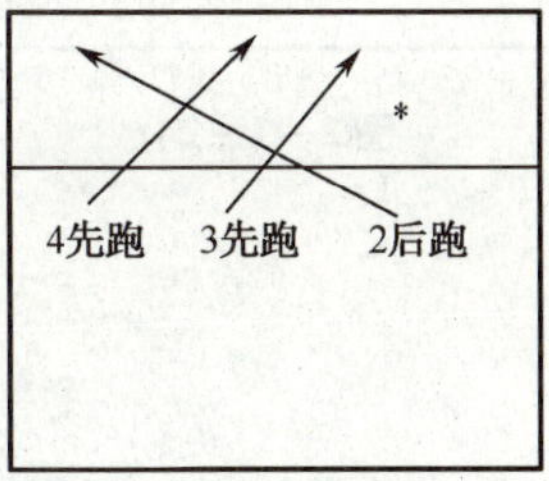

图 2－1－19

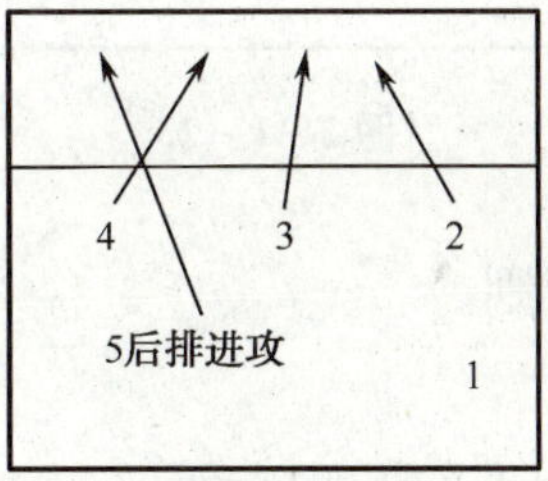

图 2－1－20

4）防守战术

（1）单人拦网防守战术：这是最基础的防守配套形式，在水平高的比赛中也时常被迫采用。一般情况下，多采用拦对方相应位置的进攻手，邻近的队员则后撤保护，也可以由本队一名拦网好的队员专门拦网，不拦网的队员则后撤保护。

（2）双人拦网下的防守战术：由前排 2 人拦网，其他队员组成防守阵形。

①“边跟进”防守阵形：防守队员取位呈半圆，“边”上 1 号位的队员重点防守心和边的吊球。这种阵形有利于防对方的大力扣杀，其弱点是在于防吊球，心的空当太大，为此，便出现了“死跟”和“活跟”的变化。

活跟：1 号位队员根据判断来决定是“退守长线”还是“跟进防吊”的灵活布置，就是活跟。当前压跟进时，要求 6 号位队员及时补直线，4、5 号位队员积极侧应，前排拦网则要拦住中区，如图 2－1－21 所示。

死跟：对方进攻无论是扣球还是吊球，1 或 4 号位防守直线的队员皆固定跟进防吊球，

6号位固定防守直线，就是死跟，其在对方吊球多、对方直线进攻少时运用较多（见图2-1-22）。

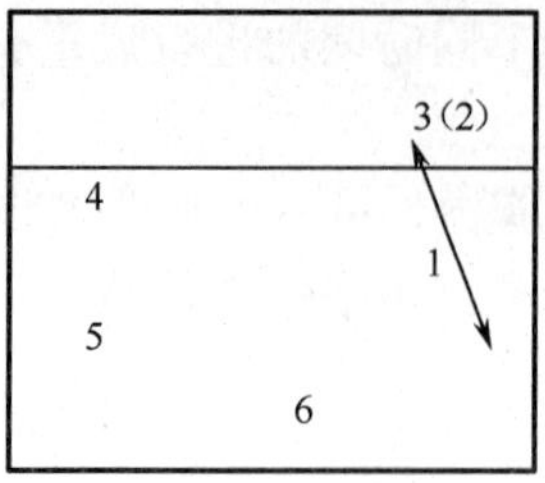

图2-1-21

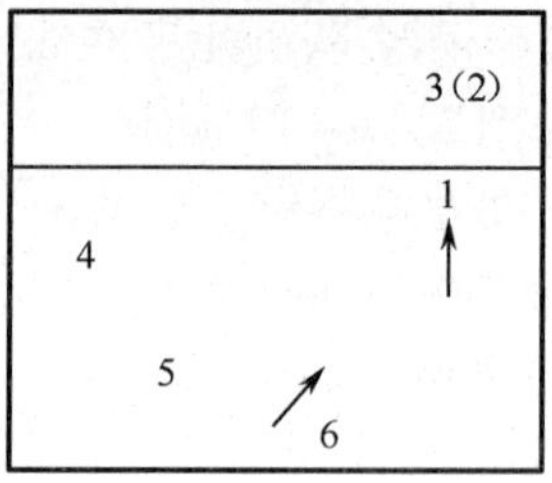

图2-1-22

双卡：当对手攻击力不强、吊球多时，采取4或2号位前排队员向内后撤，1或5号位队员直线半跟，形成“双卡”防守阵式（见图2-1-23）。

②“心跟进”防守阵形：在本方拦网好、对方运用吊球多的情况下采用，除心跟进队员外，其他队员扼守各自的位置。但因后场只有两人防守，后场中央和两腰容易造成空当，如对方进攻多变，突破点多时，则不宜采用这种防守阵形（见图2-1-24）。

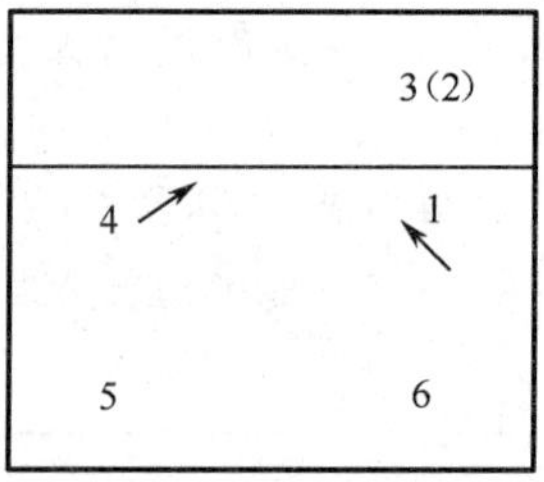

图2-1-23

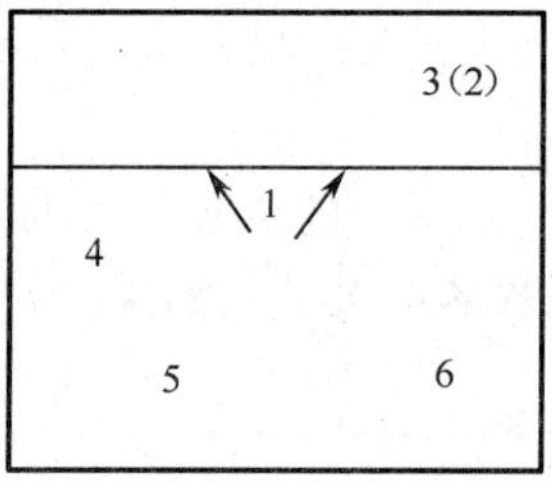

图2-1-24

四、了解规则

1. 发球规则

必须在发球区内将球抛起后，在球落地前用一只手或手臂的任何部位将球击出，发球队员不得踏及场区（包括端线和发球区以外地面），鸣哨后在8秒内将球发出；发出的球必须由过网区（球网两端标志杆内）进入对方场区内。

2. 4次击球犯规

每个队最多击球3次（拦网除外），将球从球网上击回对方，超过规定次数的击球判为4次击球犯规。

3. 持球和连击犯规

没有将球击出，使球产生停滞，为持球犯规。同一人连续击球为连击犯规，但拦网时的连续触球以及全队第一次击球时同一动作击球产生的球连续触及身体部位除外。

4. 过网击球犯规

在对方空间触击球为过网击球犯规，但在对方进攻性击球后拦网触球除外。

5. 过中线犯规

比赛进行中队员的一（两）只脚或一只（两只）手部分超过中线触及对方场区，身体的其他任何部位越过中线接触对方场区，为过中线犯规。

6. 触网犯规

比赛进行中，队员触及 9 米以内的球网和标志杆、标志带为触网犯规。但队员未试图进行击球轻微触网和被动触网除外。

7. 拦网犯规

（1）从标志杆外进行拦网并触球。

（2）当对方队员击球前或击球的同时，在对方场区空间拦网触球。

（3）后排队员或后排自由防守队员完成拦网或参加了完成拦网的集体，包括球触及前排队员。

（4）拦对方发球。

（5）拦网出界。

8. 进攻性击球犯规

（1）后排进攻犯规：后排队员在前场区内或踏及进攻线及其延长线，将整体高于球网上沿的球击入对方场区。

（2）过网击球犯规：在对方场区空间内击球。

（3）扣击发球犯规：在前场扣对方发来的、整体高于球网上沿的发球完成进攻性击球。

自由人进攻性击球犯规：队员在高于球网处对同队自由防守队员在前场区用上手传出的球完成进攻性击球，后排自由防守队员完成对高于球网上沿的球的进攻性击球，均为自由人进攻性击球犯规。

第三节　足球运动

被誉为“世界第一运动”的足球是世界上开展最广泛、影响最大的体育项目，同时具有很高的锻炼价值，深受大学生的喜爱。学习和掌握足球基本知识、基本技术和战术，将有利于更好地欣赏足球运动和参与足球运动之中。

由于足球运动所具有的特殊魅力，一场精彩的足球赛事能吸引数以万计的现场观众和成千上亿的电视观众观赏。有些国家对本国球队参加国际大赛的胜利像欢庆民族节日，举国倾城狂欢庆祝。总之，足球运动在人民生活中所占据的地位和具有的意义，已远远超出体育运动的范畴。

一、认知足球运动

1. 现代足球的起源与发展

我国是具有悠久历史的文明古国。据有关史料记载，我国古代足球游戏起源于公元前 475—公元前 221 年的战国时代。古代足球游戏称为“蹴鞠”或“塌鞠”。“蹴”和“塌”都是踢的意思，“鞠”则是指足球。到了公元前 206—220 年间的汉朝时，“蹴鞠”已是一项重要的游戏活动。到了元、明、清朝由于受儒家思想“中庸之道”“君子无所争”以谦让为美德的礼乐观念影响，使我国古代足球游戏逐步走向衰落，尤其在明朝命令禁止足球游戏，这样到明朝中期我国古代足球游戏就走向消亡。1908 年，在我国香港成立了我国现代足球运动的第一个组织——南华足球会。1931 年旧中国加入国际足球联合会，并于 1936 年和

1948年先后两次派队参加奥林匹克运动会足球比赛。

古代足球运动起源于中国，现代足球运动的发源地则在英国。1863年10月26日，英国成立了世界上第一个足球协会——英格兰足球协会，人们把这一天作为现代足球的诞生日载入史册。1912年第5届奥运会开始，足球被列为奥运会的正式比赛项目。1904年在法国巴黎成立了“国际足球联合会”，总部设在瑞士的苏黎世。1930年举办了第1届世界足球锦标赛。经过100多年的发展，足球运动成为人们喜爱的、被誉为“世界第一运动”的体育项目。世界足球比赛主要有世界杯男子足球赛、奥运会足球赛、青年足球锦标赛、世界17岁以下少年足球赛、5人制足球赛以及世界女子足球锦标赛。

新中国成立后，足球运动得到大力发展。1955年1月3日成立了中华人民共和国足球协会，1958年，由于国际足联少数人制造的“两个中国”的阴谋，中国足球协会毅然退出国际足球联合会。经过中国足协二十余年的斗争、争取，于1979年恢复了中国足协在国际足联的合法席位。1987年，中国男子足球队参加了第24届奥运会足球预选赛，以亚洲第一名的优异战绩取得了参加1988年汉城奥运会足球比赛的资格。2001年10月7日，中国男子足球队在沈阳五里河体育场以1:0战胜阿曼队，从而首次取得了2002年世界杯足球赛决赛阶段的比赛资格，实现了几代足球工作者“冲出亚洲，走向世界”的夙愿。1991年，第一届女子足球世界杯赛在我国广州举行，中国队最终取得第5名。1996年亚特兰大奥运会、1999年女足世界杯赛，中国队取得了亚军的好成绩。同时，中国男、女足多次参加亚运会、亚洲杯比赛。男队获得一次亚运会亚军，两次亚洲杯赛亚军。女队多次在亚运会、亚洲杯赛问鼎冠军。中国于1994年开展职业联赛，经过十多年的运转取得了举世瞩目的成绩。各职业俱乐部的建设更为科学正规，实现与世界接轨，为中国足球的发展奠定了坚实的基础。同时，“大学生足球联赛”在全国的普及，为中国足球的腾飞注入了活力与动力。

2. 现代足球特点

竞争激烈、对抗性强；比赛参加人数多，运动量大，比赛时间长；技术动作多，战术种类和变化多；比赛的场面壮观，激动人心，吸引着无数的球迷，一些重要的比赛常常是万人空巷，成为世界上拥有球迷最多的体育项目。

3. 比赛的基本方法

足球比赛通常在长100~110米、宽64~75米的长方形场地上进行，球门高为2.44米，长7.32米。世界杯决赛阶段的比赛场地为长105米、宽68米；比赛时间为90分钟，分上下两个半时；双方队员均为11人，其中1人为守门员；比赛进行过程中，每队上场人数不得少于7人。正式比赛，每队每场最多可以替补3名队员，被替补下场的队员不得再次参加本场比赛。除守门员外，其他运动员只允许用手臂以外的身体部位触球，守门员在禁区中可以用手接球和挡球，但不能用手接和挡同伴的故意回传球。比赛胜负以双方射入对方球门的数量来决定，进球多者为胜；如90分钟战平，根据比赛需要，可进行30分钟的加时赛决出胜负，如加时赛再战平，则进行点球大战。

二、足球入门

随着足球运动的日益发展，足球技术不仅在内容上更加丰富，并且动作难度也在不断提高。特别是当今的足球比赛要求运动员在快速运动中和激烈对抗的条件下，准确地完成踢、停、顶、运、抢截，以及起动、快跑、转身和急停等技术动作。因此，运动员只有熟练地掌握足球技术，才能在比赛中有目的地采取行动和正确地处理球，以达到战术上的要求。因为即使是最简单的战术配合也需要用基本技术来完成，所以技术是完成战术配合的基础。

在足球比赛过程中，运动员不仅需要使用支配球、争夺球的有球技术动作，而且还要为能够进行支配球、争夺球而采取各种行动的无球技术动作。因此，足球技术总体上可分为有球技术动作和无球技术动作两大类。

一场90分钟的足球比赛，扣除各种情况下的死球停止比赛外，仍然有60分钟左右的纯比赛时间。据统计，一名控制球能力极强的运动员所能控制球的时间总和也只有2~3分钟，其他时间都是在无球的情况下活动。这些活动，除了用于调整位置的走步和慢跑外，都需要使用无球技术来完成。

1. 踢球

踢球示意如图2-1-25所示。

图2-1-25

1）助跑

助跑是指踢球前的几步跑动，以调整人与球的方向和距离，使支撑脚处于所需的正确位置，从而增加击球的力量。助跑最后一步要大一些。

2）支持脚站位

脚内侧和正脚背踢球需要踏在球的侧方，一般距离球10~15厘米；脚背内侧踢球需要踏在球的侧后方，一般距离球25~30厘米；踢移动球时，要把踢球腿摆动的时间计算在内。支持脚选择适当位置很重要，以免造成身体后仰或出球偏高。

3）踢球腿的摆动

以髋关节为轴，大腿带动小腿由后向前摆。

4）脚触（击）球

用脚的某一部位击球后中部，出球平直能获得全部力量。若击球后侧部，作用力没有通过球的中心，会使球产生旋转并沿着一定的弧线运行，这就是“香蕉球”。

2. 停球

停球示意如图2-1-26所示。

图2-1-26

缓冲是停球的关键，缓冲能使来球不反弹出去或反弹到一定距离的位置上，以便将下一个动作连接起来。停球前要快速移动，调整位置迎球；脚接球时，要随球一起向后引，达到降低来球速度的目的，注意动作要放松自然，不要踩球或抬得过高，以免球漏过；当来球力量大、速度快时，停球脚要加大后撤以缓冲来球的力量。

（1）停地滚球：停球脚对准来球路线，在脚触球的一刹那进行后撤。

（2）停反弹球：判断落点，停球脚对准球的反弹路线，触球的中上部。

（3）停空中球：停球脚根据来球的高度抬起，在脚接触球前的一刹那进行后撤或下撤。

3. 运球

运球要用脚推拨球，而不是用力踢和击球，推拨球力量要适当，使球在自己控制范围之内。在做运球动作的前后要抬头观察场上情况，这样可以根据临场情况采取措施。运球过人时，要抓准时机，动作要快，越过对手时一般要保持与对手一大步的距离。

4. 掷界外球

面对出球方向，双手持球置于头后，上体后仰成背弓；掷球时，蹬地和收腹发力，两臂前摆甩腕将球掷出。要求动作连贯，身体必须面向出球方向掷球，不能侧身，球掷出前双脚均不得离地且不能过线。

三、技术与战术

足球比赛的胜负是根据参加比赛的双方攻入对方球门的球数多少来决定的。在快速运动中和激烈对抗的条件下，只有在具备扎实基本技术的基础上，才能很好地贯彻教练员的战术意图。

1. 颠球技术

颠球是指运动员用身体的各个有效部位连续地击球，并加以控制尽量使球不落地的技术动作。颠球是运动员熟悉球性的一种练习手段，以增强对球的弹性、重量、旋转及触球部位、击球时用力轻重的感觉。

1）动作要领

（1）双脚脚背颠球：脚向前上方摆动，用脚背击球，击球时踝关节固定，击球的下部。两脚可交替击球，也可一只脚支撑，另一只脚连续击球。击球时用力均匀，使球始终控制在身体周围。

（2）双脚内侧、外侧颠球：抬腿屈膝，用脚的内侧或外侧向上摆动，击球的下部，两脚内侧或外侧交替击球。

（3）大腿颠球：抬腿屈膝，用大腿的中前部位向上击球的下部，两腿可交替击球，也可一只脚做支撑，用另一侧的大腿连续击球。

（4）头部颠球：两脚开立，膝盖微屈，用前额部位连续顶球的下部。顶球时，两眼注视球，两臂自然张开，以维持身体平衡。

（5）各部位连续颠球：根据上述单一颠球技术动作要领，用各部位配合连续颠球，配合的部位越多，难度越大。颠球的部位有脚背、脚内侧、脚外侧、大腿、头部、胸部、肩等。

2）易犯错误

（1）脚击球时踝关节松弛，造成用力不稳定。

（2）击球时脚尖向下或向上勾，造成球受力后向前或向后触碰身体，使球难以控制。

（3）颠球时身体其他部位不够放松，以至于动作僵硬。

（4）头部颠球时腿部、躯干、颈部配合用力不协调，仅靠颈部。

3）练习方法

（1）一人一球颠球：体会触球的时间、触球的部位、触球的力量和整个动作的协调配合。

（2）两人一球颠球：用脚背、大腿、头部以及身体各部位触球，掌握好触球的力量，尽量不让球落地。每人可触球一次颠给对方，也可触球多次互颠。

（3）四五人一组，围圈用两球颠球：可规定每人触球的次数与部位，也可自由掌握触球的次数与部位。颠传时要注意观察，防止两个球同时颠传给同一伙伴。

2. 踢球技术

踢球的方法很多，但主要有脚内侧踢球、脚背内侧踢球、脚背正面踢球、脚背外侧踢球，以及脚尖踢球和脚跟踢球。

1）脚内侧踢球

踢球腿膝盖外转，脚掌与地面平行，用脚弓击球的后中部，如图 2－1－27、图 2－1－28 所示。

图 2－1－27 （脚内侧踢球）

图 2－1－28 （脚内侧踢空中球）

易犯错误：

（1）踢球腿屈膝外展不充分，脚尖没有翘起。

（2）摆腿动作过于紧张，使摆速受到限制。

（3）在踢球腿前摆时膝关节伸直，形成直腿扫踢。

（4）踢球时上体向踢球腿一侧倾斜，脚掌内翻。

练习方法：

（1）初学者先做踢球腿膝盖外转前后摆动的模仿动作。

（2）二人一组，距离为 10 米左右，踢定位球。

（3）二人一组，行进间传接球。

（4）踢迎面传来的地滚球，近距离射门。

（5）抢球游戏：3 人传 1 人抢，5 人传 2 人抢，4 人传 2 人抢，规定只准用脚内侧踢球，犯规者出来抢球。

（6）脚内侧踢球射门练习。

2）脚背内侧踢球

斜线助跑，脚面绷直，脚尖外转以脚背内侧部位踢球的后中部，如图 2－1－29、图 2－1－30 所示。

图 2－1－29

图 2－1－30

易犯错误：

（1）踢球时上体后仰，易把球踢高。

（2）脚尖外转太多，踢球部位不正确，易把球踢偏。

（3）踢球时，踝关节松弛，往往踢在脚尖或脚内侧上，击球无力。

练习方法：

（1）二人一组，相距 10～15 米对踢，要求踢球力量不要过大，着重体会踢球的部位。

（2）二人一组，加大距离做长传球，要求传球准确。

（3）自己运球到罚球区附近射门，速度由慢到快。

（4）传球射门：一人做向前传球，踢球者快速上前踢球射门。

3）脚背正面踢球

直线助跑，脚背必须绷直，用脚背正面部位击球的后中部，如图 2－1－31、图 2－1－32 所示。

图 2－1－31

图 2－1－32 （脚背正面踢侧面半高球）

易犯错误：

（1）支撑脚的位置靠后，造成踢球时身体后仰，脚背击在球的下部，出球偏高。

（2）踢球腿前摆时，小腿过早地做爆发式前摆，造成直腿击球，出球无力。

（3）摆腿方向不正，造成脚触球部位不准。

（4）因怕脚尖触地，脚背没有充分绷紧。

练习方法：

（1）每人一球，面对足球墙踢定位球。开始距墙 3～5 米，力量可小些，然后逐渐加长距离和踢球力量。要求踢低平球或地滚球。

（2）二人一组，距离为 10 米左右，踢定位球。

（3）踢迎面传来的地滚球，近距离射门。

4）脚背外侧踢球

膝和脚尖内转，脚面绷直，以脚背外侧部位踢球的后中部。

踢弧线球时支撑脚踏在球两侧左右处，身体稍向支撑脚一侧倾斜，踢球脚的脚腕用力，并以脚背外侧切削球的侧后方。踢球后，踢球腿向支撑脚一侧的前上方摆出，以加大球的旋转力量，如图 2－1－33 所示。

图 2－1－33

3. 接、停球技术

接、停球是指运动员有目的地用身体的合理部位把运行中的球接、停下来，控制在所需要的范围内。在比赛中接、停球不是最终目的，而是为传球、运球、过人和射门做准备。常用的接、停球方式有脚内侧接停球、脚背外侧接停球、脚背正面接停球、脚底接停球、大腿接停球、腹部接停球、胸部接停球、头部接停球等技术动作。

1）脚底停球

支撑脚站在球侧后方，停球腿向前提，脚尖翘起，以前脚掌触球的中上部，如图 2－1－34 所示。

图 2－1－34

练习方法：

（1）二人一组，互抛互接。

（2）二人一组，互抛互接。要求少看接球脚接球。

易犯错误：

（1）判断球的落点不准确，接球脚提起过高。

（2）接球后身体不能及时跟上，影响控制球。

纠正方法：

（1）一人脚内侧踢地滚球，一人用脚底接球。

（2）一人踢低平球，一人用脚底接反弹球。

（3）反复练习，体会要领，掌握动作方法。

2）脚内侧接停球（接停地滚球、接停反弹球和接停空中球）

接停球腿提膝外转并以脚弓前迎球，在脚触球的一刹那迅速后撤。

练习方法：

接停球练习方法示意如图 2－1－35、图 2－1－36 所示。

图 2－1－35

图 2－1－36

（1）二人一组，互踢接停球，力量由轻到重。

（2）二人一组，一人踢地滚球，另一人跑上接停球。

（3）二人一组，互踢接停球，要求接球后快速传球。

易犯错误：

（1）球从脚下漏过。主要原因是未掌握好脚的触球部位距离地面的高度。

（2）接球时将球卡在触球点，影响下一个动作的衔接。

（3）接球脚上肌肉太紧张，当球与脚内侧接触时未做后撤动作，使球接不到脚下。

纠正方法：

（1）讲解示范，反复练习，体会动作要领，掌握动作方法。

（2）一脚支撑身体重心，一脚练习接球的迎球和后撤动作。

（3）接低球或接反弹球时，可采用由同伴抛球的练习方法，先在原地，后可跑动逐渐体会动作。

3）胸部停球

（1）收胸停球：两臂张开，挺胸迎球。在球与胸接触前的一刹那，收胸收腹，缓冲球速，如图 2－1－37 所示。

（2）挺胸停球：挺胸面对来球，胸触球时上体后仰，用胸部轻托球的下部，使球微微弹起于胸前上方，如图 2－1－38 所示。

图 2－1－37

图 2－1－38

（3）腹部接球：在激烈的比赛中为了抢点控制球，根据比赛的需要也使用腹部接球。

① 腹部接反弹球：接球者的身体正对来球方向跑动，判断好球的落点，身体前倾，腹部对准落地反弹的球，腹直肌保持紧张，推压球前进（见图 2－1－39）。也可在触球瞬间身体侧转，将球接向所需要的侧面。

图 2－1－39

② 腹部接平空球：来球较突然且与腹部同高时，应先挺腹，在腹与球接触瞬间迅速含胸收腹，将球接下来。

练习方法：

（1）二人一组，约距 10 米，互抛互接。

（2）二人一组，约距 10 米，加大来球速度，互抛互接。

易犯错误：

收胸过早或过晚，不能缓和来球力量，易将球弹出。

纠正方法：

（1）明确动作要领。当球与胸部接触时，迅速收胸、收腹，以缓和来球力量。

（2）通过讲解示范与反复练习，掌握正确的胸部接球方法。

4）脚背外侧停球

停球脚稍提起，膝和脚内转，脚背外侧对正来球；接触球的侧后方，把球停在停球脚一侧，如图 2－1－40 所示。

5）脚背正面停球

提脚迎球，脚背正面对准下落的球，脚在接触球前一刹那下撤，以脚背正面接触球底部，如图 2－1－41 所示。

图 2－1－40

图 2－1－41

6）大腿停球

当大腿中部与球接触一刹那撤大腿，使球落在需要的位置上，如图 2－1－42 所示。

图 2－1－42

练习方法：

（1）二人一组，约距 10 米，互抛互接。

（2）自抛自接。

易犯错误：

不能正对来球，不能缓冲来球力量（或缓冲过早），不能将球接在自己控制的范围内。

纠正方法：

明确动作要领，反复练习。

4. 运球及运球过人

运球是运动员在跑动中用脚连续推拨球，使球处于自己控制范围内的动作，是完成个人突破与战术配合必不可缺的技术，常用的运球方法有以下几种（见图2－1－43）。

图2－1－43

（1）脚内侧运球：支撑腿膝关节稍弯曲，上体前倾，用脚内侧连续推球的后中部。

（2）脚背正面运球：运球腿脚跟提起、脚尖向下，在迈步着地前，用脚背正面推送球。

（3）脚背外侧运球：运球腿脚跟提起、脚尖稍内转，在迈步前伸着地前，用脚背外侧推拨球。

（4）脚背内侧运球：运球腿提起外展，膝微屈外转，提踵，脚尖外转，使脚背内侧正对运球方向，用脚背内侧推拨球。

其他方法：推拨球过人、拉球过人和扣球过人等。

（1）推拨球过人：以脚踝的抖拨动作，用脚背内侧和外侧触球（见图2－1－44）。

（2）拉球过人：用脚底将球从前向后拖动（见图2－1－45）。

图2－1－44

图2－1－45

（3）扣球过人：身体和脚踝同时急转压扣，以脚内侧或脚外侧部位触球（见图2－1－46）。

运球过人方式还有：利用速度强行过人、利用穿裆球过人、利用假动作过人、利用变速运球过人以及利用身体的掩护强行过人等。

练习方法：

（1）练习时要求步子小、轻松自然，两臂自然摆动。

（2）在走步或慢跑中练习运球，由单脚到双脚，用脚背内、外侧运球。

（3）绕6根标枪竿（竿距2米）曲线运球，要求由慢到快（定距测验时间）。

（4）直线运球或绕竿曲线运球，要求少看球，多巡视四周情况。

图 2－1－46

易犯错误：

（1）眼睛只盯着球，不能随时观察场上情况，以致不能达到及时完成传球或射门的目的。

（2）运球技术运用不合理，造成脚尖捅球。

（3）运球时步幅过大，重心偏高，不能随心所欲地触球。

纠正方法：

（1）在慢跑中分别用单脚脚内侧运球、脚背正面运球、脚背外侧运球，运球方向沿直线进行。

（2）在慢跑中沿弧线运球。用脚内侧、脚背内侧、脚背外侧沿中圈线做顺时针、逆时针运球练习。

（3）反复练习直、曲线运球，才能熟练地掌握运球技术。

5. 头顶球技术

头顶球是运动员在比赛中为了争取时间和取得空中优势，用头部的前额部位（见图 2－1－47）击球的动作，常用来传球、抢截球和射门，是进攻和防守中不可缺少的重要技术之一。头顶球分为前额正面顶球和前额侧面顶球。这两个部位都可以做原地顶球、跑动中顶球、跳起顶球和鱼跃顶球等。

图 2－1－47

顶球前，观察来球，预先选好位置。顶球时不要缩脖子，更不要闭眼，要敢于主动迎击球，摆体和甩头动作保持连贯。

（1）前额正面顶球：上体后仰成弓形，颈部保持紧张。当球运行到身体垂直部位前的一刹那，两脚用力蹬地向前摆体、甩头，用前额正面部位顶球的后中部（见图 2－1－48、图 2－1－49）。

图 2－1－48

图 2－1－49

图 2－1－50

（2）前额侧面顶球：上体和头部向出球方向的异侧稍转动，后脚用力蹬地，上体迅速向出球方向扭转，同时甩头。当球运行到出球方向同侧肩上方时，用额侧部位击球的后中部（见图 2－1－50、图 2－1－51）。

（3）跳起向前或后顶球：当球运行到头顶上空时，跳起、收腹、挺胸、扬头，触球瞬间颈部做爆发性振摆，用额正面击球（见图 2－1－52）。

练习方法：

（1）徒手做头顶球模仿练习。

（2）自抛自顶，体会顶球部位。

（3）二人一组，相距 5～7 米，一人抛球，另一人用前额正面和前额侧面将球顶成高、平、低球。

图 2－1－51

图 2－1－52

易犯错误：

（1）由于害怕心理，顶球时闭眼，以致造成错误部位顶球。

（2）掌握不好跳起时机，造成顶不着球（或早或迟），有时虽可顶着球，但也顶球无力。

（3）身体摆动环节不能协调有力地进行，影响顶球力量。

纠正方法：

（1）头部顶球位置要正确，顶球时要注意用上腰和腹部力量。

（2）反复练习，掌握技术动作要领。

6. 抢截球

抢截球技术是指运动员在规则允许范围内，使用身体的合理部位将对手的控制权夺过来或破坏掉。

1）跨步抢截球

当对方运球脚即将或刚着地时，支撑脚蹬地，抢球脚以内侧对准球跨出抢截。抢球时要快速、果断，抢到球后迅速处理球（见图2-1-53（a））。

2）侧面合理冲撞抢球

与对手并肩跑动时，防守者重心稍下降，紧贴对手身体。当对方靠近自己一侧的脚离地时，用肘关节以上部位冲撞对方相应部位，使对方失去平衡，乘机将球抢截过来。冲撞时力量要适当，臂不能扩张形成推人，冲撞的时机要准，动作要快。在球门区内不能对守门员进行冲撞。如图2-1-53所示。

（a）　（b）

图2-1-53

3）铲球

铲球示意如图2-1-54所示。

图2-1-54

（1）同侧脚铲球：当控球者拨球的一刹那，抢球人的同侧脚向外侧沿地面滑出，用脚尖、脚背捅球或踢球。

（2）异侧脚铲球：当控球者拨出球的一刹那，抢球者的异侧脚向内侧沿地面滑出，用脚底或脚尖捅球。

注意：铲球脚要沿地面铲出，不能抬得过高，而且不能在对方背后做铲人动作。

练习方法：

（1）二人并肩走步中练习冲撞，在慢跑和快跑中进行冲撞，体会合理冲撞的方法。

（2）一人在慢跑中运球，另一人练习侧面并肩冲撞抢球。

（3）二对一抢截，正面抢截后交换，以抢到球为准。

（4）一对一抢截，正面、侧面抢截，以触到球为准，相互交换练习。

（5）原地练习铲球，一人站在固定球的后面佯做停球，一人从侧后方跑上来练习铲球倒地动作。

（6）助跑练习铲球，一人带球前进，一人在带球人身后，待球推出时铲球。

易犯错误：

（1）抢球时犹豫不决，判断不准，盲目乱跑。

（2）抢球时支撑脚重心不稳，轻易移动，重心落在抢球脚上，容易被撞倒。

（3）铲球脚离地面超过球的高度，易伤害对手造成犯规。

纠正方法：

（1）通过讲解示范，反复练习，体会动作要领，掌握动作方法。

（2）抢截球时判断要灵敏、果断、准确。

（3）抢截球时要注意控制支撑脚重心，体会合理冲撞的方法。

7. 假动作

足球比赛中，运动员为了争取时间、空间的优势，取得控球权或控制好球以达到射门的目的，常采用一些虚假动作掩饰自己的真实意图。虚假动作使对手产生错误的判断，造成重心错误的偏移，形成对自己有利的形势以实现自己的目的。

假动作渗透在各种技术中，如踢球、接球、顶球、运球、抢截球、掷界外球以及守门员技术等（见图 2－1－55）。

图 2－1－55

1）传球时假动作

骗取对方堵截一个方向的传球路线，然后突然改变方向进行传球；也可以变化为假传真运，突破对手。做假动作要逼真，变化也要快。

2）停球时假动作

先假装向某一方向停球，然后突然改为向另一方向停球；也可以对来球做假传真停动作。做停球假动作要和下一个动作连接好。

3）顶球时假动作

先做假顶球动作，然后突然改为胸部停球；也可假做胸部停球，诱使对方逼近抢球，然后突然改为头顶球。

4）运球过人时假动作

（1）虚晃：对方迎面抢截时，采取身体或腿左右虚晃，使对方发生重心的偏移，然后迅速用另一脚背外侧向同侧拨球，从而越过对方。

（2）变速：对方从侧面抢截时可用变速运球方法。如先快速运球，诱使对方追赶，突然减速或停顿，当对方刚减速或停顿时，突然又快速起动甩掉对方。

（3）转身：当对方在后面抢截时，运球人可假做向前运球，用脚在球上迈过，吸引对方，然后突然转身运球晃过对方。

练习方法：

（1）一人一球，向右（左）假踢，向左（右）拨球前进。

（2）一人一球，向右（左）假踢触球，瞬间改用前脚掌将球拉回，再向左（右）推拨球前进。

（3）一人一球，向右（左）跨过球，向左（右）拨球前进。

（4）两人一组，其中一人进行消极防守，两人轮流进行假动作练习。

易犯错误：

（1）假动作不够逼真，易被对方识破。

（2）真动作衔接太慢不易收到意想的效果。

纠正方法：

（1）通过讲解示范，反复练习，体会动作要领，掌握动作方法。

（2）个人颠球，将球踢高然后练习做下肢或身体虚晃假动作接球，接球部位用头、胸、腿、脚均可，假动作与真动作的方向可完全相反，也可相差一定的角度。

（3）熟悉球性，增强观察判断和随机应变能力。

8. 掷界外球

由于掷界外球时接球人不受越位规则的约束，因此，不仅用于恢复比赛，而且可以为进攻创造有利条件。尤其是在前场30米内掷界外球，将球直接掷入门前，可以给对方造成很大威胁。

1）动作要领

（1）原地掷界外球：面对出球方向，两脚前后或左右开立，每脚均应有一部分站在边线上或边线外。膝关节弯屈，上体后仰成背弓，重心移到后脚上（两脚左右开立时，重心在两脚间），两手自然张开，拇指相对，持球的侧后部，屈肘将球置于头后。掷球时，后脚用力蹬地（或两脚用力蹬地），两腿迅速伸直，身体重心由后脚移到前脚，收腹屈体，同时两臂急速前摆。当球摆到头上时用力甩腕将球掷入场内。掷球时，后脚可沿地面向前滑动，两脚均不得离地（见图2－1－56）。

图2－1－56

（2）助跑掷界外球：两手持球放在胸前，在助跑迈出最后一步时，上体后仰成背弓，同时将球上举至头后，掷球时的动作与原地掷界外球动作相同。将球掷出后，后脚可在地面上向前滑行，但不得离地。

2）练习方法

（1）两人一球，相距15米，原地掷界外球。

（2）两人一球，相距25米，两端设两条平行线，助跑对掷界外球。

3）易犯错误

（1）掷界外球时动作不符合规则要求，造成犯规。

（2）用力不协调，掷出角不合理而影响出球的远度。

9. 守门员技术

守门员的主要任务是守住本方球门。随着现代足球运动的发展，守门员除镇守球门外，还要协助控制罚球区，组织和指挥全队的防守和进攻。因此，足球比赛中守门员是一名特殊的、举足轻重的人物。守门员技术的高低、反应敏捷程度、竞争意识直接影响全队最后一道门户的牢固和士气。守门员的守球技术可分为选位、接球、托球、拳击球和发球。

1）选位

通常情况下，守门员应站在两球门柱与射门时球所处位置所形成的角的平分线上。对方近射时，位置靠后些；球向中前场运动时，位置前移到球门区线附近。

2）接球

接球前做好准备，接球时两手和双腿的距离原则上不能让球漏过（见图 2－1－57）。

图 2－1－57

（1）直腿式：上体前倾，两臂伸向前下方，手掌前迎，接球的后底部。

（2）单腿跪撑式：后腿跪立，膝盖接近地面靠近前脚，距离不能超过球的直径，手臂向前下方伸，手掌对正来球，接球的后底部。

（3）接平直球：屈肘前迎，两手掌心向上，手触球时，屈肘后引缓冲，将球抱于胸前（见图 2－1－58）。

（4）接高球：两臂上伸迎球，两手拇指相对呈八字形，手掌对球。手触球后，屈肘回缩下引，翻掌将球抱于胸前（见图 2－1－59、图 2－1－60）。

图 2－1－58

图 2－1－59

图 2－1－60

（5）扑接球：

① 扑侧面球：异侧脚用力蹬地，双手快速向侧伸出，一手置于球后，另一手置于球的侧后上方。同时身体向同侧脚方向倒地，落地时以小腿、大腿、臀、肘外侧依次着地，落地后即团身（见图 2－1－61）。

图 2－1－61

② 扑平空球：完成这一动作时应注意空中展体，手指用力抓住球，接球后以球、肘、肩、上体、臀、腿外侧依次着地并显示团身（见图 2－1－62）。

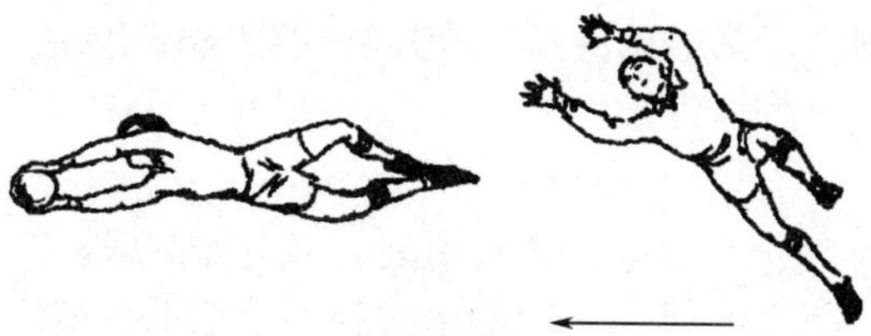

图 2-1-62

3）托球

判断来球运行路线后，向后跃起托球。托球时手指紧张，用手掌前部触球的下部，使球呈弧形越过球门横梁（见图 2-1-63）。

4）拳击球

准确判断来球运行路线，及时移动到位，握紧拳，在接近球的刹那迅速出拳击球。拳击球有单、双拳击球。单拳击球动作灵活，摆动幅度大，击球力量大（见图 2-1-64）；双拳击球接触球面积大，准确性高。

图 2-1-63

图 2-1-64

5）发球

（1）手掷球。

① 单手肩上掷球：充分利用后退蹬地、持球手臂后引、转体挥臂和甩腕力量将球掷出（见图 2-1-65）。

② 侧身勾手掷球：由于掷球前球从异侧经头顶后将球掷出，作用力距离长，又能较好地借助腰腹力量，故出球速度快，距离远（见图 2-1-66）。

图 2-1-65

图 2-1-66

（2）脚踢球。

① 踢空中球：将球置于体前，在球自由下落过程中踢球。它多用于远距离或雨天场地泥泞时。

② 踢反弹球：体前抛球，球落地后反弹起来的瞬间将球踢出。它比踢空中球准确性要高，速度较快，出球弧度低，隐蔽性强。

练习方法：

（1）守门员接踢球者由10米外踢来的各种地滚、平空和高球。

（2）将踢球者增加至2～4人，从多方向踢出多种性质的球，提高守门员快速移动中处理球的能力。

（3）多名队员相向交叉运球，在5米外先后射门，守门员快速连续扑接球。

（4）队员分别将球掷向左、右、前、后，守门员依次扑接球。

（5）队员运球直逼守门员，守门员选择最佳时机扑接脚下球。

10. 基本战术

1）比赛阵形

（1）“433”阵形：“433”阵形（变化后也有“4123”和“4213”）的中场3个队员有明确分工，根据情况可一个侧重防守，两个侧重进攻，或者相反。

（2）“442”阵形：“442”阵形的中场4个队员基本上是一字形横向排开或菱形排列两种。其分工一名为进攻型前卫，一名为防守型前卫，另两名为边前卫。

（3）“532”阵形：“532”阵形的后场由5个后卫组成，侧重防守，一般较适合打防守反击战术。进攻时，边后卫可插上助攻，增强攻击力，但必须迅速回位，如回位不及时，前卫和后卫线之间要相互协调，互相补位。

边后卫插上进攻的注意事项

（1）边后卫要做到“攻得上，回得来”。

（2）前卫应注意对方反击时补插到后卫空缺的位置。

（3）中卫需防备对方利用插上边后卫的空当进行的长传反击。

（4）边后卫要权衡插上进攻的利弊，应明确边后卫主要的职责是防守。

2）进攻战术

（1）二人的局部进攻战术：场上局部地区二对一的局面往往转瞬而逝，进攻队员必须抓住这一战机以多打少，若稍一迟疑，防守队员就会回防到位，变成二对二的形势。常见的二人进攻配合主要有以下几种方式。

① 创造二打一：比赛中，一般情况下防守队都是一个看守一个，进攻队员利用摆脱或运球过人的动作，在短时间内形成局部地区二对一的有利局面。

② 踢墙式二过一的配合：要求插入的队员用突然、快速的起动去接球，采取踢墙式二过一是最佳方案。运用回传反切配合时，要有一定的纵深距离，特别是在中间，更要估计到守门员或其他防守队员可能的阻截情况。

③ 交叉掩护配合：运球者用远离防守者的一只脚运球，运到靠近同伴时，不要再拨球，让同伴选择有利时机突然起动，接带球越过对手。

（2）边路进攻战术：在对方半场两侧地区发起以传中创造射门为目的的进攻称边路进攻。一般是快速下底传中或切底回扣传中，中间同伴包抄射门或跟进射门。

（3）前卫或后卫插上进攻战术：利用前、后卫的插上已为各球队广泛使用，一般是由边锋、中锋左右扯动或回撤，以牵制防守队员，把防守队员引开，造成防守局部空当，由前卫或后卫迅速插上到空当处，获得进攻战机。

(4) 转移进攻战术：进攻者适时地把球从防守“坚固区”转移到“薄弱区”，这种避实就虚的战术叫“转移进攻”。例如，从边上转移到中间为“边转中”；从中间转移到边上为“中转边”；从一边转移到另一边叫“边转边”。

(5) 中路进攻战术：在对方半场中间地带发动的进攻称中路进攻，应用远射、运球突破和撞墙式配合突破中路防守是行之有效的战术。当然，边路进攻和中路进攻必须密切结合运用，才能更好地发挥进攻的威力。边路和中路的结合主要通过长、短传转移进攻方向来实现。

(6) 反越位进攻战术：当发现对方有意识制造越位“陷阱”时，进攻的传球队员当机立断，突然变传球为快速运球突破，或把球传给从后面快速插上的队员，突破越位“陷阱”。

(7) 快速反击战术：当对方全力进攻而疏于防守时，利用对方在进攻中失球后回防不及时、防守阵形不稳之机，采用快速传递或长距离直线传球，发动突然的攻击，利用尖刀人物快速插进对方后场薄弱之处，攻破球门。

(8) 任意球进攻战术：比赛中主要有直接射门或一拨一射两种，如是间接任意球则可采取一拨一射的战术，或者是采取假射真传，主罚队员假装射门，在触球时改为传给其他位置、插上或切入的球员射门。

盯人防守技巧

(1) 首先力争抢断传球，但不能盲目出击。

(2) 对手得球时，紧逼对手，不让其转过身来。

(3) 对手控球时，要防控球者传球和突破。有效的办法是不受假动作的诱骗而轻易失去自己身体的平衡。

(4) 把对手往边线上赶，即使进攻队员突破防守后，射门的角度也较小。同时，同伴也易补位。

任意球战术要点：

① 传球次数不能多，经一二次传递即完成射门。

② 运用假动作迷惑对方，声东击西，避开“人墙”争得射门机会。

③ 传球要及时、准确，插入“人墙”后面的队员要避免越位。

3) 防守战术

防守战术的基本要领：丢球后迅速抢、封和堵；层层设防，保持队形；局部紧逼，相互保护和补位；重点盯住对方的组织者和攻击手；积极围抢；有意制造越位陷阱；尽量不要在禁区附近犯规。

(1) 人盯人防守战术：盯人的目的在于阻止对手接球、过人和射门，常见的人盯人防守战术有半场盯人和后场盯人两种。半场盯人是当进攻方进入防守方半场时，队员各自盯住相应位置的对手，后场通常是在距本方球门30米左右的区域，在这个区域里采用对位人盯人的战术为后场人盯人战术。尤其是派专人把对手中的突出人物盯死，是人盯人防守战术的一种。

(2) 区域防守战术：根据每个队员在场上的位置分布，在防守时各自负责一个区域，并相互协调补防。

(3) 混合防守：就是既有区域防守，又有人盯人防守，把二者的长处结合起来使用。基本的打法是：对控球方队员及其同伴采取紧逼盯人；对逼近球门的进攻队员紧逼；对距球较远的对方队员采用区域防守。

(4) 以少防多战术：

① 防传球：堵住对方切入和向前直传威胁球的路线，迫使对方减慢速度，争取时间让同伴回防。

② 防中放边：首先防住对方从中间突破，迫使进攻队员把球传给靠近边线的队员，从而减小对球门的直接威胁。

③ 防射门：在有效射门距离内必须防住对手的射门。其他防守队员则采用区域站位，保护防射门的同伴和防守其他有射门威胁的对手，同时注意二人的配合。

四、了解规则

1. 点球大战

双方先进行 5 人对 5 人的交替罚点球；如未分出胜负，则进行 1 人对 1 人交替罚点球，一方罚进，而另一方未罚进，则比赛结束，否则继续按 1 人对 1 人交替罚点球，直至比赛结束。罚点球时，在裁判员鸣哨后，球被踢出前，守门员双脚必须站至球门线上并不得移动。

2. 罚球区的规定

罚球区是球门前的大区（包括球门在内），在该区域内有着较严格的规定。

(1) 守门员在本方罚球区内可以用手触球，但本方队员故意用脚回传给守门员的，守门员用手接球则要判罚间接任意球。

(2) 防守队员在罚球区内犯规被判罚“直接任意球”时应罚点球。

(3) 在罚点球时，除守门员及主踢队员外，其他队员都不准进入罚球区内。

(4) 在踢球门球或守方在罚球区内罚任意球时必须把球直接踢出罚球区，比赛方为开始。

(5) 在踢球门球或守方在罚球区内罚任意球时，攻方队员必须自动退出此区外，并距球 9.15 米。

(6) 在罚球区内，如果守门员用手控制球（接住球）后，又使球重新进入比赛状态，未经对方触及球不能再次用手触球。

3. 越位

当传球者触击（踢或顶等）球时，同队接球队员的位置处在球的前面，并且该队员与对方端线之间没有对方队员时（不包括对方守门员），即为越位。但该接球队员在本方半场或队员直接抢到门球、角球和界外掷球时则无越位。队员仅仅是处于越位位置，裁判员认为其没有干扰比赛、干扰对方或没有利用越位位置取得利益时也无越位。

4. 任意球

在比赛中队员出现犯规与不正当行为时，根据规则判罚直接任意球、间接任意球两种。

(1) 直接任意球：罚球队员直接将球踢进对方球门得分有效，防守队员在本方罚球区内犯规被判罚直接任意球时，则为点球。一般判定直接任意球的情况有：绊摔、拉、推、踢或企图踢对方队员；带有暴力和危险性冲撞对方队员；打或企图打对方队员；守门员外的其他队员用手触球；向对方队员吐唾沫；跳向对方队员等。

（2）间接任意球：罚球队员不能直接射门得分，俗称“两脚球”。一般判定间接任意球的情况有：动作带有危险性；队员不去踢球，故意阻挡对方者；阻挡对方守门员从其手中发球；守门员违例。

5. 黄牌警告

在比赛中，一方队员有危险、粗暴、野蛮等动作或故意干扰对方进攻以及守门员在罚球区内有危险、伤害动作等，则判罚黄牌警告。一场比赛中同一队员累计得到两张黄牌，则要被红牌判罚出场。

6. 红牌

在比赛中，动作非常危险、粗暴、野蛮，直接伤害对方球员和守门员在罚球区外故意用手触球等，判罚红牌，直接罚出场。

五、评价与欣赏

随着现代足球运动的发展，足球比赛的速度明显加快，竞争、对抗的程度逐步提高，比赛更为激烈，更具魅力。经常参加足球运动能增强人体的肌肉、骨骼，有效地提高血液循环系统、呼吸系统、内脏器官和神经系统的功能，从而增进人体的健康和发展力量、速度、柔韧和耐力等身体素质。

开展足球运动能丰富人们的业余文化生活，促进人们工作、学习的积极性和进一步提高劳动效率。尤其是球队参加国际性重大比赛取得的胜利，能有效地激励人们的爱国热忱，振奋精神，鼓舞斗志。

大量的事实证明，通过国际性足球比赛能增进国家间的了解和友谊，并且它的影响能渗透到国家的各个领域。因此，现代足球已被广泛地用于国际交往。它已成为国家间交往的一种工具。所以，从一定意义上讲现代足球运动所具有的价值已远远超出体育运动的范畴。

第二章

田径运动

田径运动是体育运动的重要项目之一，它是由走、跑、跳、投等组成，分为田赛与径赛两大类。“径赛”是在跑道或公路上等举行的比赛项目，以时间的快慢决定胜负的比赛项目；“田赛”是在专门场地上举行的比赛项目，以距离的远近、高低决胜负。另外，由部分跑、跳、投掷项目组合的综合项目，用评分办法计算成绩的叫作“全能运动”。

田径运动有竞技、健身、娱乐等各种特性，练习形式多样，不受人数、年龄、性别、季节、气候等条件的限制，便于广泛开展，是强身健体的有效手段，能有效地发展速度、力量、耐力以及灵敏、协调等身体素质，增强体质，获得运动技能，提高运动成绩，培养意志品质。

第一节　健身走

健身走是一项既经济又便利的健身运动。它是利用走步的形式来达到强身健体、提高生活质量和健康水平的目的的运动项目。

一、认知健身走

1. 概述

一个正常人的生活中，除了睡眠外大部分时间都离不开走路。走步是人的最基本、最经常的移位方式。在70年的生活中（平均期望寿命）大约要走5亿步，接近地球到月球的距离——384万千米。

知识窗

中医认为：走为百炼之祖；
文人认为：步以当车，散步逍遥；
俗话说：没事来走步，胜似开药铺；
外国人说：每天行万步，健康又长寿。

人体的五脏六腑无不与脚有关，脚踝以下有51个穴位，其中脚掌就有15个穴位。脚掌称为人的第二心脏，坚持走步锻炼也就是坚持全身的经络与穴位锻炼。经络内属脏腑、外属肢节，沟通内外、贯穿上下，将人体各部的组织器官联系成一个有机的整体，借以运行气血、营养全身，使人体各部位的功能活动保持协调和相对平衡。

2. 健身走的锻炼价值

（1）健身走是一项有氧代谢运动，循环系统、呼吸系统都能够得到很好的锻炼并逐步提高工作能力。特别是较长时间、较快速度的健身走，使胸部的肋间肌和膈肌得到锻炼，肺活量逐步增大。

（2）经常进行较长时间的健身走，心脏的体积会慢慢增大，心脏每搏输出量增多。当人体安静时，心脏跳动的次数会明显降低，从而减轻心脏的负担，使心脏“使用”的年限更长。

谁最适合健身走

健身走是糖尿病、高血压、骨质疏松、风湿性关节炎等患者首选的运动医疗方法，对肥胖、弱体质、失眠、神经衰弱的人有很好的缓解作用和治疗效果。

（3）健身走时，全身的毛细血管扩张，能够给人体输送更多的营养和排泄更多的废料，促进人体的新陈代谢，加快疲劳的消除。

（4）经常进行健身走，能够逐步提高血色素石，血色素能提高输氧能力，能及时地将营养运送到身体的各个部位。

（5）在轻松的气氛、优美的环境中健身走，通过肢体的运动，转移神经的兴奋点，对于紧张工作之后消除神经疲劳极为有利。

（6）长时间健身走，使人体消耗大量的热量。当人体能量消耗很大时，就会动用脂肪，使其转换为热量消耗掉，起到减肥的作用。

（7）人在健身走时，上肢、下肢前后摆动，颈部和腰部前后扭动。在这种强度不大的运动中肌肉和关节都得到不同程度的活动，对增强肌肉力量，尤其是下肢力量的发展、全身协调性的发展、下肢各关节力量的增强都有明显的作用。

二、健身走的锻炼方法

常见的健身走方法很多，锻炼者应根据运动的目的和个人的具体情况选择合适的锻炼方法。

1. 摆臂散步法

散步时两臂有节奏地做前后较大幅度地摆动，行走速度为每分钟 60 ~ 90 步，可增进肩带胸廓的活动能力，适用于有呼吸系统疾病的人，每次 30 ~ 60 分钟，逐渐延长时间。

2. 摩腹散步法

一边散步，一边按摩腹部，行走速度为每分钟 30 ~ 60 步，这对有消化不良和胃肠疾病的人很有益处。每次 30 ~ 60 分钟，逐渐延长时间。

3. 普通走步法

用中等速度行走，每分钟 60 ~ 90 步，每次锻炼 30 ~ 60 分钟。最好在风景秀丽的海滨、公园等地方行走。

4. 快速走步法

用较快的速度行走，每分钟 90 ~ 120 步，每次锻炼 30 ~ 60 分钟。行走时心率控制在每分钟 120 次以下。

5. 踏石走步法

在鹅卵石铺路的地面上行走，通过踏石来刺激足部的穴位，若赤脚在上面适当地蹬踏跳跃，更会使身体经络通畅、睡眠香甜、食欲增加、身体灵巧，甚至会感觉到一股热流源源向全身喷射，不但使肌肉变得富有弹性，而且体态也会逐渐变得健康、优美。

6. 倒退走步法

倒退走时上体自然直立，不要抬头后仰，眼睛平视。当右腿支撑时左腿屈膝后摆下落，前脚掌先落地然后滚动到全脚掌，身体重心随之移至左腿时右腿屈膝后摆下落，前脚掌先落地然后滚动到全脚掌。两臂协同两腿自然摆动，同时注意前进方向和身体平衡。如感觉疲劳和难以控制平衡时应随时变换方式，如50米倒走+100米正走，或80米倒走+200米正走。美国理疗学家实验结果表明：倒退走比正走的氧气消耗高31%，心跳快15%，血液中的乳酸含量也偏高。

三、运动量与运动强度

1. 健身走基本动作要领

（1）头部正直，两眼前视，适当挺胸和收腹，保持躯干正直，这将会使你走得更轻松、更舒适。

（2）摆臂以肩关节为轴前后摆动，在快速走步时屈肘比较适宜，夹角在80°~100°。适当扭动胯部，有利于增加步幅。

（3）下肢动作主要是以摆动的形式来完成。健身走时，脚跟先落地，然后滚动到全脚掌，使身体重心快速前移。

（4）步幅和步频应根据个人的具体身高和腿长合理搭配，步幅自然开阔，步频较快，动作舒展大方。

2. 运动量与运动强度

1）运动量的控制

健身走应善于掌握运动量。因为运动量太小，不用动员肌肉与内脏器官的机能潜力就可以轻而易举地完成，锻炼的效果就不大；相反运动量过大，超过人体负荷的界限，不仅达不到增强体质的目的，反而会对健康产生不良影响。

（1）脉搏测定法：早晨起床前、锻炼前和锻炼后1小时各测一次脉搏，时间为1分钟。如果运动量小，在锻炼后1小时脉搏即可恢复到锻炼前水平；如果运动量稍大，次日的晨脉搏可以恢复到原来的水平，表明身体能承担这一运动量。如果次日晨脉比以往升高较多而且还有疲劳感（无疾病情况下），则表明运动量过大需要调整。

（2）主观感觉法：运动量安排合适时，工作、学习、劳动更富有精力，锻炼后虽略感疲劳，肌肉酸痛，但经过一夜休息后疲劳会自然消失。当运动量过大时，早晨起床会感到萎靡不振、全身无力，甚至会有头晕现象，锻炼后也常感到极度疲劳，吃不下睡不着，对锻炼有厌倦和冷淡的感觉，这些说明运动量需要适当调整。

2）健身走强度的衡量

健身走强度的衡量主要依据人体的脉搏次数来确定。从健身角度来讲，健身走时适宜的脉搏为100~120次/分钟。刚参加锻炼的人应该感到呼吸比较舒服，运动强度需逐步提高。由于健身走的时间一般都比较长，运动者可以一边走一边测量脉搏，及时掌握适宜的运动强度。

知识窗

体质一般的成年人通常每周至少步行 3 次，每次以 5 ~6 千米的时速（快走）走 20 分钟，能够获得增氧效果。从消耗多余脂肪和热量来说，一次连续 30 ~45 分钟的步行，效果不亚于一次剧烈运动。

3）健身走数量的掌握

健身走的数量以时间来衡量为好，而不是以行走的距离来衡量。对于一般锻炼者，连续行走时间以 15 ~30 分钟为宜。行走 15 分钟可以达到锻炼身体的最低要求，行走 30 分钟就能够达到比较好的锻炼效果。若锻炼者身体比较强壮，又有比较宽裕的时间，进行更长时间的健身走效果会更好，但一定要在自己的身体能够承受范围之内。

知识窗

美国著名的心脏病专家怀特先生认为：轻快的步行（只有疲劳感），如同其他形式的运动一样，是治疗情绪紧张的一服理想的镇静剂。每天至少要步行 1 小时，作为保持心脏健康的一种手段。

第二节　跑

跑类项目作为最古老的一项运动项目，除了其本身所具有的竞技特征外，也是很实用的一种健身手段。

一、认知跑类项目

跑是单腿支撑与腾空相交替，一个周期有两个支撑时期和两个腾空时期，即跑的动作是一种周期运动，整个动作由蹬地、摆动、腾空和落地以及臂的协同摆动所组成。跑包括短跑、中长跑、跨栏跑、障碍跑和马拉松跑等项目。

短距离项目包括 60 米、100 米、200 米和 400 米跑。它的特点是时间短、强度大、速度快，以无氧代谢为主，属于极限强度运动项目。200 米和 400 米跑，有一半以上距离是在弯道上跑的，为了适应弯道，必须改变跑的身体姿势和后蹬与摆动的方向。中长跑是中距离和长距离跑的简称，包括 800 米、1 500 米、3 000 米、5 000 米和 10 000 米跑。超长距离跑是马拉松跑。

健身跑的创始人是联邦德国艾恩斯特·范·阿肯博士，他首先于 1960 年在联邦德国成立老年人长跑协会，大力提倡长距离慢跑运动。

二、入门与基础

短跑全程技术可分为起跑、起跑后的加速跑、途中跑和终点跑 4 个部分。短跑成绩是由起跑的反应速度、起跑后的加速跑能力、保持最高跑速的时间和距离，以及各部分技术完成的质量决定的。

中长跑是对速度耐力要求极高的运动项目，其技术要求是：动作轻松自然，重心移动平稳，节奏感强，肌肉用力和放松交替能力好。中长跑的技术由起跑和起跑后的加速跑、途中跑、终点跑和呼吸4个部分组成。

健身跑是世界公认的经济、安全、自由的有氧代谢健身方式，并且对人类多种常见疾病有预防和辅疗的作用。在从事其他运动项目时，健身跑也可作为基本锻炼活动之一，既可把它作为锻炼前的准备活动或锻炼后的整理活动，也可以把它作为日常训练中培养耐力的主要手段。

三、跑的技术

1. 短跑

1）短跑的基本技术（100米跑的技术）

（1）起跑（见图2-2-1）。

起跑的任务是获得向前冲力，使身体摆脱静止状态，为起跑后加速创造有利的条件。短跑的起跑过程包括各就位、预备、鸣枪3个阶段。

图2-2-1

① 各就位时，轻快地走到起跑器前，两手撑地，两脚依次踏在前、后起跑器的抵足板上，后膝跪地，两手收回紧靠起跑线并撑地面，两臂伸直，两手间距离比肩稍宽，手指成拱形地做弹性支撑，头与躯干保持在一直线上。身体重量均衡地落在两手、前脚和后膝关节之间。

② 预备时，逐渐抬起臀部，使臀部稍高于肩，肩部处在起跑线上或稍前，前膝成90°左右，后膝成130°左右，颈部自然放松，两脚掌紧贴在起跑器上，深呼吸屏气。

③ 鸣枪时，两手迅速推地，手臂积极有力地做前后摆动，两脚同时用力蹬离起跑器，后腿迅速前摆，前腿蹬直，此时上体保持适当的前倾度。

（2）加速跑（见图2-2-2）。

起跑后的加速跑是起跑的继续，它的任务是在最短时间内尽快地发挥出最大的速度。这期间身体前倾角度是随着速度的增大而减小，最后逐渐接近途中跑的姿势。

图2-2-2

（3）途中跑（见图2－2－3）。

途中跑的任务是继续保持较长距离的最高速度。途中跑是全程中距离最长、速度最快的部分，也是短跑最重要的部分。在途中跑过程中，要求动作轻松有力，协调自然，频率快，步幅大，重心平稳，直线好。

图2－2－3

（4）终点跑。

终点跑的任务是尽力保持途中跑的高速度跑过终点。终点跑包括终点跑技术和撞线技术。

① 终点跑技术：要求在离终点线15～20米处，尽力保持上体前倾角度，加快两臂摆动的速度和力量，保持途中跑的高速度跑。

② 终点撞线技术：在运动员跑到离终点线前约一步距离时，上体急速前倾，以胸部或肩部撞终点线，并跑过终点，然后逐渐减慢跑速。

短跑运动的锻炼价值

短跑是人体运动器官和内脏器官在大量缺氧的条件下完成最大强度的工作，属于极限强度的运动。练习短跑能有效地发展速度素质，对内脏、神经和肌肉系统都有很大的锻炼作用。

2）200米和400米跑的技术特点（弯道跑）

（1）弯道起跑技术：200米和400米都是弯道起跑，起跑器应安装在弯道起点的外沿，并对着弯道的切线方向。起跑时，左手撑在距起跑线后沿5～10厘米处，使身体对着弯道切点，弯道起跑后，为了尽快地通过切点进入弯道，加速距离要缩短，较大前倾的身体要早些抬起。

（2）弯道跑技术：弯道跑时，整个身体向内倾斜，沿跑道内沿跑进，右脚以前掌内侧着地，左脚以前掌外侧着地，右肩稍高于左肩；右臂的摆动幅度和力量大于左臂。身体向内倾斜的幅度大小主要根据跑速的快慢决定，速度越快向内倾斜就越大。从弯道跑进直道时，应在弯道的最后几米，身体逐渐减小内倾程度，做惯性跑2～3步。

2. 中长跑

1）起跑和起跑后的加速跑

起跑和起跑后的加速跑是在比赛开始时，使身体迅速摆脱静止状态，快速跑出，并尽快发挥出正常的跑速和占据有利的跑进位置的过程。中长跑一般采用站立式起跑。

中长跑运动的锻炼价值

中长跑是发展耐力的主要项目，能培养人们勇敢顽强、吃苦耐劳、勇于克服困难的优良品质，并能改善呼吸系统和心血管系统的功能。

2）途中跑

途中跑是中长跑的重要阶段，掌握正确的途中跑技术对于提高成绩具有重要作用。

（1）着地缓冲：脚着地前，摆动腿大腿积极下压，小腿顺势前摆并做“扒地”动作，着地腿的膝关节是弯曲的，着地腿的膝关节和足跟几乎在一条垂直线上，对完成缓冲动作有积极作用。这阶段的主要任务是减小地面对人体的冲击，减少水平速度的损失，为尽快转入后蹬创造有利条件。

（2）后蹬与前摆：跑时，一腿进行后蹬，另一腿进行前摆。这是唯一产生跑进动力的阶段，是途中跑技术的主要阶段。

（3）腾空：后蹬腿蹬离地面，人体进入腾空阶段。蹬地腿的小腿应迅速向大腿折叠，形成以大腿长度为半径的摆动过程。

（4）上体和两臂：途中跑时，上体应采取稍前倾的姿势。两臂做前后自然摆动，肘关节的角度在垂直部位可大一些，以利于两臂肌肉的放松。摆臂动作能保持身体的平衡，但更主要的作用是增强蹬摆效果。

3）终点跑

终点跑是临近终点的一段加速跑。动作基本上与短跑终点冲刺跑相同。什么时候开始冲刺，应根据不同的距离、每个人的训练水平和在全程中所保持的体力来决定。

4）中长跑的呼吸

合理技术动作的发挥多半取决于正确的呼吸。中长跑时，由于能量消耗大，机体对氧气的需要量很大，为了供给机体一定数量的氧气，呼吸必须有一定频率与深度，呼吸需与跑的节奏紧密配合。一般可用鼻和口同时进行呼吸，采用两步一呼、两步一吸，或三步一呼、三步一吸的方法，即四步或六步作为一个呼吸周期。

3. 健身跑

1）上体姿势

身体适当前倾（5°左右）或几乎直立，上坡时需前倾大些，下坡时有一定的后仰，躯干不要左右摇摆，头部与躯干成一直线，面部、颈部肌肉放松，眼平视。

2）腿部动作

两腿循环交替的后蹬与前摆，形成了跑步时的腿部动作。

（1）后蹬：首先从伸展髋关节开始，要力求最大限度地伸展髋关节，使髋、膝、踝三关节充分伸直。心脑血管疾病患者、习惯性头痛者和内脏下垂者不适合长距离健身跑。体弱、肥胖和心肺功能较差者可采用走跑交替的锻炼方法。

（2）后摆：支撑腿后蹬结束即进入后摆，后摆时要放松小腿，并随大腿的积极向前摆动形成大小腿折叠。

（3）前摆：当摆动腿的膝经过支撑点垂直上方时，由大腿发力带动小腿前摆，同时支撑腿的各个关节要迅速伸直，使后蹬的力量和运动方向相一致。

（4）着地缓冲：正确的脚着地是摆动腿向前、向下，以前脚掌积极而柔和地“扒地”式着地。当脚一着地，踝、膝、髋关节主动弯曲做“退让”工作，同时另一腿积极向前摆动，加快身体向前移动速度，缩短缓冲时间。

3）臂部动作

健身跑时两臂应稍离躯干，肘关节弯曲约成90°，半握拳，以肩关节为轴前后自然摆动，向前摆动时两手不超过身体中线。

4）呼吸

跑步时的呼吸应自然、有节奏，而且要有适宜的深度，呼吸的节奏应因人而异，一般采用两步一呼、两步一吸，或三步一呼、三步一吸等。

四、跑类练习方法

1. 短跑的练习方法

1）短跑的专门练习

（1）小步跑：身体稍前倾，大腿抬起与水平线成35°～45°，膝关节放松，然后大腿下压，小腿顺下压的惯性前伸，并很快以前脚掌积极着地，脚趾完成最后扒地动作；两臂前后摆动配合小腿动作。小步跑要求步幅小、频率快。

（2）高抬腿跑：上体正直稍前倾，身体重心提高，大腿高抬与躯干约成90°，然后积极下压，膝关节放松，小腿自然伸开用前脚掌着地，支撑腿三关节充分伸展，肩向前送，两臂前后摆动配合两腿动作。

（3）后蹬跑：上体稍前倾，支撑腿后蹬充分蹬直，摆动腿以膝关节领先带动同侧髋部向前摆出，然后大腿积极下压，用前脚掌着地，两臂前后摆动配合两腿动作。

2）途中跑练习

（1）加速跑：分别由各种小步跑、高抬腿跑和后蹬跑转入加速跑，练习距离一般为20～40米，重复练习3～4次。

（2）快速跑：以站立式起跑出发，尽量发挥最大速度，利用加大摆臂和抬腿的力量完成练习。练习距离一般为60～80米，重复练习3～5次。

（3）行进间跑：从标记线后10～20米的地方起跑，至标志线达到最高速度保持到终点。练习距离一般为50～60米，重复练习3～6次。

（4）变速跑：跑时以快跑与慢跑交替进行，练习距离一般以800～1 200米为宜。

（5）上下坡跑：这是提高后蹬力量和发展步频的有效方法。练习距离一般为30～50米，重复练习3～6次。

3）终点冲刺跑练习

（1）在慢跑中做撞线动作的练习，体会用胸或肩部撞线。

（2）中速跑50米，至终点前一步使上体突然前压，用胸部或肩部撞线。

（3）50米全程跑做撞线的动作练习。

4）加强短跑专项身体素质练习

（1）发展腿部力量的练习：例如单足跳、跑跳步、多级跳、半蹲跳等，练习距离一般为20～30米。

（2）负重练习：把杠铃、沙袋负于肩上，做各种弯腰、多方向的体侧和半蹲练习，练习次数可根据负重的重量而定。

2. 中长跑的练习方法

中长跑主要以途中跑技术为主，应加强耐力的练习，使练习者能跑较长的距离。

（1）重复跑：距离和跑速按不同专项而变化，重复跑练习的距离比参赛项目的距离要短一些，练习次数根据运动水平而定。

（2）匀速跑80～100米。

（3）加速跑80～100米。

（4）60米加速跑+20米惯性跑+60米加速跑+20米惯性跑。

（5）变速跑：100米中速跑（直道）+100米慢跑（弯道）。

（6）定时跑和定距跑：练习时按规定跑的时间，要求在规定时间内跑完一定的距离。时间和距离根据运动水平而定。

（7）越野跑。在越野跑时，可利用校内或校外自然环境较好的地方进行练习，可以根据地形进行上坡跑、下坡跑、匀速跑和变速跑等。

练习者初练时，长距离跑的能力较低，人体的内脏、器官、心血管功能不能适应长时间的运动，练习时的运动量需由小到大，循序渐进。

3. 健身跑的锻炼方法

1）间歇跑健身法

间歇跑健身法是对多次练习之间的间歇时间做出相应规定，使机体处于不完全恢复的状态下反复进行练习的一种锻炼方法。通过严格的练习过程，可使锻炼者的心脏功能得到明显的增强。如400米×5组，每组之间休息2～3分钟等。

2）重复跑健身法

重复跑健身法是指多次重复同一练习，两次（组）练习之间安排相对充足休息的时间。通过相对稳定的负荷强度的多次刺激，使机体尽快产生较高的适应性机制，有利于提高身体素质。如400米×5组，每组之间休息5～10分钟等。

3）慢速跑健身法

慢速跑健身法是指用较慢的跑速进行身体锻炼，每次慢跑时间控制在30～60分钟，心率控制在最高心率的60%～70%/分钟，身体微微出汗但不气喘。呼吸的节奏可采用两步一呼、两步一吸，或三步一呼、三步一吸，并尽量用腹式深呼吸。

4）定时跑健身法

定时跑分两种：一种是不限速度和距离，只设定跑步的时间，如周二下午跑步30分钟等；另一种是有距离和时间的限制，如周二下午跑步30分钟，距离2 500米。随着锻炼水平的提高，可逐渐缩短时间、加快速度、延长跑的距离。

5）变速跑健身法

变速跑是慢跑与中速跑交替进行的一种跑步方法，可根据锻炼者的实际情况随意改变跑速，如200米慢跑+200米中速跑或200米慢跑+400米中速跑等。随锻炼水平的提高，可加长变速跑的距离，加大运动量。

6）倒退跑健身法

倒退跑时要求挺胸抬头，双目平视，双手握拳屈肘于体侧腰上部。倒退跑应根据个人情况，如感觉疲劳和难以控制平衡时应随时改变跑步方式。一般可进行50米倒跑+100米正跑或80米倒跑+200米正跑。

7）沙滩赤足跑健身法

沙滩赤足慢跑，可使脚底肌肉、筋膜、韧带、穴位、神经末梢接触沙粒，使敏感区受到刺激达到保健强身的功效；同时沙滩赤足慢跑能锻炼足部及腿部肌肉，使足部肌肉发达，韧带柔韧有力，脚弓富有弹性。

第三节 跳

跳跃是人的本能，跳得更高、更远是人们对突破锻炼身体极限的一种追求。

一、认知跳类项目

跳跃是非周期性运动项目。运动员经过助跑、腾空、起跳后，使自己的身体腾起，以克服最大的垂直方向或水平方向的空间距离为目的的运动项目。它主要包括跳远、跳高、三级跳远等项目。

二、入门与基础

1. 跳远

跳远的完整技术由助跑、起跳、腾空和落地4个部分组成。根据在腾空阶段的动作特点，将跳远技术分为蹲踞式、挺身式和走步式3种。对跳远成绩起决定性影响的是最后几步特别富有节奏的助跑及快速、有力和协调的起跳。跳远的最大远度取决于身体重心抛物线，而抛物线又是由初速度、腾起角度和腾起高度所形成。身体重心抛物线在人体离开地面之后无法改变，运动员在空中的任务只是如何保持平衡，为落地做好充分准备。

2. 跳高

跳高是一种克服垂直障碍的跳跃项目，它由助跑、起跳、过杆和落地几个部分的动作组成，这些动作是紧密相连、相互作用的一个整体。随着跳高技术的发展，跳高方法经历了跨越式、剪式、滚式、俯卧式和背越式。由于背越式技术结构相对简单易学，而且具有快速的技术特征，能与力量完美地结合起来，使技术动作表现出很高的效率，所以取代了其他传统的跳高方法，成为现代最先进的跳高技术。

三、跳的技术

1. 跳远

跳远的完整技术是由助跑、起跳、腾空和落地4个部分组成的。

1）助跑

跳远的助跑速度与跳远成绩密切相关。跳远助跑的任务就是获得更快的水平速度，并为准确踏板和快而有力地起跳做准备。助跑的距离因人而异，一般男子为35~45米，约18~22步，女子为33~40米，约16~20步。

在助跑时，一般采用两个标志：第一个标志是助跑的起跑线，第二个标志是在距起跳板6~8米的地方。

2）起跳

起跳时，应充分利用助跑所获得的速度，在较短的时间内，创造尽可能大的腾起初速度和适宜的腾起角。起跳技术分为3个动作阶段：起跳脚的着地、缓冲和蹬伸（见图2-2-4）。

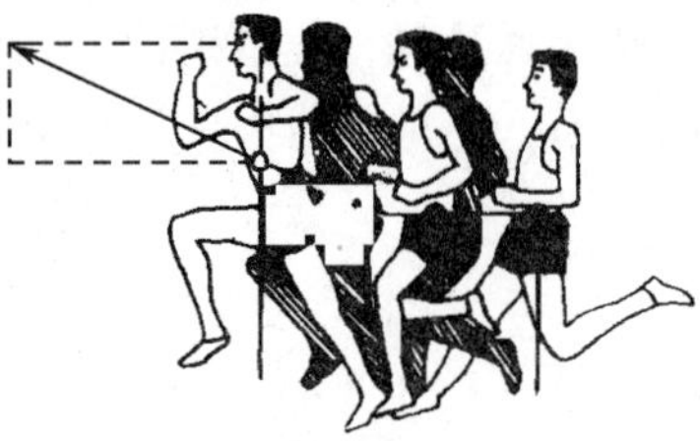

图2-2-4

（1）起跳脚的着地：在助跑最后一步，支撑的摆动腿积极后蹬，起跳腿积极前摆，大腿抬得比短跑时低一些，然后快速有力地下压，几乎是全脚掌迅速滚动，起跳脚与地面的角度为60°~70°。

（2）缓冲：起跳脚着地至膝关节的弯曲程度达最大时，这一动作过程为缓冲阶段。缓冲的作用主要在于减缓起跳的制动力，减少助跑速度的损失，积极前移身体，为蹬伸创造有利条件。

（3）蹬伸：蹬伸阶段是从起跳腿膝关节最大弯曲时开始，至起跳脚蹬离地面瞬间终止。起跳蹬伸时，整个身体快速向上伸展，起跳腿的髋、膝、踝各关节要充分伸展。两臂前后摆起，肩、腰向上提起。起跳腿与地面的夹角为75°左右。

3）空中动作（腾空）

起跳离地后，人体向空中腾起，在空中完成各种动作的过程为空中动作阶段。空中姿势有蹲踞式、挺身式、走步式三种，这里只介绍蹲踞式和挺身式两种（见图2-2-5）。

图2-2-5

（1）蹲踞式：在完成空中动作即“腾空步”后，摆动腿大腿高抬，两臂摆向体前，起跳腿由体后屈膝向前上方提起，与摆动腿靠拢，身体成“蹲踞”姿势。然后两大腿向前上方收举，双膝接近胸部，两臂由体前摆向体后，小腿前伸准备落地。

（2）挺身式：起跳腾空后，摆动腿的大腿积极下压，小腿随之向下，向后方摆动，留在体后的起跳腿与向后摆的摆动腿靠拢。当达到腾空最高点时，身体充分伸展，形成“挺胸展髋”姿势。两臂上举或后摆。然后收腹举腿，双腿前伸，完成落地动作。

2. 跳高

跳高技术经历过跨越式、剪式、滚式、俯卧式和背越式的5次变革，使跳越的高度不断上升，这里主要介绍背越式跳高。

背越式跳高的基本技术如下。

（1）助跑：背越式跳高一般采用弧线助跑。助跑开始的前四步与加速跑相似，但后四步由于是弧线，跑动中整个身体应向弧心斜，最后两步身体内倾。保持放松及助跑水平速度是助跑技术的关键。

背越式跳高步点丈量比较简单，方法是走步丈量（见图2-2-6）。

（2）起跳：背越式跳高利用弧线助跑和身体的内倾，使起跳腿着地时将水平速度转变为垂直速度。起跳脚要在身体重心前踏上距横杆投影线50~80厘米的起跳点，首先以脚跟外侧触及地面，然后迅速滚动到全脚掌并用力踏跳。在起跳脚落地时，摆动腿蹬离地面后迅速屈膝摆腿，同时重心紧跟上体积极前移，使起跳缓冲，当身体重心移动到支撑点上方时，身体由倾斜转为正直，摆动腿和两臂迅速向上摆，同时起跳腿积极蹬地，完成起跳动作。

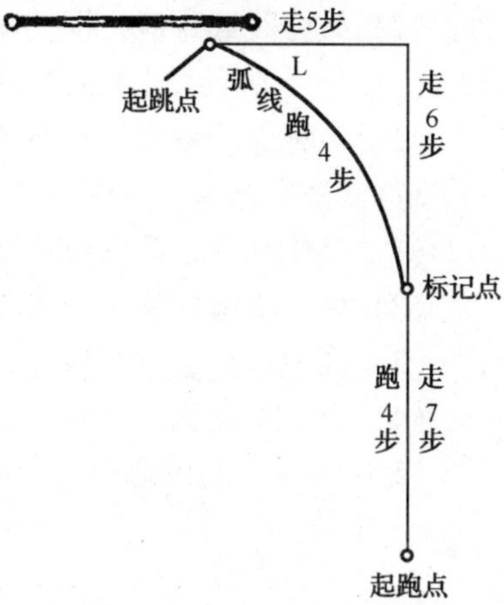

图2-2-6

（3）过杆和落地：起跳离地后，身体自然沿纵轴旋转，成背对横杆，当头和肩越过横杆后，立即仰头、潜肩，摆动腿膝部放松，起跳腿离地后自然下垂，两臂自然置于体侧，两膝在杆上稍分开，两小腿自然下垂，身体在杆上形成背弓的姿势。顺序为：头、肩、背、臀部、大腿、小腿依次过杆，最终以肩背先着垫。

四、跳类项目练习方法

1. 练习跳远的主要方法

1）助跑练习

（1）提高蹬地力量和增大步幅的加速跑，距离30~50米。

（2）踏点节奏跑，点间距为1.7米左右。

2）助跑与起跳相结合的练习

（1）原地模仿起跳：体会蹬与摆、上下肢的协调配合。

（2）在20~30米距离行走中连续完成起跳技术模仿练习。

（3）在40~50米距离内连续三步助跑起跳成腾空步练习。

（4）短、中距离助跑起跳成腾空步练习。

3）蹲踞式跳远腾空和落地练习

（1）原地双脚跳过栏架，体会蹲踞式跳远起跳后的收腿动作。

（2）上一步起跳做蹲踞式跳远练习。

（3）4~8步助跑做蹲踞式跳远练习。

（4）中程、全程的蹲踞式跳远练习。在练习中固定起始点，找出起跳点。

4）挺身式跳远腾空和落地练习

（1）行进间挺身式空中动作模仿练习。

（2）从高处跳下，完成挺身式空中模仿动作。

（3）短、中距离助跑，挺身式完整跳远练习。

2. 练习背越式跳高的主要方法

1）起跳练习

（1）原地迈步进行起跳腿、摆动腿和手臂的摆动练习。

（2）在圆弧上连续做起跳练习。

2）助跑与起跳相结合的练习

（1）在半径为5~7米的弧上加速跑。

（2）做弧线起跳后，摆动腿同侧的手摸高悬物的练习。
（3）4～6步助跑起跳练习。
（4）各种弧线跑突然起跳练习。

3）过杆和落地动作练习（见图2－2－7）

（1）直体站立，后倒成背弓在海绵垫上。人距垫30厘米左右，垫高30～60厘米。
（2）原地双脚起跳背弓练习。
（3）原地双脚起跳背弓过杆。
（4）上一步摆腿、倒肩、挺髋、放腿、放臂练习，体会杆上动作。
（5）2～4步起跳背越式过杆。

图2－2－7

第三章

小球运动

第一节 乒乓球运动

乒乓球是一项易于在各年龄段人群中开展、普及率很高的体育运动。这项运动被誉为中国的国球。这不仅是因为它为国家争得了荣誉，更重要的是它集观赏、健身、娱乐、竞技于一身，给从事这项体育运动的人带来了健康和快乐，而且它非常普及。

一、认知乒乓球运动

1. 乒乓球运动的起源

乒乓球运动起源于19世纪末的英国。据说，当时有两个英国网球发烧友，有一次在室外进行网球较量，难分难解时逢天公不作美，下起大雨，逼使两名血气方刚的青年人只好躲进了学校的食堂里。诸位皆知，处于发育时期的年轻人都好胜且易冲动，刚才的较量，谁都不服谁，争执不下，后来俩人一商量，“咱们在桌子上再打吧?”“好，我都不怕你。”于是俩人就把饭厅的桌子拼了起来，中间用几块砖头隔开，之后两人就用网球拍打了起来，这一弄可不得了，开创了乒乓球运动的鼻祖。后来旁观者觉得蛮有意思，所以纷纷仿效，如旋风般席卷欧洲。最早叫“TABLE - TENNIS”，译成中文是“桌上网球”。但此前，在英语中还未出现过“PING - PANG - BALL”一词，直到1900年左右，由于科学的发明，出现了赛璐珞制的球，由于拍与球撞击发出“乒”而落台时发出“乓”的声音，故而又称“乒乓球”，一直延续至今。

乒乓球是在20世纪初才逐渐在欧洲和亚洲蓬勃开展起来，但中国的乒乓球运动兴起却是50年代末，容国团在第25届世乒赛上夺得了中国历史上的第一枚金牌，从此中国乒乓球队跻身于世界强队行列。中国乒乓球队40多年长盛不衰的原因是，乒乓球在中国有着广泛的群众基础和充足的后备力量。

1926年，在德国柏林举行了国际乒乓球邀请赛，后被追认为第一届世界乒乓球锦标赛，同时成立了国际乒乓球联合会。

在名目繁多的乒乓球比赛中，最负盛名的是世界乒乓球锦标赛，起初每年举行一次，1957年后改为两年举行一次。

2. 球台与站位

1）球台

（1）端线：球台两端与球网平行的白线称端线，宽2厘米。

（2）边线：球台两侧与球网垂直的白线称边线，宽2厘米。

（3）中线：球台中央与边线平行的白线称中线，宽3厘米。

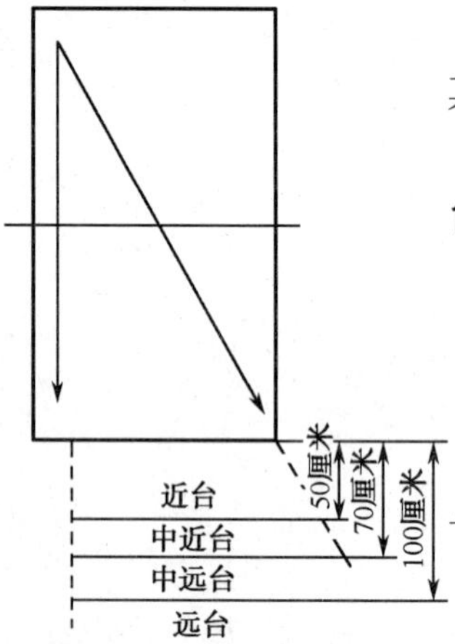

图2－3－1（站位）

（4）左半台和右半台（又称1/2台）：通常是指击球范围。其左右方向以击球者本身为参照体。

（5）2/3台：是指击球范围占球台面积的2/3。左侧为左2/3台，右侧为右2/3台。

（6）全台：是指击球范围占整个台面，落点范围不限。

2）站位

站位示意如图2－3－1所示。

（1）站位：运动员开始击球前的基本位置，以及击球时身体与球台端线之间的距离。

（2）近台：指站位在离球台端线50厘米以内。

（3）中台：指站位在离球台端线70厘米左右。

（4）远台：指站位在离球台端线100厘米以外。

（5）中近台：介于近台与中台之间的站位，站位离球台端线50～70厘米。

（6）中远台：介于中台与远台之间的站位，站位离球台端线70～100厘米。

二、入门与基础

1. 球拍的选择与握法

初学者一般选择球拍底板弹性适中、没有震感、海绵胶皮厚度为2～2.5毫米的反胶拍面的球拍。可根据自己的习惯选择直拍或横拍。

（1）直拍标准握法：拇指第一指关节压住球拍左肩，食指第二指关节压住球拍右肩，食指第一指关节自然向内弯曲，虎口贴于拍柄后面，中指、无名指及小指自然弯曲，托于球拍后面（见图2－3－2）。

正手攻球时，拇指稍用力压拍控制好拍形，食指相对放松，中指和无名指指尖顶在球拍背面起到决定发力方向和发力支撑点的作用。反手攻或推挡时，食指稍用力压拍，拇指稍放松，宜仅用中指撑于拍后。用手腕发力应特别重视中指发力，拇指和食指保持拍形的稳定，并辅助发力。击球时，力量多通过手指尖作用到球拍，所以，握于拍前的拇指和食指应保持自然弯曲，不宜伸直。拍柄略靠于食指侧时利于正手攻球，拍柄略靠于拇指侧时则利于反手推或攻而不利于正手攻。拇指与食指之间的距离大，利于拍形固定，但手腕固定较死。善打实力球和正手攻球的选手，可适当加大拇指和食指之间的距离。拇指和食指距离小，甚至贴在一起的握法，多为台内球好或两面攻打法的选手所采用。这种握法，易于拍形的变化。

球拍后面的手指稍伸直，有利于拍后支撑点的发力，但切忌伸得过直，以免影响手腕的灵活性，不利于打台内球和反手推或攻（见图2－3－3）。实践中，反胶弧圈球选手握于球拍后面的手指要比正胶快攻选手伸得稍直些。近年来，许多直拍进攻型选手都采用了在正手进攻时拍后手指稍伸直、在打反手和台内球时拍后手指自然弯曲的握法，这样既利于特长技术的发挥，又不致因某种握拍法的局限而形成技术上的漏洞。

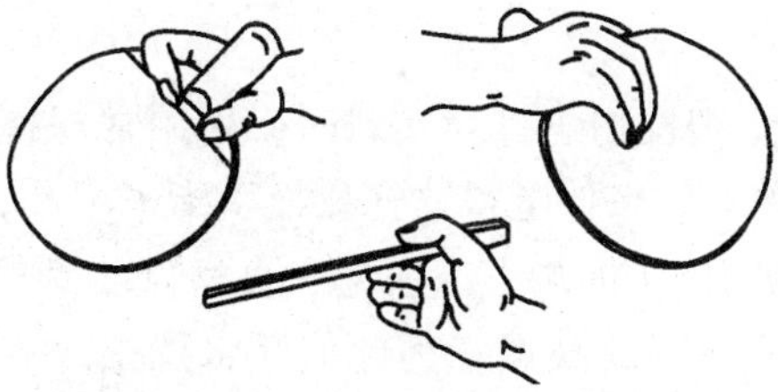

图 2-3-2（直拍握法——中钳式）

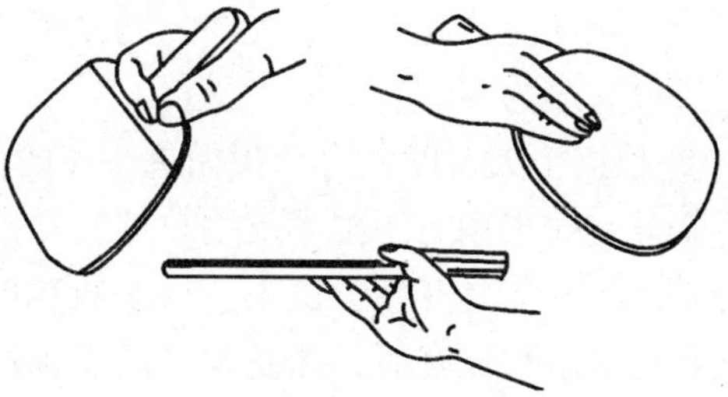

图 2-3-3（直拍握法——食指扣拍式）

直拍削球打法的握拍法为，拇指自然弯曲贴于球拍左侧，第一指关节用力下压，其余四指自然分开托住球拍背面（见图 2-3-4）。

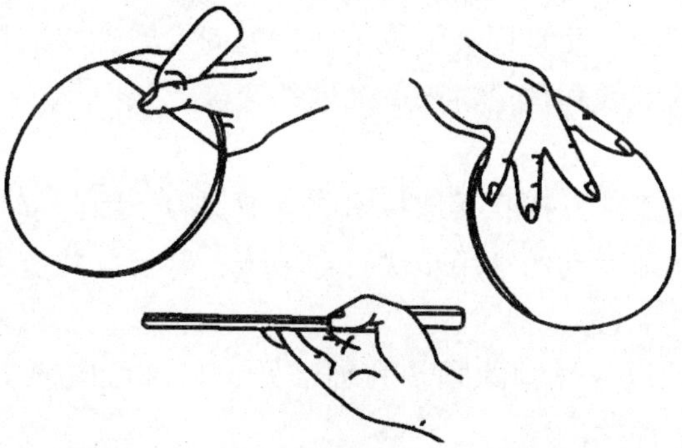

图 2-3-4（直拍握法——削球式）

（2）横拍标准握法：以中指、无名指和小指自然弯曲握于拍柄，拇指放在球拍正面，食指放于球拍反面，虎口轻贴于拍，注意虎口不宜过紧、过死地贴靠在球拍上，以免影响手腕的灵活性。横拍标准握法如图 2-3-5 所示。

在具体的握拍法中，很难有一种十全十美的握法。大量实践证明，一种握拍方法往往是这方面（如正手）好些，那方面（如反手）就差些。这里需要有个正确的指导思想：以既能够发挥本人特长，又不至于形成明显的漏洞为原则。换句话说，就是应利于个人整体技术水平的提高，而不是削弱它。指导思想明确后，对由于握拍而出现的问题，可以从以下两个方面解决。

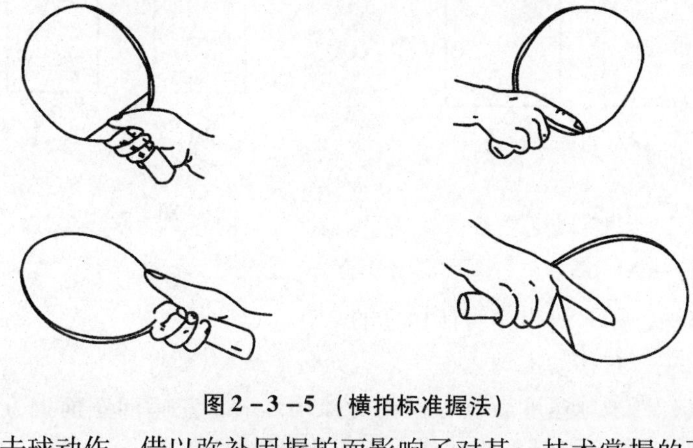

图 2-3-5（横拍标准握法）

① 适当改变击球动作，借以弥补因握拍而影响了对某一技术掌握的不足。如谢赛克握

拍时虎口很大，优点是拍形固定，攻打弧圈球好，使他在弧圈球盛行的形势下能够获得自由与主动。谢赛克为此对反手推挡的动作稍微做了些调整，拍形更竖一些，引拍略高一些，使其反手没有成为漏洞。

② 根据个人实践，对握拍做进一步的微调。如庄则栋初学打乒乓球时，采用常规握法，正手击球时拇指用力压拍，反手攻球时食指用力压拍。后来他觉得这样变换手指来不及，拍形不易固定，于是开始尝试正、反手攻球时皆用拇指用力的方法，感觉一直良好。到第 26 届世乒赛对木村比赛时，才发现了反手接弧圈球压不下来的缺点。为此他又将握拍改为正、反手攻球时皆用食指用力。反手攻球时压拍形的问题解决了，但又暴露出拍形易变、不利于固定的毛病。再经琢磨，将拇指和食指微微靠拢并将握拍位置稍向上提，成为小钳式握法，问题得到了解决。此后他一直沿用此握法，自我感觉良好。庄则栋当时已获世界单打冠军，却敢于对握拍法进行改革，我们应该受到启发。

握拍法不仅会因人而异，而且还会随技术的发展而发展。特别是近年来球拍类型的不断创新，很可能给握拍法的实践和理论带来革命性的突破。

2. 基本步法

正确的步法移动，是正常发挥乒乓球技术的有效保障。因此掌握基本的脚步移动方法是初学者的必修之课。乒乓球运动的常用步法有：单步、跨步、并步、跳步和交叉步 5 种。

1）单步（见图 2－3－6）

（1）近距离击球时，以一只脚的脚掌为轴，另一只脚可向前、后、左、右移动，身体重心随之落到移动脚上，挥拍击球。

（2）实战运用。

① 接近网小球。

② 削追身球。

③ 单步侧身攻击在来球落点位于中线稍偏左或对推中侧身突袭直线或对搓中提拉球时常用。

2）跨步（见图 2－3－7）

（1）范围较大的平行移动。当来球离身体较远时，来球方向的异侧脚蹬地，同侧脚横向跨一大步，重心随之移动，异侧脚迅速跟上。一般用于借力回击。

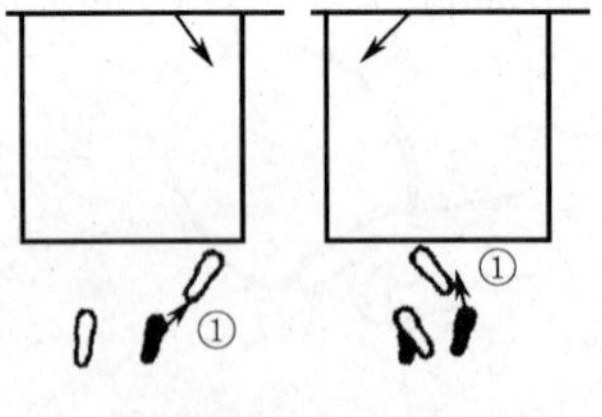

图 2－3－6

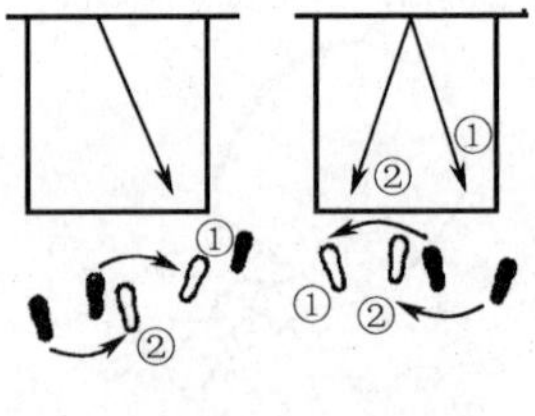

图 2－3－7

（2）实战运用。

① 近台快攻打法，用来对付离身体稍远的来球。

② 削球打法，左、右移动击球。

③ 跨步侧身攻，当来球速度较慢，但离身体稍远时，左脚向左前上方跨一大步，右脚随即跟上一小步，同时配合腰部右转动作，完成侧身移动。

3）并步（见图2－3－8）

（1）由来球方向的异侧脚向同侧脚并步，然后同侧脚再平行移动，迎击来球。

（2）实战运用。

① 快攻选手在左右移动中攻或拉球。

② 削球选手正反手削球。

③ 并步侧身攻，多用于拉削球，右脚先向左脚后并一步，以便转体，随之左脚向侧跨一步。

4）跳步（见图2－3－9）

（1）以异侧脚为主，两脚同时蹬地腾空移动，异侧脚与同侧脚先后落地，随即挥拍击球。

（2）实战运用。

① 快攻选手左右移动击球，常与跨步结合起来使用。

② 弧圈类打法由中台向左、右移动时常用。

③ 跳步侧身攻或拉，但在空中需完成转腰动作。

④ 削球选手在接突击时常采用，但以小跳步来调整站位用得较多。

5）交叉步（见图2－3－10）

（1）来球方向的同侧脚发力，异侧脚迅速从体前做平行交叉横跨一大步，同侧脚迅速上跟落地还原，挥拍击球。

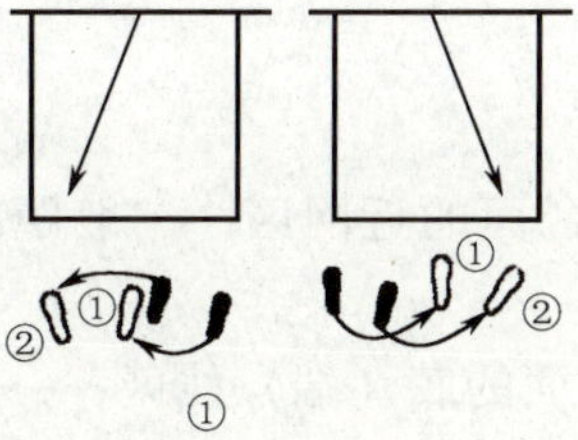

图2－3－8

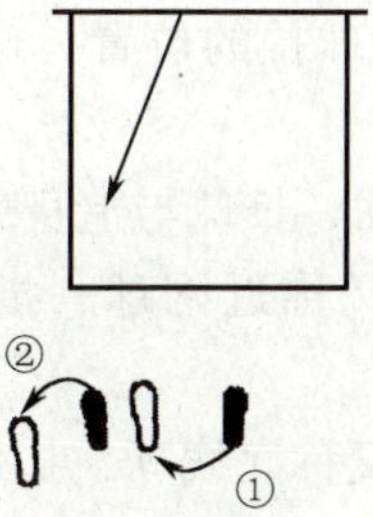

图2－3－9

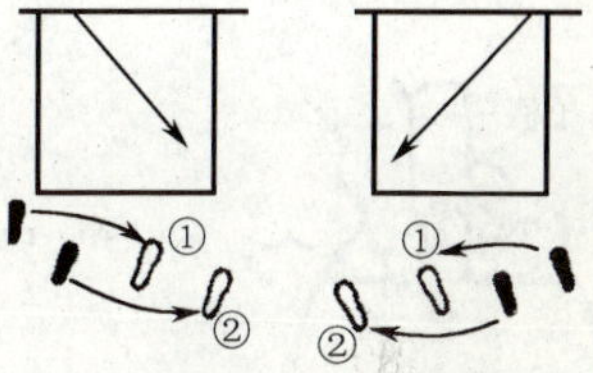

图2－3－10

（2）实战运用。

① 快攻或弧圈打法在侧身攻、拉后扑打右角空档，或从右大角变反手击球。

② 在走动中拉削球。

③ 削球打法接短球。

3. 击球时间与击球部位

（1）击球时，球拍触球的位置叫击球部位。为了便于说明，将球用表盘的形式标出：12、1、2、3、4、5、6七个点，如图2－3－11所示。

① 上部：12点附近。

② 中上部：1、2点附近。

③ 中部：3点附近。

④ 中下部：4、5点附近。

⑤ 下部：6点附近。

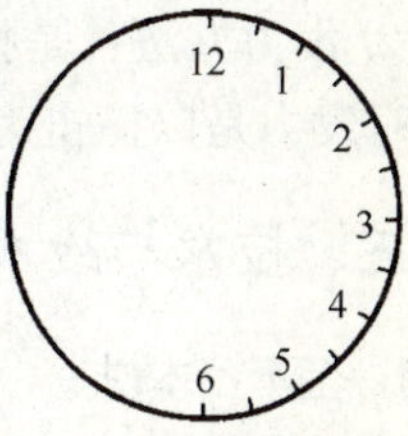

图2－3－11（击球部位）

（2）拍形与触拍部位。

拍形：包括拍面角度和拍面方向两个方面。

① 拍面角度。

（a）击球时拍面与台面所形成的角度叫拍面角度。

● 拍面角度小于90°时，称为前倾。

● 拍面角度接近90°时，称为垂直。

● 拍面角度大于90°时，称为后仰。

（b）击球时，拍面角度按其击球部位的不同，可以分为：

● 拍面前倾：击球时拍面触球接近1点时的角度，击球的中上部。

● 拍面稍前倾：击球时拍面触球接近2点时的角度，击球的中上部。

● 拍面垂直：击球时拍面触球接近3点时的角度，击球的中部。

● 拍面稍后仰：击球时拍面触球接近4点时的角度，击球的中下部。

● 拍面后仰：击球时拍面触球接近5点时的角度，击球的中下部。

② 拍面方向。

● 击球时，击球拍面所朝向的方向叫拍面方向。

● 拍面向上：拍面触球接近12点时的角度。

● 拍面向下：拍面触球接近6点时的角度。

● 拍面向左：击球的右侧部。

● 拍面向右：击球的左侧部。

触拍部位：是指击球瞬间球体触及球拍的位置。球拍的击球拍面可划分为左、右、上、下、中等部位，如图2－3－12所示。

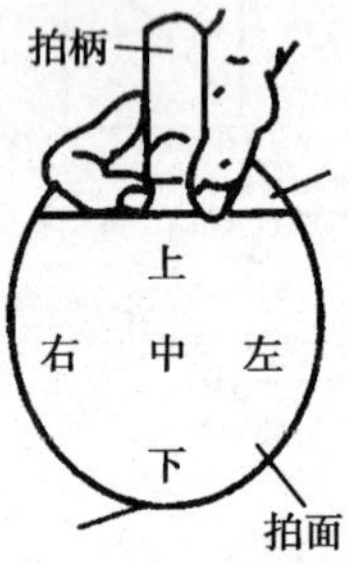

图2－3－12（触拍部位）

（3）短球、长球与追身球。

① 短球又称近网球，指球落在台面的近网区，一般距球网40 cm以内。

② 长球又称底线球，指球落在台面的底（端）线区，一般距端线30 cm以内。

③ 追身球，指将球击到对方身体中间部位。

（4）击球节奏与摆速。

击球节奏：击球时由于击球时间、发力大小、摩擦球厚薄等因素而形成在击球速度上的快慢不同，称为击球节奏。

摆速：一般是指持拍手摆动的快慢。

（5）发力方向与发力方法。

① 发力方向：是指运动员击球时向哪个方向发力。同一个拍形可以有不同的发力方向。

② 发力方法：是指击球时，运动员身体各部位的发力顺序和主次关系。同时还要区分击球时发力是以撞击为主，还是以摩擦为主。

三、技术与战术

1. 基本技术

1）发球与接发球技术

（1）发球技术。

发球技术是初学者必须掌握的基本技术之一，它可以最大限度地施展自己的战术意图，为主动进攻创造条件。通过发球还可以限制对手的技术发挥，破坏对方的战术运用。

① 正手发平击球（见图2－3－13）。

特点：球速急、落点长、冲力大，发至对方右大角或中左位置，对对方威胁较大。

要点：

- 抛球不宜太高。
- 提高击球瞬间的挥拍速度。
- 第一落点要靠近本方台面的端线。
- 击球点与网同高或稍低于网。

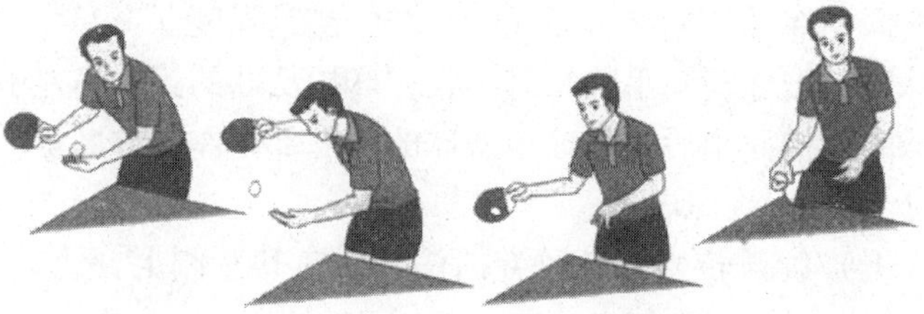

图2－3－13 （正手发平击球）

② 反手发平击球与发下旋球。

特点：球速快、弧线低，前冲大，迫使对方后退接球，有利于抢攻，常与发急下旋球配合使用。

要点：

- 击球点应在身体的左前侧与网同高或比网稍低。
- 注意手腕的抖动发力。
- 第一落点在本方台区的端线附近。

③ 发短球。

特点：击球动作小，出手快，球落到对方台面后的第二跳下不出台，使对方不易发力抢拉、冲或抢攻。

要点：

- 抛球不宜太高。
- 击球时，手腕的力量大于前臂的力量。
- 发球的第一落点在球台中区，不要离网太近。
- 发球动作尽可能与发长球相似，使对方不易判断。

发球与接发球的要求

（1）发球后应立即还原。

（2）要注意使用不同的发球技术，增加球路、落点、速度和旋转的变化。

（3）接发球：记住对手球拍不同性能的拍面染色和发球的旋转变化。

④ 正手发转与不转球。

特点：球速较慢，前冲力小，主要用相似的发球动作，制造旋转变化去迷惑对方，造成对方接发球失误或为自己抢攻创造机会。

要点：

- 抛球不宜太高。
- 发转球时，拍面稍后仰，切球的中下部；越是加转球，越应注意手臂的前送动作。
- 发不转球时，击球瞬间减小拍面后仰角度，增加前推的力量。

⑤ 正手发左侧上（下）旋球。

特点：左侧上（下）旋球转力较强，对方挡球时向其右侧上（下）方反弹，一般站在中线偏左或侧身发球。

要点：

- 发球时要收腹，击球点不可远离身体。
- 尽量加大由右向左挥动的幅度和弧线，以增强侧旋强度。
- 发左侧上旋球时，击球瞬间手腕快速内收，球拍从球的正中向左上方摩擦。
- 发左侧下旋球时，拍面稍后仰，球拍从球的中下部向左下方摩擦。

⑥ 反手发右侧上（下）旋球。

特点：右侧上（下）旋球转力强，对方挡住后，向其左侧上（下）反弹。发球落点以左方斜线长球配合中右近网短球为佳。

要点：

- 注意收腹和转腰动作。
- 充分利用手腕转动配合前臂发力。
- 发右侧上旋球时，击球瞬间球拍从球的中部向右上方摩擦，手腕有一个上勾动作。
- 发右侧下旋球时，拍面稍后仰，击球瞬间球拍从球的中下部向右侧下摩擦。

⑦ 下蹲发球。

特点：下蹲发球属于上手类发球，我国运动员早在20世纪50年代就开始使用。横拍选手发下蹲球比直拍选手方便些，直拍选手发球时需变化握拍方法，即将食指移放到球拍的背面。下蹲发球可以发出左侧旋和右侧旋，在对方不适应的情况下，威胁很大，关键时候发出高质量的球，往往能直接得分。

要点：注意抛球和挥拍击球动作的配合，掌握好击球时间。

- 发球要有质量，发球动作要利落，以防在还未完全站起时已被对方抢攻。
- 发下蹲右侧上、下旋球时，左脚稍前，身体略向右偏转，挥拍路线为从左后方向右前方。拍触球中部向右侧上摩擦为右侧上旋；从球中下部向右侧下摩擦为右侧下旋。
- 发下蹲左侧上、下旋球时，站位稍平，身体基本正对球台，挥拍路线为从右后方向左前方。拍触球右中部向左上方摩擦为左侧上旋；从球中部向左下部摩擦为左侧下旋。
- 发左（右）侧上、下旋球时，要特别注意快速做半圆形摩擦球的动作。

⑧ 正手高抛发球。

特点：最显著的特点是抛球高，增大了球下降时对拍的正压力，发出的球速度快，冲力大，旋转变化多，着台后拐弯飞行。但高抛发球动作复杂，有一定的难度。

要点：

- 抛球勿离台及身体太远。
- 击球点与网同高或比网稍低，在近腰的中右处（15厘米）为好。
- 尽量加大向内摆动的幅度和弧线。
- 发左侧上、下旋球与低抛发球同。

● 触球后，附加一个向右前方的回收动作，可增加对方的判断（结合发右侧旋球，更有威力）。

（2）接发球技术。

随着发球技术的不断改进，接发球的技术变得越来越重要。接发球技术可分为以下 3 个部分。

① 接发球的站位。

要根据对手的发球位置和自己的打法特点选择站位。

② 接发球的判断。

首先要熟悉发球的基本动作，注意发球方的挥臂动作、手腕动作、触球部位和拍的移位方向，以此判断球的速度、飞行弧线、落点和旋转强度。

③ 接球的方法。

现代接球的基本方法为：点、拨、带、拉、攻、推、削、搓、摆短、撇侧等，要根据对来球的判断采用不同的接球方法。

（3）接发球技术的运用。

① 接上旋长球（奔球）：正反手攻球或推挡回接，拍面适当前倾，击球的中上部，调节好向前的力量。

② 接下旋长球：用搓球、削球、提拉球回接，搓或削时多向前用力。

③ 接左侧上、下旋球：可采用攻球和推挡（搓球或拉球）回接，拍面稍前倾（后仰）并略向左偏斜，击球偏右中上（中下）部位，以抵消来球的左侧上（下）旋力。

④ 接右侧上、下旋球：可采用攻球或推挡（搓球或拉球）回击，拍面稍前倾（后仰）并向右偏斜，击球偏左中上（中下）部位；回接要点和方法与接左侧上、下旋球相同。

⑤ 接近网短球：用快搓、快点或台内突击回接，主要靠手腕和前臂的力量。

⑥ 接转与不转球：在判断不准的情况下可轻轻地托一板或撇一板，但要注意弧线和落点。

⑦ 接不同性能球拍的发球：长胶、生胶、防弧胶的发球基本属不转球，用相应的方法回接。

⑧ 接高抛发球：如果球着台后拐弯的程度大，应向拐弯方向提前引拍。

（4）判断来球。

判断来球是打乒乓球首要的一个环节，它是确定移动步法和击球技术的根据。

① 合理的击球位置，一般指“身前击球”。尤其是攻击型选手，身前击球显得特别重要。身前击球具体一点说，就是把击球点选在身前，并在身前找好球与拍的距离（击球距离）。

② 不同的风格和类型打法，击球距离是不同的。如以快速变化打法为主的人，回击一般来球，球与拍的距离较短。由于球与拍距离近，不仅有利于加快击球时间，而且动作也较容易固定。以力量为主的人，球与拍的距离较长，有利于增大击球力量。因此，各种类型打法的人，总是千方百计地找好击球距离，特别是强调在身前找好击球距离，这点是十分重要的。

③ 要取合理的击球位置，必须对不同路线和落点的来球做出正确的判断，选择好击球

点，迅速移动脚步。例如，当站位离台较近而对方的来球又急又长时，要及时移步后退，才易找到好的击球位置；当站位离台较远时，对方发个短球，应及时向前上步，否则就会因身体距离击球点太远而失误；回击追身球来不及移动脚步时，则需借助收腹转体，让出一点距离。

2）进攻性技术

进攻性技术包括攻球技术和弧圈球技术两大类：攻球技术又分为正手攻球、反手攻球、侧身攻球和台内攻球等；弧圈球技术分为前冲弧圈球、加转弧圈球和侧旋弧圈球等。

（1）攻球技术。

① 正手快攻（见图2－3－14、图2－3－15、图2－3－16）。

站位近台偏左，前臂后引，拍面略前倾，以前臂发力为主，来球至上升期时触球中上部向前上方发力，将球击出。击球后手臂顺势挥动，并快速还原。

图2－3－14（直板横打技术）

图2－3－15（横板正手攻球）

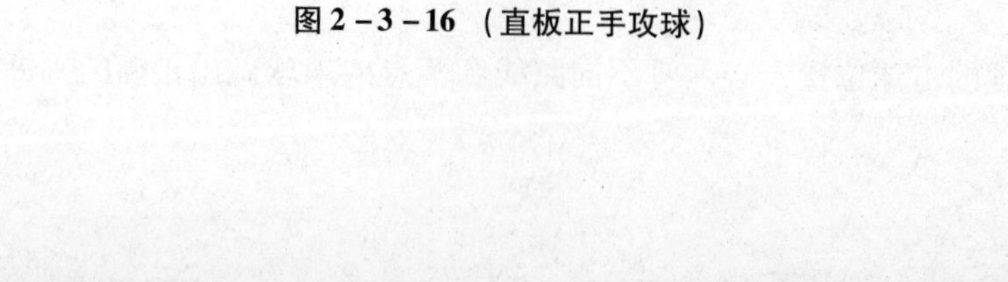

图2－3－16（直板正手攻球）

② 反手快攻。

身体离台约50厘米，击球前身体略向左转，上臂、肘关节自然靠近身体，前臂外旋使拍面前倾。击球时，肘关节内收，前臂外旋快速向右前方上挥，在上升期击打来球的中上部。

③ 侧身正手攻球。

击球前迅速移步成侧身位，左脚在前，重心落在右脚。击球时要注意蹬地、转体、收腹、挥拍的用力顺序，并调整好挥臂角度和手腕动作。

④ 台内攻球。

在台内击打对方来球，一般采用挑打的方法。

横拍正手挑打：击球前，不必后引，直接将拍伸向台内，拍面稍立，手腕略外展。在球的高点期击球，击球时以手腕发力为主。

直拍正手挑打：站位靠近右前台，向外侧引拍，拍面直立，向球前下方挥拍，击球时再向上挥动，以手腕发力挑打来球。

攻球技术比较见表2-3-1。

表2-3-1　攻球技术比较

名　称	击球前	击球时间	击球部位	发力（方法、方向）
正手攻球	手臂自然弯曲并做内旋，前臂向后引拍	击球高点前期	中上部	前臂快速向左上方挥动，手腕外展
反手攻球	前臂外旋使拍面略前倾，上臂肘关节靠近身体	击球上升期	中上部	肘关节内收，前臂加速向右前方发力并外旋
侧身正手攻球	移位转体，身体侧对球台	击球高点前期	中上部	运用下肢和腰腹力量，控制好挥臂方向和击球角度
台内攻球	直接将拍伸入台内	击球高点期	中上部	以手腕发力为主，向左前方挥拍挑打

（2）弧圈球技术。

① 正手前冲弧圈球。

两脚站立比肩宽，球拍向后下方引，拍面略有前倾，挥拍时重心前移，在来球的高点或高点前期击球的后中部，以手臂向前并向上发力摩擦球，使球产生强烈上旋。

② 反手前冲弧圈球（见图2-3-17）。

右脚稍前，重心落在左脚，收腹含胸，右臂自然弯曲，肘部靠近身体。击球时，球拍向前上方挥动，击球点在腹前方，前臂以肘关节为轴快速发力带动手腕发力，摩擦球的中下部，使球强烈上旋。

图 2－3－17 （横板反手攻球）

③ 正手加转弧圈球（见图 2－3－18、图 2－3－19）。

站位时重心较低，收腹含胸。引拍时，身体随之右转，右肩下沉。击球时，上臂带动前臂向上并向右前方发力击球，在下降期加力摩擦球的中部或中上部。

图 2－3－18 （直板正手加转弧圈球）

图 2－3－19 （横板正手加转弧圈球）

④ 反手加转弧圈球（见图 2－3－20）。

重心放在两脚间，以肘关节为力点带动前臂发力，转腕动作要充分，在下降期摩擦球的中部或中上部。

⑤ 侧旋弧圈球。

两脚开立比肩宽，向身后引拍时，身体前倾，拍面略有内扣。击球时，蹬转身体从外侧向前加力挥拍，在下降期摩擦球的中外侧。

图 2－3－20（横板反手加转弧圈球）

弧圈球技术比较见表 2－3－2。

表 2－3－2　弧圈球技术比较

名　称	击球前	击球时间	击球部位	发力（方法、方向）
前冲弧圈球	降低重心，向后转腰，然后向后下方引拍	高点或高点前期	中上部	手臂、手腕协调发力，向前上方挥拍
加转弧圈球	降低重心，右肩下沉，向后引拍	下降期	中部或中上部	上臂带动前臂向上偏前挥拍，发力摩擦击球
侧旋弧圈球	身体前倾，向后侧方引拍，球拍稍内扣	下降期	中外侧部	从外侧向前上方挥拍，使球拍划一横向半弧形

3）控制性技术

（1）搓球技术。

搓球技术包括正手搓球、反手搓球、摆短球、搓侧旋球和搓不转球，是还击下旋球的一项基本技术。搓球站位近，回球路线短，会给对手造成回球的困难。使用搓球技术是为了控球，利用搓球的落点和旋转变化作为过渡，为自己创造进攻机会（见图 2－3－21、图 2－3－22）。

图 2－3－21（直板正手搓球）

图 2-3-22 (直板反手搓球)

① 正手搓球。

拍面角度稍后仰，球拍向后上方稍引。向前下方挥动球拍，快搓时在上升期，慢搓时在下降期，用球拍的下半部摩擦球的中下部，击球时前臂和手腕适当加力。

② 正手搓左侧旋球。

拍面角度稍后仰，前臂向身体右侧上提，当球进入下降期时，手腕用力，向左加速摩擦球的中下部。

③ 反手搓球（见图 2-3-23）。

手臂自然弯曲，拍面角度稍后仰，向身体左前上方稍引拍。击球时，持拍手臂向前下挥送，快搓时在上升期，慢搓时在下降期，摩擦球的中下部。

图 2-3-23 (横板反手搓球)

④ 反手搓右侧旋球。

拍面角度稍后仰，前臂向体前左侧上提。当球进入下降期时，向右摩擦球的中下部。

搓球技术比较见表 2-3-3。

表 2-3-3 搓球技术比较

名　称	击球前	击球时间	击球部位	发力（方法、方向）
正手搓球	略向后上方引拍，拍面稍后仰	（快搓）上升期 （慢搓）下降期	中上部	向左前下方用力，前臂手腕适当加力
反手搓球	手臂自然弯曲，拍面稍后仰	（快搓）上升期 （慢搓）下降期	中下部	快速向前下方挥摆
搓侧旋球	手臂外旋，球拍稍后仰	下降期	中下部	向异侧方向加速摩擦球体

（2）削球技术。

削球是一项防守技术，对控球的落点和旋转的质量有很高的要求。现代的削球技术还要求运动员攻削结合，做到能在进攻中防守，在防守中进攻。

削球一般用于中、远台的回击，常采用正手削球和反手削球。

① 正手削球。

向后引拍，拍面稍后仰，身体向后转动。击球时，向前下方挥拍。在下降期腰部带动手臂一同发力，在腰侧下方击球的中下部。

② 反手削球。

身体略向左转，同时向左上方引拍，击球时，手臂向前下方，同时转腰，于身体侧前方挥动，在下降期击球中下部。

削球技术比较见表2－3－4。

表2－3－4 削球技术比较

名 称	击球前	击球时间	击球部位	发力（方法、方向）
正手削球	手臂外旋，使拍面角度后仰	下降期	中下部	腰部带动手臂向左前下方发力
反手削球	沉右肩，屈臂向身体左上方引拍	下降期	中下部	腰带手臂向右前方发力

（3）推挡球技术。

推挡球是我国直拍快攻打法的主要技术，能起到积极防守和由守变攻的作用。其特点是站位近、动作小、速度快、变化多，可分为挡球、快推、加力推、减力挡等。

① 挡球。

挡球分正手挡球和反手挡球两种，是初学者的入门技术。面对球台，成准备姿势，拍面接近垂直，在球的上升期，推击球的中部，前臂手腕稍加用力，借助来球的反弹力将球挡回。

② 快推。

快推是使用最多的反手推挡技术。面对球台，左脚稍前，以肩为轴，屈肘，引拍至身前或偏左，拍面略前倾。在球的上升期向偏上方挥拍，前臂快速作伸，推击球的中部偏上。

③ 加力推。

以肩为轴，向后略下引拍，拍面稍前倾。在来球的高点后期时，身体前压手臂充分向前下方发力推击球的中上部。注意身体自下而上的协调用力。

④ 减力挡。

面对球台，以肩为轴，屈肘向体前稍上引拍。在球的上升期推击球的中上部，触球瞬间球拍停止前推或略有后收，以减弱击球力量。

⑤ 反手搓球。

手臂自然弯曲，拍面角度稍后仰，向身体左前上方稍引拍。击球时，持拍手臂向前下挥送，在球的上升期摩擦球的中下部。

4）直拍横打

① 直拍横打。

使用直拍的反面来击打反手位的来球，是乒乓球运动发展的一项新技术。球拍背对来球，前倾角度略大，以肘关节为轴，推动手腕关节向前用力，向右前方快速击球。

5）击球力量的控制

乒乓球运动是一项技巧性要求很高的体育运动，对于力量运用的要求也是如此。除了我们需要爆发力之外，更需要讲究力量的运用，这是提高击球质量，保证击球准确性的重要环节。

（1）击球力量从打法来说：

① 一般的攻球，如近台快攻、扣球时，均以撞击力为主，用力方面要尽量接近球心。

② 一般的旋转球，如弧圈球、搓球等，则以摩擦为主，用力方面要远离球心些。

（2）击球力量从击球距离和不同打法来说：

① 近网短球以腕发力为主。

② 近台球和以快为主的打法，如近台快攻、推挡等，以前臂发力为主；以力量为主（如扣球）和拉弧圈球的打法，则以大臂发力为主并带动前臂。

③ 离台较远的球，如中、远的拉球和攻球，都以大臂发力为主带动前臂。

（3）根据战术的需要调节击球力量：

① 发力：依靠自己的挥拍速度，在击球的瞬间发挥出爆发力，使球产生最快的速度和最大的力，这是在比赛中运用最多的得分手段。

② 借力：借对方来球的力量把球回击过去。借力只能回击冲力较强的来球，如弧圈球、扣球等。借力击球要求掌握好拍面角度，击球的时间一般是第一时间，即上升初期。

③ 减力：放慢回球速度，如放短球、减力挡等。它能起到变化节奏的作用，尤其是防弧胶拍和长胶拍运用借力时效果最好。

2. 基本战术

战术就是根据对手的特点和临场的变化所采用的各种技术方法。乒乓球的基本战术包括：发球抢攻战术、接发球抢攻战术、对攻战术、拉攻战术、搓攻战术和削攻战术等。

（1）发球抢攻：利用发球争取主动，在比赛中采用旋转、速度、落点等不同的变化来破坏对手的接球，为自己的进攻创造机会。

（2）接发球抢攻：利用快推、快搓、摆短和拉球等回击技术，破坏对手的战术意图，造成对手回球质量不高，为自己主动进攻创造条件。

（3）对攻战术：是进攻型选手经常采用的战术。运用正、反手攻球，反手推挡等技术，采用攻击对方两角、追身攻、轻重结合来达到目的。

（4）搓攻战术：是进攻型打法的辅助战术。利用搓球的旋转、速度、落点的变化来降低对手回球的质量，为自己创造进攻的机会。

四、欣赏与评价

乒乓球运动的魅力激发了越来越多的人观看比赛和参与活动的兴趣。由于电视传媒的作用，乒乓球比赛的赛况走进了平常百姓的家。不管每年高水平的比赛在哪里举行，人们都可以在家中欣赏与评论。但要想提高对乒乓球运动的欣赏水平，从中体味更多的乐趣，了解更深的玄妙，得到赏心悦目的享受，就需要了解比赛的规则、运动员的实力、技术特点、战术的运用以及团体赛的排兵布阵等，另外还要提高自己对乒乓球基本知识及战术特点的认知水平。

乒乓球有各种各样的不同打法，还有多种战术。不管是什么打法，战术如何变化多端，乒乓球技术离不开4个基本因素，那就是：力量、速度、旋转和落点。

1. 提高对基本技战术的认知水平

俗话说“外行看热闹，内行看门道”。要想欣赏乒乓球比赛，就应了解乒乓球的基本技、战术。例如，发球与接发球的技术特点、弧圈球的特点和回击弧圈球的技术、直拍横打的技术特点等；根据对手的特点采用的战术，如发球抢攻、长拉短吊、搓攻战术等。只有懂得乒乓球的基本技、战术才能更好地品味比赛。

2. 提高对参赛运动员比赛的品评能力

（1）在观看比赛之前，通过电视、报纸和互联网等渠道了解参赛运动员的实力状况、世界最新排名的位置、目前的竞技状态等。

（2）通过观看比赛和现场解说来印证信息，加深对运动员的了解。

（3）比赛过后与专家或球迷品评赛事。

3. 了解参赛运动员的打法特点

在观看比赛前应对选手的技术特点有所了解。乒乓球运动员有快攻型、弧圈型、快攻弧圈结合型、削球型和削攻结合型等打法。又有直拍、横拍两种握法，以及直拍横打等，所使用的球拍有正胶、反胶、生胶、长胶等区别。

4. 了解双方的排兵布阵

在团体比赛时，排兵布阵十分重要。每名运动员都有自己的优势，也有自己的弱点。领队和教练要非常熟悉对方运动员的打法特点，要能以己之长攻彼之短。观看比赛不仅要看运动员的现场厮杀，还要看领队的运筹帷幄、教练员的斗智斗勇。

5. 规则

国际乒联制定的11分记分制，于2001年9月1日起执行。现在，在国际大赛中已实施11分记分制，那么11分记分制，对乒乓球的比赛带来了哪些变化和规律呢？主要有5种变化和规律，即数字的变化、发球的变化、节奏的变化、时间的变化和战术的变化。

（1）数字的变化：由21分记分制，改为11分记分制，每局减少了10分。由5分轮换发球法，改为两分轮换发球法，双方每次少发3个球。在决胜局中，一方先得5分时，双方应交换方位。在局与局之间，在21分记分制时，有2分钟的休息时间，现变为不超过1分钟的休息时间。每局比赛中，每得6分后，或决胜局交换方位时，允许有短暂的擦汗时间。

（2）发球的变化：原来发5个球，可以根据对方的技术情况，发5种不同的球，或某5种球的某种排列组合，现在，每次发2个球，只能发2种不同的球，或某2种球的某种排列组合。那么发球变化少了很多，得分就会发生变化，因而发球战术就要做相应的调整。

（3）节奏的变化：由于每局只有11分，每局很快就见分晓，节奏加快。由于比赛的局数增多（由打满5局见分晓，变为打满7局见分晓），那么关键球出现的概率增大，乒乓球比赛变得更加激烈，更加刺激。

（4）时间的变化：21分记分制时，在5局3胜时，如打满5局，至少要得105分，才能获胜。相应地，在11分记分制时，要用7局4胜，如打满7局，得77分，就可能获胜。比21分记分制，每场要少28分，时间缩短了近1/4。

（5）战术的变化：在一局开始时，如输了球，比分拉开距离，由于每局只有11分，可能就没有追赶时间，容易造成紧张的心理。因此，在11分记分制时，在战术上要有变化。

根据对方情况，合理进行技术的应用和组合，并且在开局时就抓紧，使用最拿手的发球，或绝招发球，及时进入状态。

6. 其他看点

我们观看比赛有两个方面的意义：一个是关心本国球手的胜负，另一个是欣赏运动员的高超技艺。例如，在奥运会的单打决赛中，如果是中外两国选手对决，我们首先关心的是输赢，我们会为本国运动员的绝杀而欢呼，也会因本国运动员的失误而懊恼和焦虑。比赛给我们更多的是振奋和遗憾。而决赛如果是在本国选手之间或在外国选手之间进行，我们则更侧重于对球艺的欣赏。无论从哪一个角度观赏比赛，在比赛过程中的环境、气氛，自身的心理变化都给我们带来乐趣，给我们以精神的享受。

第二节　羽毛球运动

羽毛球运动对于普通人群来说是一种游戏，只要天气允许，任何一块空地都可进行此项活动；而对于羽毛球爱好者来说它却是一项对抗性很强的竞技运动。经常参加此项活动可全面提高身体素质。因此它深受群众欢迎，是一项普及率极高、全球性的运动项目。

一、认知羽毛球运动

1873 年，英国公爵鲍弗特在格拉斯哥郡的伯明顿庄园里进行了一次羽毛球游戏表演。从此，羽毛球运动便逐渐开展起来，“伯明顿”（Badminton）也就此作为羽毛球的英文名称。1893 年世界上第一个羽毛球协会在英国成立，并进一步修订了规则和规定了统一的场地标准，确定了羽毛球的形状和重量。1899 年在伦敦举行全英羽毛球锦标赛。

1934 年，由丹麦、英国、法国等 10 多个国家发起成立了国际羽毛球联合会（简称国际羽联），总部设在伦敦。国际羽联于 1948—1949 年举办了第 1 届世界男子团体赛，于 1956 年举办了第 1 届世界女子团体赛。1978 年 2 月，由亚非国家组成的世界羽毛球联合会在中国香港成立，同年 11 月举办了第 1 届世界羽毛球锦标赛。国际羽联和世界羽联于 1981 年 5 月 26 日宣布合并，统一称为国际羽毛球联合会。其管辖的主要比赛有汤姆斯杯赛、尤伯杯赛、世界锦标赛、全英羽毛球锦标赛和奥运会比赛等。羽毛球运动于 1992 年开始进入奥运会，其中包括男女单打、男女双打共 4 个项目。

羽毛球运动是在 20 世纪初传入我国的。1963 年前后，随着华侨中的羽坛名将归国，我国羽毛球运动进入了鼎盛时期。进入 80 年代以来，中国选手在世界大赛中连续取得优异成绩。

二、羽毛球入门

1. 场地

羽毛球比赛场地分为单打场地和双打场地，场地规格见图 2－3－24。

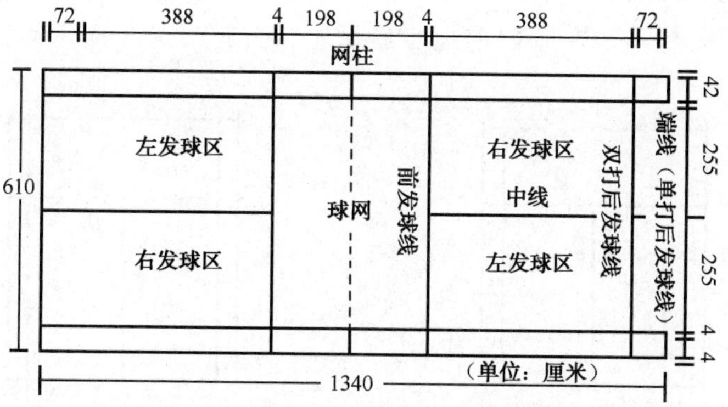

图 2-3-24（羽毛球比赛场地）

2. 握拍法

握拍手指要自然分开、放松握拍，保证手指和手腕的灵活性，在击球时再握紧拍柄发力击球。根据不同的击球位置、角度采用不同的握拍方法，保证击球技术的正常发挥。

（1）正手握拍：虎口对准拍柄窄面内侧棱面，采用握手式握拍法。掌心不要紧贴拍柄，注意保持一定空隙。

（2）反手握拍：在正手握拍的基础上将拍柄稍向外转，用拇指指腹顶贴在拍柄内侧的宽面上。

（3）错误握法：紧攥球拍，俗称拳式握法。掌心没留空间，手腕活动受限不利于扣杀技术的发挥。

3. 基本步法

羽毛球运动的基本步法可分为：垫步、并步、小碎步、蹬步、跨步、交叉步和腾跳步等。

练习者完成一次击球所采用的站位、移动、击球和回位这 4 个环节称为步法结构。

1）交叉步前进

左脚迈进距离略小，重心迅速移至左脚，用左脚掌内侧蹬起，右脚向前跨一大步（见图 2-3-25）。

2）交叉步后退

右脚后撤步略小，左脚交叉步后撤，随后右脚再后撤（重心落在右脚）（见图 2-3-26）。

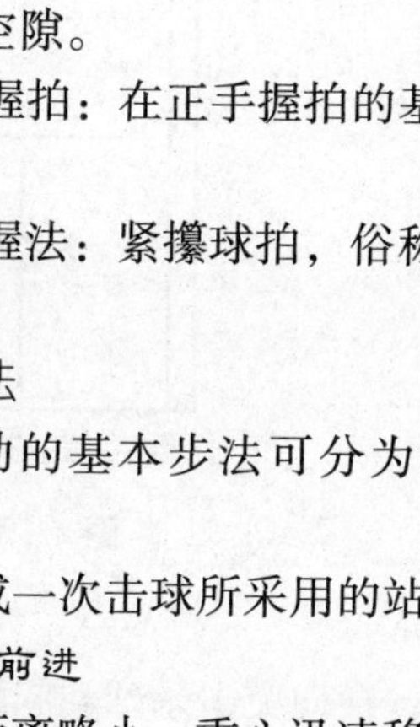

图 2-3-25

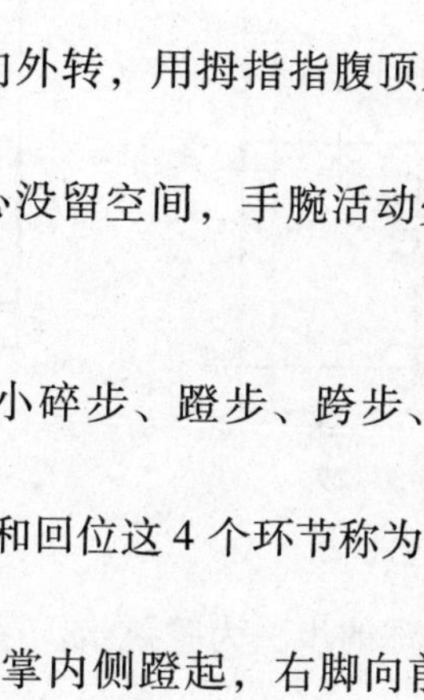

图 2-3-26

3）蹬跨步

左脚用力后蹬，右脚向来球方向跨一大步（见图 2-3-27）。

4）前交叉跨步

右脚向来球方向垫步，左脚向前迈步后后蹬，右脚交叉步向来球方向跨一大步（见图 2－3－28）。

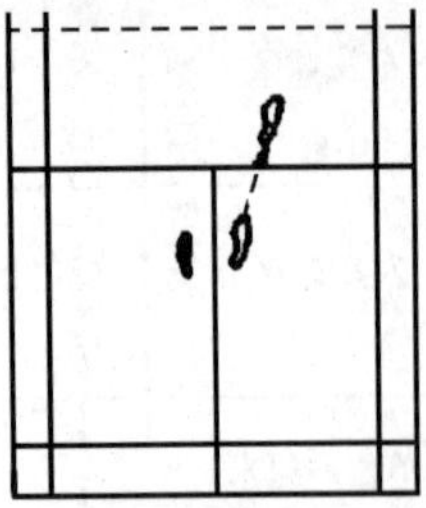

图 2－3－27

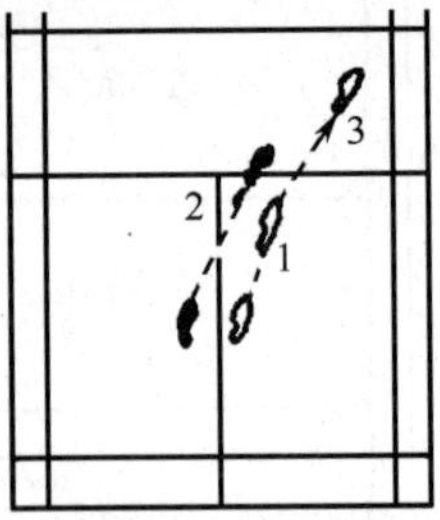

图 2－3－28

5）垫步

上网时采用的一种步法，它能在被动时调整重心、迅速接应来球（见图 2－3－29）。

6）侧向移动步法

蹬跨步、垫步（见图 2－3－30、图 2－3－31）。

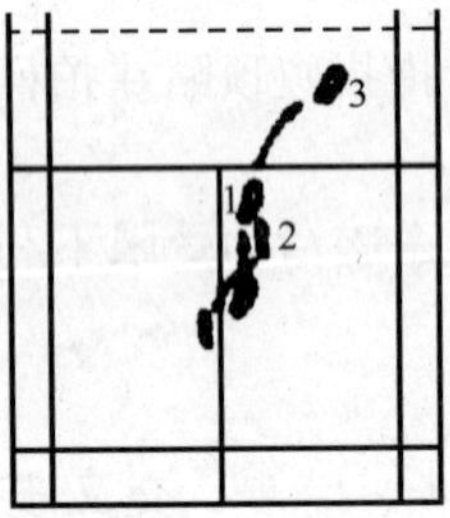

图 2－3－29

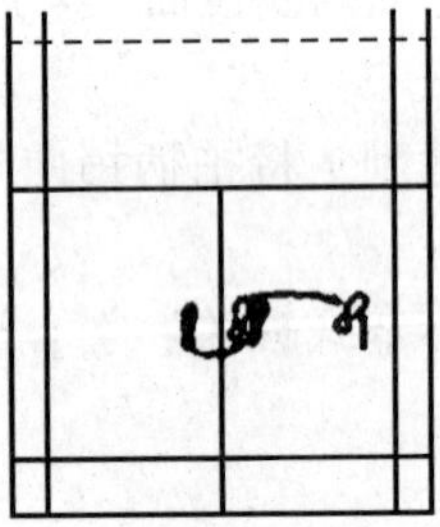

右侧蹬跨步

图 2－3－30

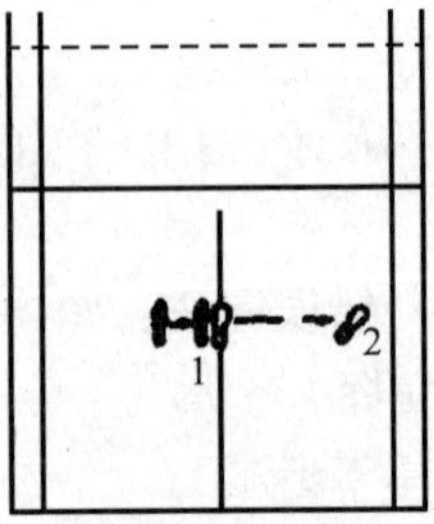

右侧垫步（两步）

图 2－3－31

7）腾跳步

起跳腾空击球的步法为腾跳步。一般用在上网扑球、横向突击杀球和起跳到最高点时杀对方的高远球。

羽毛球技术教学分类手法

（1）握拍法：正手握拍、反手握拍。

（2）发球法：正手发高远球、网前球；反手发网前球、平快球。

（3）击球法：

高手击球：高球、吊球、扣杀球。

网前击球：搓球、推球、扑球、勾球。

低手击球：挑高球、抽球、接杀球。

（4）步法：

① 上步法：跨步或交叉步上网、垫步上网、蹬跳步上网。

② 平移步法：向右侧移动步法、向左侧移动步法。

③ 后退步法：正手后退步法、头顶后退步法、反手后退步法。

三、基本技术

1. 发球与接发球

1）发球

发球是羽毛球运动最基本的技术之一，是开始进攻的关键。发球质量的高与低直接关系到比赛的主动与被动，甚至直接导致得分与失去发球权。

（1）发球分类。

发球可分为正手发球与反手发球。

① 正手发球。

两脚前后开立与肩同宽，两脚丁字形站立，左脚在前，足尖指向球网，重心在右脚，握拍手臂向侧后自然举起，肘部微屈，击球时重心前移。

② 反手发球。

两脚前后开立，右脚在前（以右手握拍为例，以下均同），重心在右脚，左脚跟提起，屈肘，反握球拍，拍头朝下。击球时，前臂带动手腕前送或横切。

除高远球须用正手发以外，其他发球技术用正反手均可（见图2－3－32）。

（2）发球的注意事项。

① 发球过程中双脚均不可离开地面或移动（只要脚尖不动，脚跟可自然抬起）。

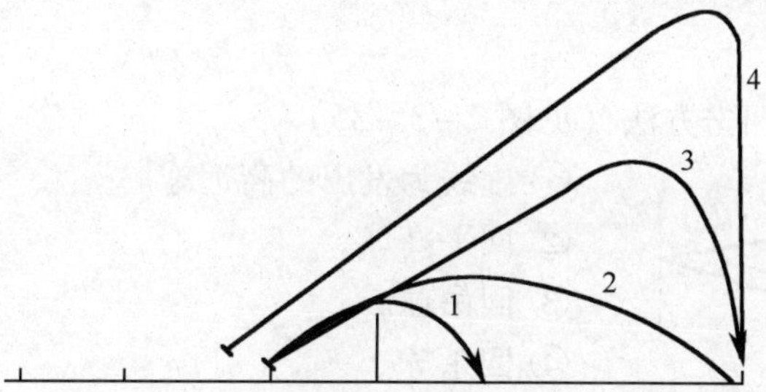

图2－3－32

1—网前球；2—平快球；3—平高球；4—高远球

② 球与球拍接触瞬间的触点击球体均须低于腰部，拍框的最高点不得过手。

（3）站位。

单打正手发球站位一般选择站在离发球线1～1.5米处，反手发球应站在离发球线10～15厘米及中线附近。

2）接发球技术

接发球也是羽毛球运动的最基本技术，它在比赛中同样起着重要的作用。只有接好发球才能从被动变为主动；为取得比赛的胜利争得更多的机会。

（1）准备姿势。

两脚前后开立，身体侧对球网。一般持拍手臂在后，双膝微屈，收腹含胸，重心放在左脚。球拍举在身前，集中精力准备接球。双打姿势与单打基本相同，持拍位置高于单打，便于争取主动。

（2）站位。

单打接发球站位要靠近中线离发球线1.5米处，而双打站位更靠近发球线，以利于接网前球或便于快攻。

(3) 回击各种发球。

无论对手采用哪种发球方式，都应根据对手的发球质量和站位，冷静、果断地做出判断，采用有效的回击方式。

(4) 对发平快球的回击方法（见图 2－3－33）。

① 虚线为发出的平快球。

② 回平推球。

③ 回平高球。

(5) 对发网前短球的回击方法（见图 2－3－34）。

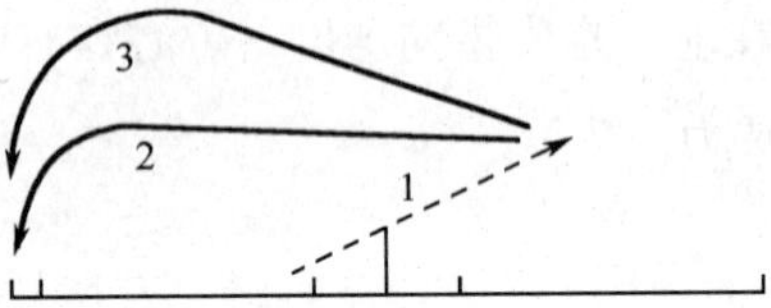

图 2－3－33

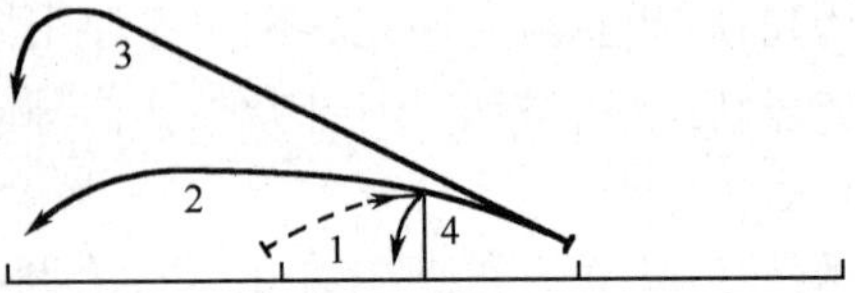

图 2－3－34

① 虚线为发网前短球。

② 回平推球。

③ 回平高球或高远球。

④ 回网前球。

(6) 对发高远球的回击方法（见图 2－3－35）。

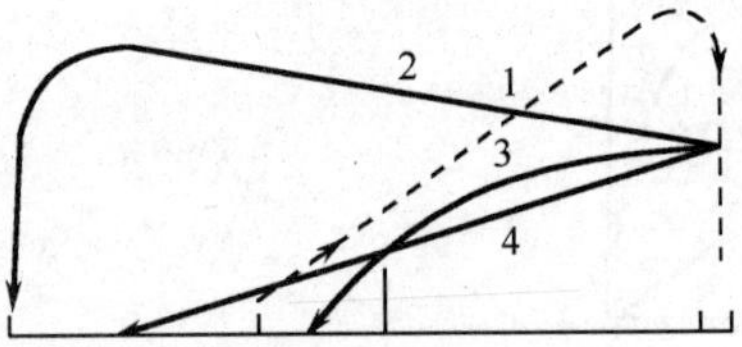

图 2－3－35

① 虚线为发出的高远球。

② 回平高球。

③ 回吊球。

④ 回杀球。

2. 击球技术

掌握正确的击球方法是打好羽毛球的先决条件。击球技术的要点主要包括以下几个方面。

① 身体在做挥拍动作时要协调放松，发力迅速。

② 要找好击球点，看准时机迎上击球。挥拍时机要恰到好处，应在挥拍速度最快时击中球托。

③ 控制好拍面，通过手腕的变化来决定出球方向。

④ 强调击球动作的一致性，以增加对手的判断难度。

1) 高手击球

击球点高于头部的击球称为高手击球。高手击球包括正手击球、反手击球和头顶击球，一般用于后场主动进攻或控制调动对方。可根据球的落点和对手的位置打出高远球、平高球、扣杀球和吊球，因此称之为后场主动进攻技术。

(1) 正手击高远球、平高球。

准确判断来球的方向和落点，迅速移位使球处于自己头部的前上方；击球前重心要落在右脚，将球拍上举。击球时，上臂后引、提肘、右脚蹬转收腹自下而上协调用力，以肩为轴带腕“鞭打”，在手臂伸直的最高点击球（击平高球时注意改变拍面角度）。

（2）反手击高远球。

当来球飞向反手方向时，要准确判断落点，迅速移位，右脚用前交叉步法向左侧底线跨出，背对球网，重心在右脚。击球时，要自下而上用力，大臂带动小臂转至小臂带动手腕，最后“闪”腕击球。击球后顺势转体面对球网。

（3）头顶击高球。

击球点在左肩上方或偏后的位置，击球前身体向左倾斜略后仰。击球时，球拍从右后侧绕过头顶，在小臂的带动下充分发挥手腕和手指的力量。掌握头顶击高球的要领后，可采用起跳击球法。

（4）吊球。

击球前做出击高球、扣杀球的姿势，击球时突然减力，闪动手腕切削球托的右侧（反手吊球切击球托左侧）。注意掌握好击球点和击球力量。

（5）正手杀球。

扣杀球的准备姿势与其他正手击高球大致相同。击球瞬间，要充分利用全身力量通过手腕快速挥拍下压将球向对方场地的前下方击出。

2）低手击球

击打头部以下的来球称为低手击球。低手击球多为被动击球，一般在防守时采用。低手击球技术包括：挑高球、接杀球、抽球和半蹲快打。挑高球一般用于网前，半蹲快打和接杀球一般用在中场区，而抽球则用于中、后场。低手击球技术是初学者必须掌握的基本技术之一。

挑高球：快速上网，跨步接球，侧身对网，重心在前脚。正手持拍，前臂外旋自然前伸，后臂向后自然抬起保持身体平衡。以肘关节为轴，小臂带动手腕、手指右下方向前上方快速挥拍击球。

3. 接杀球技术

接杀球技术分挡球、抽球和推球。

（1）挡球：向右横跨步，右肩后转，左肩对网，右臂平伸对准来球，放松握拍，拍略后仰，将球挡回对方网前区。

（2）抽球：要有小幅引拍动作，以小臂带动手腕向前上方挥拍抽球，用提拉或球拍后仰来应对来球。

（3）推球：用小臂、手腕、手指的突然发力将对方击来的网前球快速推到对方后场。正手推球注意食指向前推压，反手击球则要用拇指向前推压。

4. 半蹲快打

在中场区击打肩以上至稍高于头部之间的平快球。击球前成半蹲姿势，屈肘举拍于肩上。击球时，以前臂带腕快速挥拍，尽量在身前较高的部位击球。

特点：挥拍幅度小，快速有力。击球位置有半蹲正面击球、半蹲头顶击球、半蹲右侧击球，多用于双打比赛。

5. 网前击球

网前击球是羽毛球基本技术中比较细腻的技术之一。它击球动作小、战术多变、以巧取胜，是当代羽毛球技术的重要组成部分。网前击球技术包括搓球、推球、勾球、扑球和放网前球等。

1）搓球

挥拍时，前臂外旋，手腕动作由后伸到内收，用球拍切削球托侧底部，使球上旋翻转过网。要求尽量高点击球，搓击时出手要快。

2）推球

正手推球时，由伸腕经前臂内旋至屈腕，食指向前压。反手推球时，腕部动作要由展腕经前臂外旋至收腕，拇指顶压。无论正、反推球都要用前臂和手腕发力，击球瞬间拍面与球网近乎平行。

3）勾球

正手勾球时，持拍手臂前伸时稍有外旋，拍柄外转使拇指贴在拍柄宽面。击球时，前臂稍有内旋内收，手腕由后伸至屈腕闪腕，挥拍拨击球托右下部。反手勾球时，肘部要下沉，同时前臂稍外旋，手腕由屈到伸闪动，反拍拨击球托侧底部。

4）扑球

正手扑球时，对准来球快速蹬跳上网，身体右侧扑向网，球拍正对来球，手臂由屈到伸，手腕由后伸向屈腕前闪动，同时手指顶压球拍击球，击球后球拍立即回收。反手扑球时，向左快速蹬跳上网，手腕外展，拍面正对来球，击球时，手臂伸直外旋带动手腕由外展到内收拇指顶压球拍击球。

5）放网前球

正手放网前球时，跨步上网前伸手臂，左臂自然张开，拍面朝上迎球。击球时，小臂稍外旋，轻收手腕，将球轻击过网。反手放网前球技术与正手相似，不同之处是击球前腰向左转体，用反拍击球。控制好力量是放网前球的关键。

四、基本战术

羽毛球战术是指在比赛中运动员根据对手的实力和技术特点选择不同的技术手段和方法。能够知己知彼，巧妙地运用战术是战胜对手的重要因素。娴熟的技术、良好的身体和心理素质、丰富的赛场经验是能否成功运用战术的前提和保障。

1. 单打战术

1）发球抢攻战术

多采用发网前低球结合平高球、平快球而获得主动进攻机会。

2）攻后场战术

通过击高远球、平高球压对方底线两角，迫使对手还击无力来获得进攻机会。

3）攻前击后战术

先用搓球、吊球、放网前球将对手调到网前，然后再用扣杀、平高球和推球来攻击对方后场。

4）打四方球战术

利用准确的落点攻击对手的四角，待对手出现破绽，再攻击对手空当。

2. 双打战术

1）攻人战术

集中攻打对方实力较差的队员，在混双比赛中运用得更多；或在对方选手实力相当时采用“二打一”的方法。

2）进攻中路战术

两人平行站立时，攻击对方中路空隙。当对方前后站立时，攻击对方边线位置。

3）后杀前封战术

本方后场攻杀见长的选手在后场进行大力扣杀，打出机会，前场选手积极移位进行封杀。

五、欣赏与评价

现代羽毛球运动诞生100多年来，已发展成为全球性体育项目。它有着无穷的魅力，深受人们的喜爱，是一项参与面广、观赏性强的体育运动。

精彩的羽毛球比赛，能给人以视觉上的享受。它既有乒乓球比赛的那种细腻精巧的技术，又有网球比赛的那种以力相搏的角逐；既具有文雅的韵味，又有奋力厮杀的残酷对峙。因此，一场高水平的比赛，会让人激动不已又回味无穷。

欣赏一场羽毛球比赛，除了要懂得比赛规则以外，还要了解运动员的水平和特点。可以从“快、准、刁、活”等4个方面来细细品味。

“快”指精确的判断能力、敏捷的反应速度和良好的身体素质。高水平选手能根据对手的移动位置、准备姿势和击球瞬间，判断出对手的击球意图。据有关科研部门的测试，羽毛球选手反应速度之快居各项运动之首。尽管羽毛球运动员仅在35平方米的场地“转、站、腾、挪”，但他们要在50~90分钟的比赛中快速移动3 000米左右，心率高达180次/分钟，给人带来另类速度美的视觉享受。

“准”是羽毛球运动员展示魅力的一个重要方面。羽毛球的一次往返飞行时间仅在1秒之内，在这来回的瞬间，精准地把握球的飞行和落点是运动员高超技艺和控制能力的综合表现。运动员的精准技艺使人感到赏心悦目。

“刁”是指运动员刁钻的球路和技法，这反映了运动员的聪明才智。场上那种虚则实，实则虚的变化，劈杀和劈吊的瞬间转换，勾、搓、推这三种刁钻的网前变化，都会让对手顾此失彼，让观众雾中看花。

“活”是羽毛球比赛的战术特点。对手间旗鼓相当、比赛势均力敌时，战术的灵活运用，打法的不断变换就是克敌制胜的法宝。谁能扬长避短、避实就虚，谁就能战胜对手取得胜利。

羽毛球运动以其特有的魅力受到人们的青睐，因此，它永远属于那些积极参与的人们和真心热爱它的观众。

第三节 网球运动

网球运动是一项易于普及和开展的运动项目。它以浓厚的趣味性、极具魅力的观赏性和效果显著的健身性而享誉世界。

一、认知网球运动

在古代埃及、波斯、希腊、罗马都曾流行过类似于近代网球的游戏。1873年，英国人温菲尔德改进早期网球打法。他在羽毛球运动的启示下，把古代网球和羽毛球结合起来设计出现代网球运动，并确定了场地、规则和器材。1877 年 7 月，全英网球俱乐部在温布尔顿举办首届草地网球冠军赛，标志着近代网球运动的开始。1896 年在希腊雅典举行的第 1 届奥运会把网球列为正式比赛项目。1913 年国际网球联合会成立。因国际奥委会同国际网球联合会在“业余运动员”定义上以及参赛资格上发生严重分歧，从第 9 届奥运会起，取消了网球项目的比赛。1984 年洛杉矶奥运会网球作为表演项目重现赛场。在 1988 年第 24 届汉城奥运会上，网球又被列为正式比赛项目。

二、网球入门

1. 场地

网球比赛场地分为单打场地和双打场地。若为单、双打共用场地，挂双打网。进行单打时，必须增加两根单打支柱（其直径不超过 7.5 厘米的圆形或边长不超过 7.5 厘米的方形）。

一般网球场地示意如图 2－3－36 所示。

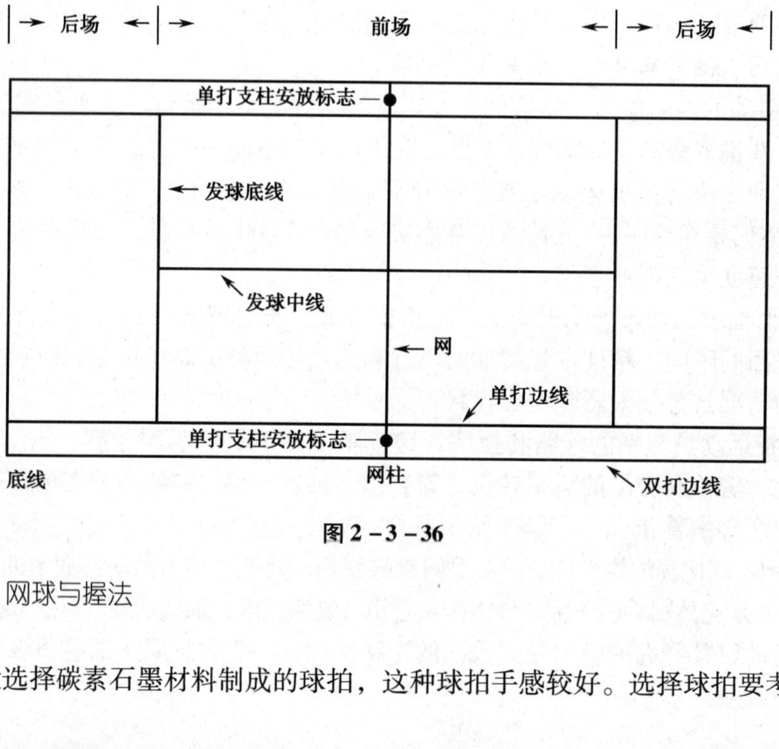

图 2－3－36

2. 球拍、网球与握法

1）球拍

现在一般选择碳素石墨材料制成的球拍，这种球拍手感较好。选择球拍要考虑以下几个因素。

（1）重量：球拍的重量分轻（L）、中（M）、重（T）3 种。练习者应根据自己的力量选择，重量适中，能用得上力就可以。

（2）面积：分为小拍面（穿弦面积＜85 平方英寸①）、中拍面（穿弦面积为 86～95 平方英寸）、大拍面（穿弦面积＞95 平方英寸），初学者一般选用大拍面的球拍。

（3）硬度：球拍的硬度分为 10 个等级，1～5 级为软性球拍，6～10 级为硬性球拍。使用硬度较大的球拍容易造成肘关节受伤，即“网球肘”，因此初学者应选用中性偏软的球拍。

（4）拍柄：选择粗细适宜的球拍，过粗不易控制，过细握不住拍柄。

① 1 平方英寸＝0.000 645 16 平方米。

2）网球

网球一般为黄绿色。球的弹性为：在2.45米的高度自由下落到混凝土地面的弹起高度为1.35～1.47米。

3）握法

（1）东方式握拍法。

东方式握拍法是目前比较流行的一种握拍法，尽管正手与反手需要变换握法，但它能妥善处理任何高度的球，用力方向灵活机动。

正手握法：右手掌根与拍柄右上斜面紧贴，拇指垫握住拍柄的左垂直面，五指紧握拍柄，食指稍离中指，食指下关节压住拍柄右垂直面。由此拇指和食指成“V”形，对准拍柄的右上斜面和左上斜面的上端中间。

（2）大陆式握拍法。

正反手均采用同一种握拍法，不需要变换动作，适宜截击和发球。正确的握法是虎口握在拍柄的一面上，拇指直伸围住拍柄，食指下关节紧贴拍柄两面。

（3）西方式握拍法。

正反手击球均用同一拍面，适宜打高球和齐腰高球，但对低球却不利。

3. 基础知识

1）站位

击球前，运动员所选的站立位置称为站位。底线击球一般采用4种站位方式，如图2－3－37所示。

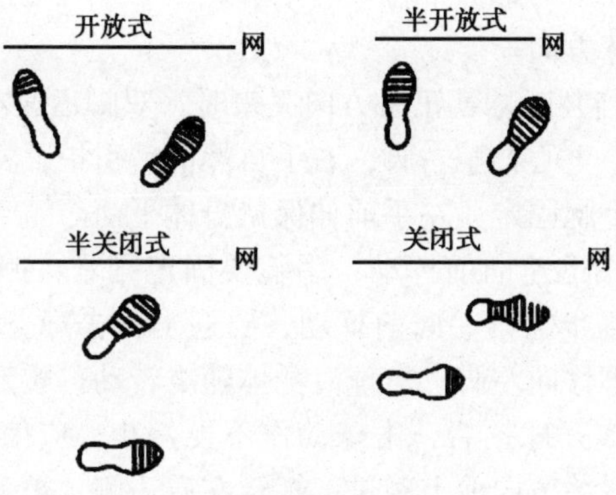

图2－3－37

2）击球点

击球时，球拍与球接触瞬间的空间位置称为“击球点”。击球点的空间位置是相对击球者的身体而言，是从距身体前、后、左、右的4个方向和高低位置来确定的。最佳击球点在身体侧前方的腰部高度。

3）击球时期

从对方击球瞬间到己方的球拍触球瞬间之前，球在空中的飞行时段称为“击球时期”。来球从过网点到落点的飞行阶段为空中段，落地后弹起至回落地面前击球前称为反弹段。

4）击球线路

球从击球点飞行到落点间的线路成为击球线路，基本击球线路有直线和斜线两种。

5）击球过程的四要点

判断——移动——击球——还原。

（1）判断：是对来球的方向、球的旋转性质、球的飞行速度和落点进行的综合分析。

（2）移动：根据来球的方向调整站位称为移动。移动是在击球之前抢占最佳击球位置。

（3）击球：击球是关键。在确定了对方的来球特点之后，来决定自己的回击方法，以达到最佳的击球效果。

（4）还原：是指在完成上述动作之后回到击球前的准备状态（基本姿势和基本位置）。

6）击球技术的四要素

引拍——挥拍——击球——随挥。

（1）引拍：后摆引拍是击球质量和击球力量的先决条件。

（2）挥拍：挥拍的速度、方向直接影响回球的力量和球的飞行路线。

（3）击球：击球瞬间的击球点、击球时期、拍面的角度、击球部位直接决定回球质量。

（4）随挥：随挥动作是为了保证击球的完整性、协调性和稳定性，并影响着动作的还原。

三、技术与战术

1. 基本技术

1）正手击球

（1）准备姿势：面向球网，两脚开立，略宽于肩，稍屈膝，上体稍前倾，重心置于前脚掌。球拍指向正前方，几乎与地面平行。右手握拍（以右手握拍为例，以下同），左手托着拍颈。眼睛始终盯着来球方向。

（2）移动转体引拍：当判断球朝正手方向飞来时，双脚迅速右转，肩右转90°角，同时转髋，左脚向右前方上步，重心移至右脚，右手自然向后引拍，将球拍引于身体右后。引拍时肘部要自然弯曲下垂，手腕固定，左手前伸保持身体平衡。

（3）挥拍击球：将球拍迅速向前挥动，手腕要固定绷紧，握紧球拍，球拍从稍低于腰部处开始，做弧线运动，逐步上升，向前挥动，要迎上去击球，击球时拍面基本垂直于地面，同时将身体重心从右脚移向左脚。击球时身体随之转动，腰部带动大臂击球。

（4）随球跟进：当球离开球拍后，击球动作不要停止，应使球拍随出球方向挥一段距离，握拍手臂向前伸展。肘关节向前上跟进，挥至左肩一侧，拍头指向天空。同时身体完全转过来，重新面向球网。在完成一次击球后，应立即回到准备姿势状态，为下一次击球做准备。

正手击球动作要点

（1）击球过程眼睛要看球。

（2）在球落地之前做好向后引拍动作。

（3）击球点在身体的右前方腰间位置。

（4）击球时，紧绷手腕，握紧球拍，要利用蹬转的力量，用拍面的中心将球击出。

（5）球拍要平行击打，并按球的飞行轨迹随球前进，随挥动作向前上方伸展。

2）反手击球（单手）

（1）准备姿势：向左转髋、转肩，右手持拍，左手托住拍颈，向右后方引拍，同时身体以90°角转向左脚，使右肩对准来球方向。

（2）前挥送拍：完成前挥动作时，应保持手腕固定，通过下肢、髋、肩的发力，将力量自下而上送上球拍。

（3）挥拍击球：击球时，拍面要垂直于地面，对准来球伸直肘部快速挥动，击球的中下部，手臂前挥，路线由低到高。

（4）随球跟进：击球后，手臂要保持击球的动作继续前送，前移重心，充分上扬手臂。

3）截击球

截击球是指击打过网后还未落地的空中球。一般在发球后或底线回球质量不高时使用。截击球通常采用大陆式握拍法，初学者可以先采用东方式握法。

（1）正手截击。

① 准备姿势：正手截击时跨步、移动重心和后摆球拍几乎同时进行，拍头要始终高于手腕。

② 挥拍击球：正手截击时要保持前臂伸直，手腕固定，发力短促、有力。截击球多采用切击，击球点在身体的右前方。

③ 随球跟进：截击球的随挥动作幅度较小，一般不超过中线。截击动作完成后迅速调整姿势，准备接下一个来球。

（2）反手截击。

① 准备姿势：进行反手截击时，身体略向左转，同时重心移至左脚，左手扶住拍颈，向左前跨，右脚对准来球方向。

② 随球跟进：反手截击球的随挥动作很小，一般不超过身体中线，以便快速还原，准备进行下一个动作。

③ 反手击球的击球点：反手击球的击球点要在身体的左前方，比正手更靠前。击球时手腕固定，肘部下拉，用肩和前臂的力量向下击球。

4）挑高球

（1）准备姿势：挑高球分正手挑高球和反手挑高球两种。其握拍方法与正、反手击球的握拍方法相同。引拍动作与正、反手击球的引拍基本相同。只是挑高球要求高而深，需要更充分的后摆动作。

（2）挥拍击球：向前挥拍时，球拍击打球的下部，向前上方击球。在整个击球过程中，保持手腕绷紧，握紧球拍。挑高球要将球打得高而且深，但稍有偏差就容易出界，因此挑高球的落点应在场地的中间。

（3）随球跟进：随挥动作是将球挑到足够高度的关键，因此应加长击球的时间，顺着球的飞行路线向上做随挥动作，球拍尽可能送远，动作在身体前面的高处结束。随挥动作结束后，应立即回到端线后面中间的有利位置。

5）反弹球

（1）准备姿势：采用大陆式握拍法，击球前身体重心与其他击球方式的准备姿势类似，对正来球方向迅速降低拍面位置。

（2）挥拍：击反弹球的后摆幅度要小于其他击球方式，底线位置后摆动作稍大一些，中、前场后摆幅度很小，几乎只是磕球过场。

（3）击球：与其他击球动作相比，反弹球的击球位置更低，拍面更要保持垂直和平行。击球点尽量在身体的侧前方。

（4）随球跟进：随挥的技术要领与正反手击球基本相同，可根据来球速度、位置掌握运用。

挑高球动作要点

（1）准备动作与正反手击球相同。

（2）击球点在球底部四分之一处，并将球拍充分送出，加长击球时间。

（3）顺出球的方向，向高处做随挥动作。

6）高压球

高压球俗称扣球，是在头上方扣杀的一种击球技术，是有效的得分手段。

（1）准备姿势：看到对方挑高球时，应尽快地调整位置，用垫步或后退步、前进步移动到球落点后面，侧身对网，两脚前后开立，左手指向来球，眼睛注视来球。

击球前将球拍提前举到头上，重心放在右脚。

（2）击球与随挥：击球时，注意腿部蹬伸、转腰、提重心、顶肘、挥拍、收腹、鞭打击球，同时重心前移，在最高点击球。

随挥路线是从击球后至身体左下方止，重心完全移至前脚。

7）发球

发球是比赛得分的重要手段，也是运动员技术水平的重要标志。初学者应认真理解动作要领并认真进行练习。

（1）抛球：发球的技术动作要求在身体协调放松的状态下进行，左手伸直在身体的侧前方最高点抛球，保持球在头的前上方垂直下落，抛球后双臂保持反 L 形。

（2）挥臂：当球拍自然下垂到"搔背"状态时，开始向上挥小臂，直至手臂与身体充分伸展。

（3）击球：整个挥拍动作与高压球动作技术一样自下而上用力，手臂内旋扣腕击球左侧（初学者可采用击球左后上方的削击发球）。

（4）随球跟进：击球后，要继续保持球拍自然挥摆至身体的左下方，同时重心前移，使身体迅速调整位置回到准备状态。

8）接发球技术

接发球技术在网球比赛有着非常重要的作用，它是控制对手，争取主动的主要手段。接发球技术要求选手有精准的判断力和良好的控球技术。

（1）准备姿势：注意观察对方发球的站位和意图，身体重心比底线击球时更低一些，两眼紧盯对手发球。

（2）移动转身：在对方发球后立刻做出判断，迅速移动站好位置并确定回球方式，同时做好转身后摆的动作。

（3）接球：初学者一般发球速度不快，可用对拉底线的击球方法。如果感到对方击球速度较快，应采用交叉上步或侧身击球的方式，来球角度较大可用削球接发。

（4）随球跟进：随球动作要充分，还原动作要快，然后迅速移动到中场位置。

2. 基本战术

1）单打战术

战术的运用是给对手制造困难，使其回球质量降低，充分发挥自己的长处，加大攻击力度。因此，要了解和认识网球的基本战术。

发球要点

（1）发球前身体需放松。

（2）抛球时位置是左手伸直在体侧前方最高点处。

（3）以肩为轴进行挥臂动作。

（4）整个发球动作协调连贯，动作完成充分。

（1）发球战术。

变换发球落点：在经常发出外角球的同时要考虑突然换发内角球。

变换发球位置：不时地变换发球位置，增加对手的接球和对发球线路判断的难度。

（2）发球截击战术。

发球后上网空中截杀将球打至对方空当，或采用两次截击，先打出较深的直线截击球，然后再迅速上网进行第二次截击将球打至对方空当。

（3）接发球战术。

在接对手力量不大的二发时，要控制好落点打直线球，趁对手回球质量不高时可上网将球截杀到对方空当。一发的球速不快时，亦可采用上述战术。

（4）对攻战术。

当发球或接发球进攻都不奏效时，双方展开对攻，底线对攻的主要战术是加大击球深度和伺机变换落点。

（5）对付上网截击的战术。

当对手采用发球上网的战术时，可根据对手的站位采用挑高球和打穿越球，这是对付上网的有效回击方法。

2）双打战术

（1）发球。

与单打发球的不同是要考虑一发的成功率，还要考虑增加对方接发球的难度，给同伴创造进攻机会。一般采用发对方反手或变换发球位置。

（2）接发球。

利用直线球来使对方网前平移截击，将球回击到对方的中场，减少失误率和对方的截击成功率。

（3）截击。

截击是双打比赛的重要得分手段。利用边角球限制对方上网，利用脚下球控制对方网前选手，利用快速截击攻击对方远点和防守空当，创造进攻和得分机会。

四、欣赏与评价

1. 比赛种类

世界网球大赛主要赛事有：戴维斯杯（男子团体赛）、联合会杯（女子团体赛）、四大网球公开赛以及 ATP 的世界锦标赛总决赛和奥运会比赛等赛事。

2. 比赛场地

网球比赛场地与其他项目不一样，它有多种不同质地的比赛场地，包括硬地、塑胶地、红土地、草地以及室内地毯地等多种比赛场地。其场地的弹性、摩擦系数不同，因此采用的技术也不尽相同。

3. 比赛及战术

网球比赛的影响仅次于足球，受到体育爱好者的广泛关注。网球运动能有如此的魅力，就在于它能集人类的智慧与技巧、能力与意志于一身，给予人们美的展示，被人们冠以“高雅运动”的美誉。观看网球比赛首先要学习一些网球知识，例如，网球的基本技、战术，发球中的上旋球、下旋球、侧旋球、大力球以及内角球外角球等，近网短球、挑高球、穿越等，还要了解参赛队员的特点。只有这样，才能真正品味网球的精华，享受比赛的乐趣。

4. 赛制与计分方法

网球比赛设团体赛和个人赛，在上述赛事中又分单打、双打和混合双打三项。一般男子比赛采用 5 盘 3 胜制，女子比赛以及双打和混合双打均采用 3 盘 2 胜制。网球比赛的计分方式：4 分为 1 局，在 1 局比赛中得第一分记分 15，第二分记分 30，第三分记分 40，得第 4 分为胜一局。如一局中各得 3 分或 4 分等均为平分，一方再得一分为占先，占先后再得分方为胜一局。6 局为 1 盘，如双方打成 5∶5 以上的平局后，一方须净胜两局才算胜 1 盘。决胜局记分制：局数比分为 6∶6 后进行的 13 局比赛才采用，先得 7 分的一方为胜（也叫抢七局）。但在 3 盘 2 胜制的第 3 盘，5 盘 3 胜制的第 5 盘采用长盘制（各胜 5 局后，一方须胜 2 局才算胜 1 盘）。

第三篇

国粹武术与时尚游泳

第一章

民族传统体育的精华——武术

第一节　武术简述

一、武术的产生

武术源于古代狩猎和战争，是搏斗技术与经验的总结。“武”在象形文字里的寓意是“止戈为武”，春秋战国以前，把射御、角力、手搏、击刺等，泛称为“武”，在不同的历史时期，赋予武术不同的内容，它包含了现代我们熟知的内容——相扑、角力、手搏、击剑、刺枪、打拳、使棒等。

武术在春秋时被称为“技击”，汉代被称为“武艺”，自汉代以后广泛称为武。“武艺”在《辞源》中解释是：“指骑、射、击、刺等军事技术。”“武术”这一词汇最早出现在南朝梁武帝长子萧统所编《文选》中，文中有诗句为“偃闭武术，阐扬文令”（南朝宋·朱颜年《皇太子释奠会》）。其意指停止武战，发扬文治，不是现代武术的概念。后人将“武术”一词作为自卫强身的专门用语，清末民初时得以广泛应用。《辞海》解释“武”字有多个立项，其中前两个立项是：第一是“泛称干戈军旅之事”，第二是“勇猛”。“术”字在《说文解字》中被称为“邑中道也”，指道路，引申之，则为门径、方法等意思。

武术产生于人们的生产劳动，在军事中得到了发展，明清时得以定型，十八般武艺逐渐形成，近代，火枪的出现，国门破碎，武术器械开始走向没落，拳术也走向低谷。新中国成立后，新时代赋予了武术新的含义：增强人民体质的健身武术，如规定太极拳；提高竞技水平的竞技武术，如各省市运动队所练习的自选长拳；用于军事的擒拿格斗；以发掘整理为内容的传统武术等。

现代武术概念是：武术是以攻防技击为主要技术内容、以套路演练和搏斗对抗为运动形式、注重内外兼修的民族传统体育项目。

二、武术的流派

所谓武术流派，是指由于不同的技术特点和风格而形成的武术派别。明朝时戚继光在《纪效新书》中介绍的当时流行的拳法有“长拳”“短打”的分类；清朝初年黄宗羲在《王征南墓志铭》中提到的“少林以拳勇名天下，然主于搏人，人亦得以乘之。有所谓内家者，以静制动，犯者应于即仆，故别于少林为外家”。到民国期间发展成“凡主于搏人”“亦足以通利关节”者，统称“外家拳”；凡注重“以静制动”“得于导引者为多”，概称为“内家拳”，后来有把太极、形意、八卦归为内家拳的说法；此外还有“少林”“武当”“南派”“北派”“黄河流域”“长江流域”等说法。

武术流派在漫长的历史过程中，虽然冠以宗派、行、帮、教门等色彩，但武术技术流派在中国武术发展的历史长河中仍然起着积极的作用。流派体现了不同技术特点的风格，流派组成了不同的门类，流派延续了古老的技艺，使武术几千年来得以生生不息，延续发展至今。

三、武术的分类

武术运动发展到今天，拥有129种拳术，它的内容和形式有很大发展变化，其分类方法也不尽相同，有按性质和功能进行分类的，也有按运动形式进行分类的。武术运动按照功能分类，可分为竞技武术、健身武术、学校武术、实用武术。常说的武术是按运动形式分类的。可分为，套路运动和搏斗运动。套路运动是以技击动作为素材，以攻守进退、动静疾徐、刚柔虚实等矛盾运动的变化规律编成的整套练习形式。套路运动按演练形式可分为单练、对练和集体演练3种类型。单练包括徒手的拳术与器械，对练包括徒手的对练、器械对练、徒手与器械对练。集体演练分徒手的拳术、器械或徒手与器械。

搏斗运动是两人在一定条件下，按照一定的规则进行的斗智、斗技的对抗实战形式。目前列为武本竞赛的项目有散打、推手、短兵等。散打是两人按照一定的规则，使用踢、打、摔等方法制胜对方的竞技项目。推手是两人遵照一定的规则，使用棚、捋、挤、按、采、挒、肘、靠等手法，双方沾粘连随，通过肌肉的感觉来判断对方的用劲，然后借劲发劲将对手推出，以此决定胜负的竞技项目。短兵是两人手持一种用藤、皮、棉制作的短棒似的器械，在6尺①直径的圆形场地内按照一定的规则，使用劈、砍、刺、崩、点、撩等方法进行决胜负的竞技项目。

第二节　武术的价值功能与学校体育健康标准

武术是中华民族的瑰宝，是世界优秀的文化，在武术发展过程中形成了武术的社会价值功能和体育价值功能两大部分。社会价值功能包括哲学、文化、医学、养生、军事、美学等；体育价值功能包括健身、养生、技击、教育、经济和旅游等。属于高校武术范畴的，归纳起来有强身健体功能、防身功能、文化传承功能、教育功能。在众多武术功能中，教育功能意义深远，它指的是武德。“未曾习武，先明德。”武德在古代的含义是道德、口德、手德，心正、眼正、手正的结合。这里的道德在现代以前指的是劫富济贫，锄强扶弱，见义勇为，不可恃强凌弱；口德是，不可诽谤他人，恶语中伤他人，说大话；手德是与人交手，要留有余地，不可有类似“揪短”的一些阴损招法，点到为止；现代的武德是习武者的道德规范和道德品质。

---

①　1尺=0.333米。

《健康标准》要求是增进学生身体健康，提高心理健康水平，增强社会适应能力，获得体育与健康知识技能。根据阳光体育运动的理念，武术教育在对学生进行素质教育的同时达到心理适应，身体适应，社会适应等3个目标。

武术在发展传承中形成了多元的功能，其中教育功能，健身防身功能，交流沟通功能与阳光体育的健康标准相吻合。武术在理论的高度与阳光体育接轨，为武术与阳光体育结合发展提供了理论依据。武术的社会交流功能与运动参与目标符合。即：武术晨练与形成良好的体育锻炼习惯相符合；根据自己身体条件选择适当的拳种与能独立制订适用于自身需要的健身运动处方相符合；武术美学与具有较高的体育文化素质和观赏水平的要求相符合。

一、武德教育与素质教育的要求相吻合

素质教育指的是以提高全民素质为宗旨的教育。素质在狭义上可理解为生理学在遗传素质上形成的素质。广义上指的是在后天特定的社会生活环境中形成品质。体育的素质教育是对学生进行体育教育过程中的养成教育。学校素质教育最重要的一面就是对学生进行德育教育，除了在德育课程教育以外，学校各门课程设置上还要体现对学生进行德育教育，武德教育能够直接渗透到教学、生活领域的诸多方面，武德教育具备对学生进行养成教育条件。

武德是习武者的道德规范和道德品质。它包含10个方面的基本内容。

（1）武德高：爱国爱民，品德高尚。为武之道，以德为本。习武首先要重视武德的学习，要有好的思想品质。

（2）武旨正：强身健体，卫国防身。学习武术的宗旨要正确。

（3）武纪严：不斗凶狠，遵规守纪。

（4）武风良：尊敬老师，互相尊重。

（5）武礼谦：抱拳行礼，谦和礼貌。待人接物，应该以礼相待，有礼有节，平易近人，谦虚诚恳，不能出口不逊，得意忘形，败坏武德。

（6）武志坚：意志坚强，百折不挠。

（7）武学勤：坚持不懈地朝演夕练，勤学苦练。

（8）武技精：钻研武技，精益求精。

（9）武仪端：习武者应该仪表端正，举止文雅，不能衣装不整，体态不端。

（10）武境美：环境优美，井然有序。练习武术，要主动保持练习场地、生活环境的卫生，特别是训练场地、衣物、器件等要摆放整齐，爱护公物，让习武环境、生活环境优美整洁。

这10条内容都与素质教育的各项内容紧密结合在一起，武德是德育教育、养成教育的天然载体。

二、健身防身功能能够达到学生身体适应和心理适应

武术作为体育项目的一种，在练习过程中运用弓、马、仆、虚、歇等步法，在完成走转、跳跃及各种配合呼吸导引的站桩、行桩等武术动作的同时，对速度、耐力、灵敏、力量、柔韧等身体素质进行了全面的锻炼，具有良好的健身、养生功能。一套武术动作快慢结合，在长期有氧无氧转换练习过程中，自身的心肌运动性增厚增大，心血管系统的功能得到增强，骨骼的密度增大，能够显著增强学生体质健康，以适应生活、学习、工作中的身体素

质需要。健身防身功能与运动技能目标相符合。参加武术段位赛，获得武术段位与积极提高运动技术水平，发展自己的运动才能，在某个运动项目上达到或相当于国家等级运动员水平及能参加有挑战性的野外活动和运动竞赛的要求相符合。

武术起源于生产生活、军事实践的需要，在发展过程中形成了多种价值功能。它的两种表现形式，套路和搏斗都具有攻防格斗的属性，学生在进行武术练习的时候，拆手、条件实战、实战等身体直接接触的训练能够磨炼学生在困难面前不怕苦累，顽强拼搏的坚强意志品质，增强学生心理抗压能力，增强自信心，还能够通过武术练习产生美的意境，发泄情感，自我调节，减轻心理压力。为了达到武技的高超境界，“冬练三九，夏练三伏”，苦学技艺，磨炼意志，即使遇到挫折也始终不轻易改变对目标的执着追求。对于大学生来说，未来社会充满了各种挑战，在前进的道路上必然有许多的艰难险阻，若没有一种坚持不懈的精神做支撑便很难获得成功。因此把武术练习中的那种持之以恒的精神在大学生生活的方方面面加以发扬光大，使学生心理素质得到提高，以适应社会生存需要。

三、以武会友的交流沟通与社会适应目标相符合

武术传承自古以来，都是以“传、帮、带”的师父教徒弟的形式传播的，进而形成传承流派，教师还有一个别名叫“师父”，同一教师的学生叫“师兄弟、师姐妹”以拉近距离，形成一个小的社会交流群体，这种现象在武术领域表现得尤为明显。这种通过流派内部的交流方式，及在不同拳术形成的百花争鸣的武术流派之间进行的以拳会友的方式及各类武术比赛，为学生与学生之间、男生与女生之间、与外校学生之间的人际交往创造条件，培养其适应职业生涯中合作竞争的社会意识，这种和谐竞争的良好意识是学生走出校门后生存发展的重要前提。

武术交流比赛是培养学生社会适应能力和达到心理健康目标的重要方式，它可以增进交流，强化竞争意识，擂台上公平竞争，擂台下以武会友。重在交流参与的武术比赛对促进学生在武术比赛中提高心理“抗击打”能力，促进学生积极练习，增加对武术的认识，提高社会适应能力，有很重要的意义。同时可以看出，武术比赛在高校具有很高的推广价值。

第三节　基本功训练

进行基本功训练是为了发展专项运动能力最需要的身体素质，是运动员掌握基本动作和提高套路演练水平的必要基础。武术基本功主要包括腿功、腰功、臂功、桩功和硬功。

一、腿功训练

主要发展腿部的柔韧性、灵活性和力量等素质。练习方法有压腿、劈腿、踢腿和控腿。

1. 正压腿

动作方法：面向横杆，一腿支撑，一腿搭于横杆上，双手按住膝盖，做静力或动力拉伸（见图 3－1－1）。

动作要领：两腿尽力伸直，膝盖不可弯曲，脚尖回勾，脚跟前蹬，支撑腿脚尖朝前。

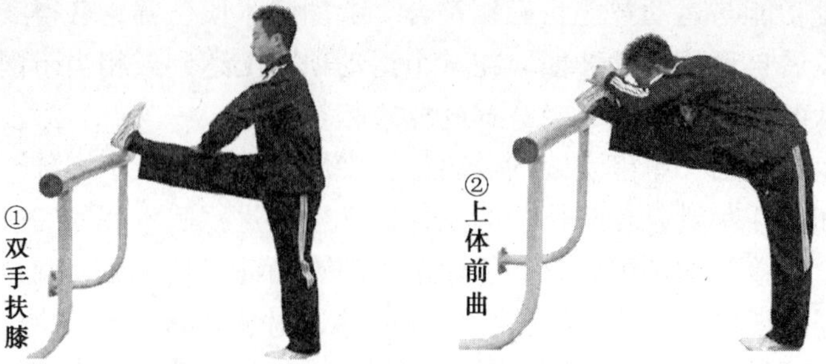

图 3－1－1

2. 侧压腿

动作方法：侧向横杆，一腿支撑，一腿搭于横杆上，做静力或动力拉伸（见图 3－1－2）。

动作要领：两腿尽力伸直，膝盖不可弯曲，脚尖回勾，脚跟前蹬，支撑腿脚尖向侧。

图 3－1－2

3. 纵劈腿

动作方法：两腿前后分开，膝盖伸直，前腿脚尖回勾，后腿脚面着地，上体挺直（见图 3－1－3）。

动作要领：膝盖伸直，前腿脚尖回勾，立腰挺胸。

4. 横劈腿

动作方法：两腿左右分开，膝盖伸直，脚尖回勾，两条腿成一直线（见图 3－1－4）。

动作要领：膝盖伸直，两腿成一直线，立腰挺胸。

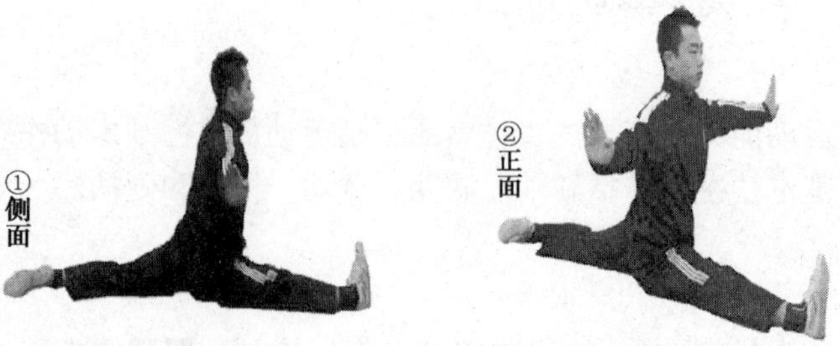

图 3－1－3

图 3－1－4

5. 正踢腿

动作方法：并步站立，两臂侧平举，成立掌，左脚上前半步，右腿迅速正直向额头踢起（见图 3－1－5），左踢腿与右踢腿动作相同。

动作要领：上体不动，支撑脚全脚掌着地，双腿膝盖绷直。

图 3 –1 –5

6. 侧踢腿

动作方法：并步站立，两臂侧平举，成立掌，左脚向前上半步，脚尖外展，右脚脚跟稍提起，身体略左转，右臂前伸，左臂后举。随即，右脚脚尖勾紧向右耳侧踢起，同时左臂上举亮掌，左臂屈肘立掌于左肩前或垂于体前，眼向前平视（见图 3 –1 –6）。踢左腿为左侧踢，踢右腿为右侧踢。

动作要领：上体挺直，上步外摆脚，转腰侧身，支撑脚全脚掌着地，双腿膝盖绷紧。

图 3 –1 –6

7. 里合腿

动作方法：左脚向左前方上半步，脚尖外摆，右脚脚尖勾起里扣并向左上方踢起，经向前向左侧上方直腿摆动，落于左脚外侧。左手掌可在左侧上方迎击右脚掌（击响），也可不做击响动作，眼向前平视（见图 3 –1 –7）。练习时，左右腿交替进行。

动作要领：里合腿时路线成扇形，挺胸，直腰，上步外摆脚。

图 3 –1 –7

8. 外摆腿

动作方法：左脚向左前方上半步，右脚脚尖勾紧向上方踢起，至最高点时经向前向右侧上方摆动，直腿落在左腿旁。右掌可在右侧上方击响，也可不做击响，眼向前平视（见图3－1－8）。练习时左右腿交替进行。

动作要领：挺胸立腰，向上踢腿至最高点向外摆腿，成扇形，两腿膝盖伸直。

9. 一朝天蹬

动作方法：与侧踢腿相同，但在最大幅度后空中静止（见图3－1－9），可用双手协助。

图3－1－8

图3－1－9

二、腰功练习

主要发展腰部的柔韧性、灵活性和力量等素质，主要方法有俯腰、涮腰和下腰等。

1. 俯腰

动作方法：并步站立，俯腰，双手抱住小腿，头贴双腿（见图3－1－10）。

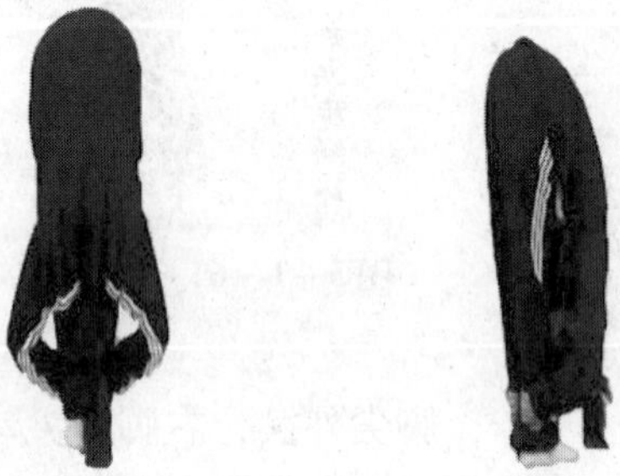

图3－1－10

动作要点：膝盖绷紧，双腿伸直。

2. 涮腰

动作方法：双脚开立，俯腰，双手触地，顺时针或逆时针转腰（见图3－1－11）。

动作要点：双腿伸直，肩部拉伸。

图3－1－11

3. 下腰

动作方法：双脚开步站立，腰部向后弯曲，双手随之向后，呈反弓形（见图 3－1－12）。

动作要点：腰部上挺，脚不离地，肩部挺直。

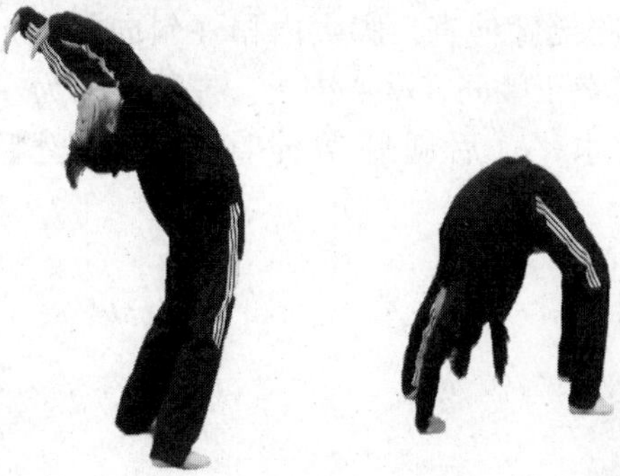

图 3－1－12

第四节　五步拳

五步拳是长拳范畴，是以弓、马、仆、虚、歇 5 种步法结合拳、掌、勾 3 种手型编成的小套路，是武术练习的基本套路。

一、基本手型、步型

1. 手型

1）拳

四指并拢卷握，拇指紧扣食指和中指的第二指节（见图 3－1－13）。

要点：拳握紧，拳面平，直腕。

2）掌

四指并拢伸直，拇指弯曲紧扣于虎口处（见图 3－1－14）。

3）勾

五指第一指节捏拢在一起，屈腕（见图 3－1－15）。

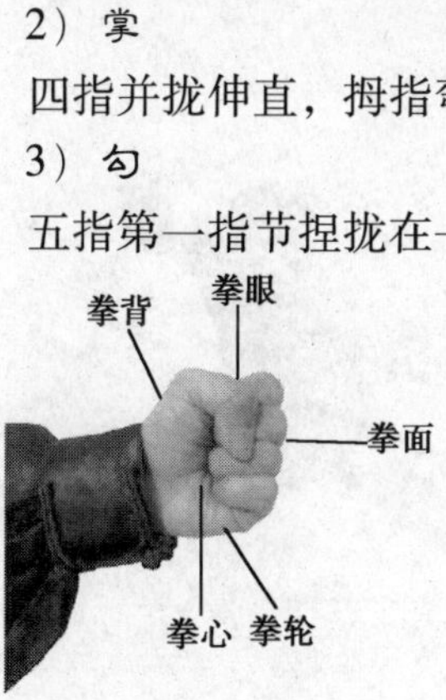

图 3－1－13

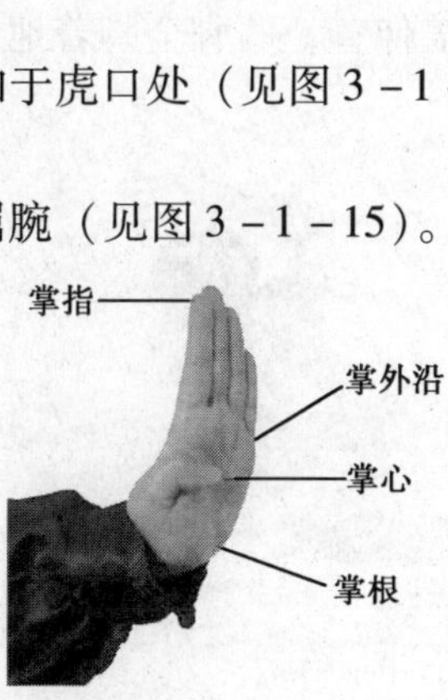

图 3－1－14

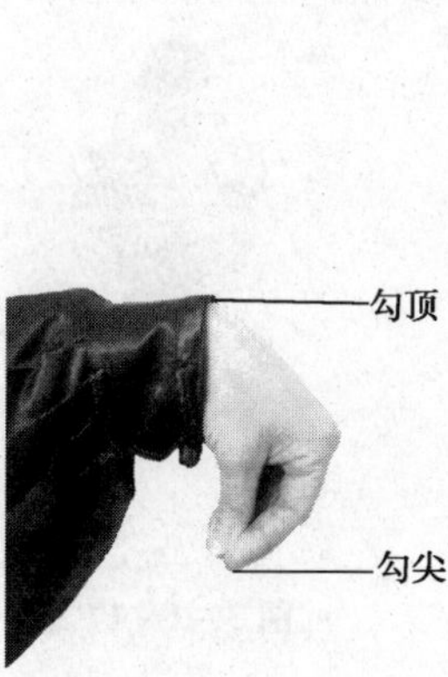

图 3－1－15

2. 步型

1） 弓步

右脚向前一大步（约为本人脚长的4～5倍），脚尖微内扣，右腿屈膝半蹲（大腿接近水平），膝与脚尖垂直；左腿挺膝伸直，脚尖内扣（斜向前方），两脚全脚着地。上体正对前方，眼向前平视，两手抱拳于腰间，拳心向上。左腿在前为左弓步，右腿在前为右弓步。

要点：前腿大腿接近水平，后腿膝盖伸直，两脚全脚着地，上体正对前方（见图3－1－16）。

图3－1－16

2） 马步

两脚平行开立（约为本人脚长的3倍），脚尖正对前方，屈膝半蹲，膝部不超过脚尖，大腿接近水平，全脚着地，身体重心落于两腿之间。两手抱拳于腰间，拳心向上（见图3－1－17）。

要点：挺胸、塌腰，大腿接近水平，脚尖向前。

3） 仆步

两脚左右开立，右腿屈膝全蹲，大腿和小腿靠紧，臀部接近小腿，右脚全脚着地，脚尖和膝关节外展；左腿挺直平仆，脚尖里扣，全脚着地。两手抱拳于腰间，拳心向上。眼向左方平视（见图3－1－18）。仆左腿为左仆步，仆右腿为右仆步。

要点：挺胸、塌腰，仆出腿膝盖伸直，两脚全脚着地。

图3－1－17

图3－1－18

4） 虚步

两脚前后开立，右脚外展45°，屈膝半蹲；左脚脚跟离地，脚面绷平，脚尖稍内扣，虚点地面，膝微屈，重心落在后腿上，眼向前平视。左脚在前为左虚步，右脚在前为右虚步（见图3－1－19）。

要点：挺胸、塌腰，虚实分明，支撑腿全脚着地。

图 3－1－19

5）歇步

两腿交叉靠拢全蹲，右（左）脚全脚着地，脚尖外展；左（右）脚前脚掌着地，膝部贴近右（左）脚跟处。两手抱拳于腰间，拳心向上，眼向左前方平视。左脚在前为左歇步，右脚在前为右歇步（见图 3－1－20）。

要点：挺胸、塌腰、两腿靠拢并贴紧。

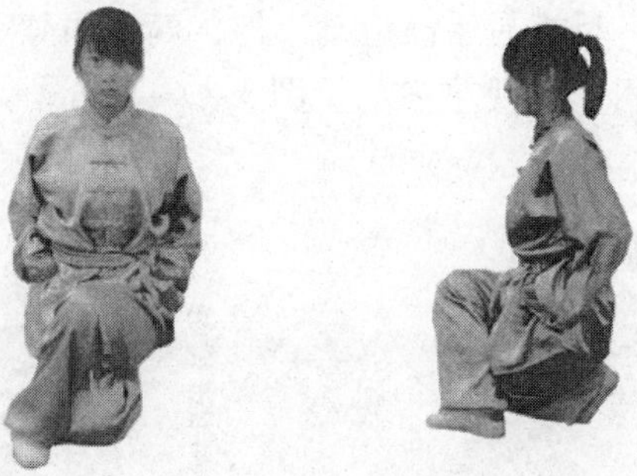

图 3－1－20

二、五步拳动作方法

预备姿势：并步抱拳（见图 3－1－21）。

1. 弓步冲拳

左脚向左迈出一步成左弓步，同时左手向左平搂并收回腰间抱拳，右拳向前冲拳成平拳，目视前方。

图 3－1－21

2. 弹踢冲拳

重心前移，右腿向前弹踢，同时左拳由腰间向前冲拳成平拳，右拳收回腰间（见图 3－1－22）。

3. 马步架打

右脚落地向左转体 90°，两腿下蹲成马步。同时左拳变掌，屈臂上架；右拳由腰间向右冲拳成平拳。头部右转。目视右前方（见图 3 – 1 – 23）。

图 3 – 1 – 22

图 3 – 1 – 23

4. 歇步盖打

左脚向右脚后插一步，同时右拳变掌经头上向左下盖，掌外沿向前，身体左转 90°，左掌收回腰间抱拳，拳心向上，目视右手。上动不停，两腿屈膝下蹲成歇步。同时左拳向前冲出成平拳，右掌变拳收回腰间，目视左拳（见图 3 – 1 – 24）。

图 3 – 1 – 24

5. 提膝仆步穿掌

两腿起立，身体左转。随即左拳变掌，置于右肩前，手心向下；右拳变掌，手心向上，由左手背上穿出。同时左腿提膝，左手顺势收至右肩前，目视右手（见图 3 – 1 – 25）。左脚落地成仆步，左手掌指朝前沿左腿内侧穿出，目视左掌（见图 3 – 1 – 25）。

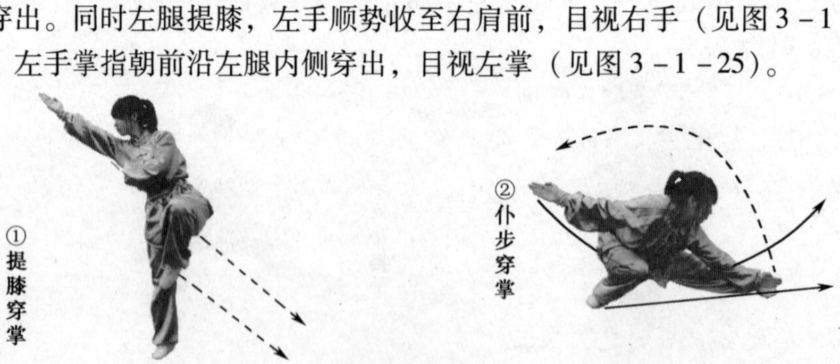

图 3 – 1 – 25

6. 虚步挑掌

左腿屈膝前弓，右脚蹬地向前上步，成右虚步。同时左手向上、向后画弧成正勾手，略高于肩；右手由后向下向前顺右腿外侧向上挑掌，掌指向上，高与肩平，目视前方（见图3－1－26）。收势：左脚向右脚靠拢，并步抱拳。

图3－1－26

三、五步拳完整动作

五步拳完整动作见图3－1－27。

图3－1－27

（动作演练：刘俊婷、王自峰）

第五节 孙氏十三式太极拳

孙式太极拳由孙禄堂所创。孙禄堂（1860 年 12 月—1933 年 12 月），讳福全，晚号涵斋，河北省完县（今顺平县）东任家瞳村（今属望都县）人。孙禄堂自幼酷爱武术，曾拜李奎元为师，后经李奎元推荐，随其师爷郭云深深造形意拳，又经郭云深推荐从师于程廷华学习八卦掌。孙禄堂潜心研修，将三拳合一而创孙式太极拳，其特点是上步必跟步，转身必开合，兼有形意拳以不变应万变、八卦掌多变、太极拳中庸和谐的特点。

一、技术动作与方法

第一式：懒扎衣

身体直立，两手下垂，两肩放松，两足尖分开 90°，心静，身为无极静态，眼看正前方。右腿跨缩劲，重心置于右腿，以右脚跟为轴，身体稍向左转，两足成 45°，面向左斜前方，生阴阳进入太极状态，眼看左前方（见图 3－1－28）。

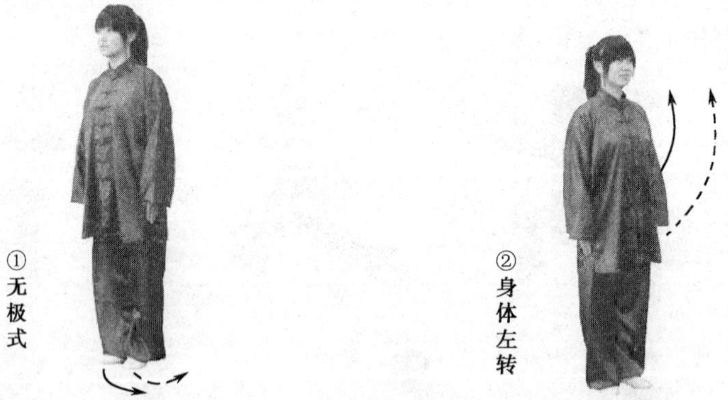

图 3－1－28

两臂向前上方慢慢拉起，与肩平，掌心相对，抱球。

上动不停。掌微内合，手，肩，腰，跨下沉，膝盖微曲，双手落回腰侧（见图 3－1－29）。

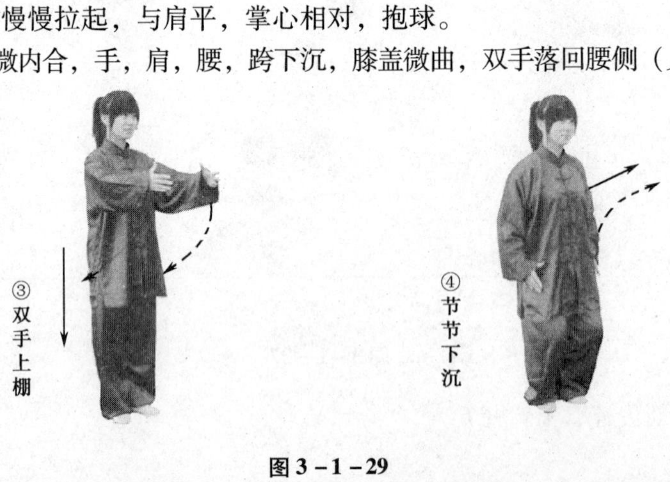

图 3－1－29

左脚向左前方进步，后脚跟步，同时双手自下经肋侧向左前方棚出（见图 3－1－30）。

图 3－1－30

上动不停。右足跟落地，左脚尖微回扣，重心落于右腿，身体右转 45°，面向正前方，双臂抱球平移。

上动不停。重心移至左脚，右脚向右外摆 90°，同时身体右转，双臂合抱，右掌掌心向上，左掌掌心向下，置于右腕内侧，眼看右手（见图 3－1－31）。

图 3－1－31

上动不停。身体后坐，重心移至左脚，右脚脚尖跷起，右臂带手外旋，收回胸前，向外按出，重心移至右脚，左脚跟步（见图 3－1－32）。

图 3－1－32

第二式：开合手

接上式。右脚随身体左转 90°，左掌内旋，右掌外旋，掌心相对，如抱一球，成开合式，指尖向上。

上动不停。先开后合各一次，左脚劲实，右脚劲虚（见图 3－1－33）。

图 3－1－33

第三式：单鞭

接上式。双掌同时外旋，掌心向外，掌尖向上。

上动不停。左脚向左侧横开步，略宽于肩，同时双手口前如一横捋杆，缓缓拉开外撑，重心置于左脚，腰微右转，眼看右手（见图 3－1－34）。

图 3－1－34

第四式：云手

接上式。身体重心移向右腿，左足随之移于右足内侧，脚尖着地，同时上体右转，右手不动，左手向下、向右划弧置于右腋下，手心斜向下，眼看右手。

上动不停。左脚向左横开步，与肩宽，左手随腰左转，经眼前弧形置于身体左侧，掌心向左与肩高，右手向下、向左划弧置于左腋下，手心斜向下，眼看左手，右脚收于左脚侧（见图 3－1－35）。

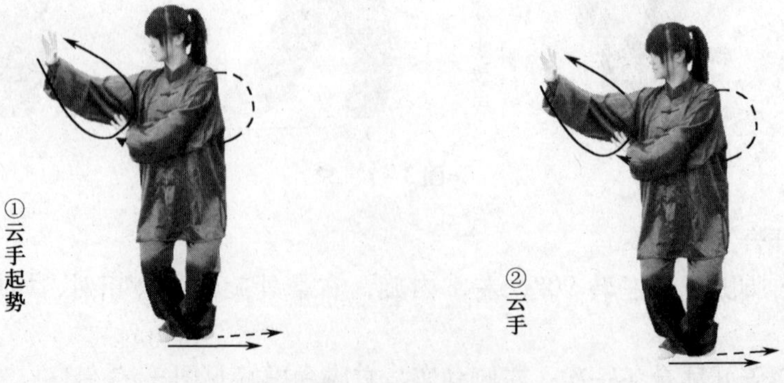

图 3－1－35

上动不停。左脚向左横开步，手腰动作与上一动作方向相反，动作相同。

上动不停。左手随腰左转，经眼前弧形置于身体左侧，掌心向左与肩高，右手向下、向左划弧置于左腋下，手心斜向下，眼看左手，右脚收于左脚侧（见图3－1－36）。

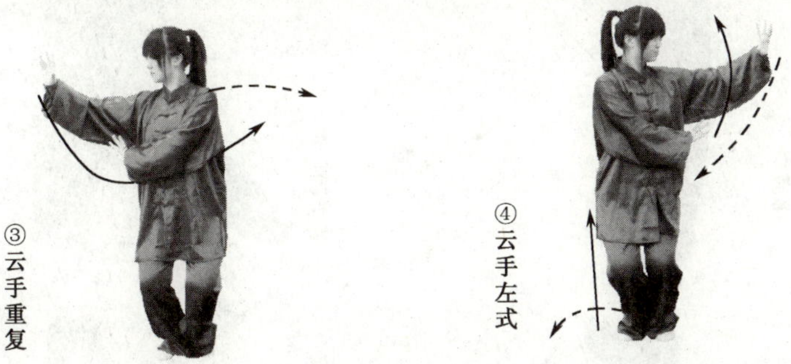

图3－1－36

云手以双手置于右侧为准，连续两个半周期，双手置于左侧。

第五式：金鸡独立

接上式。左掌沉于左腿侧，右膝顶起，右手自下向上挑起。

上动不停。右膝前落，右掌沉于右腿侧，左膝顶起，左掌自下向上挑起（见图3－1－37）。

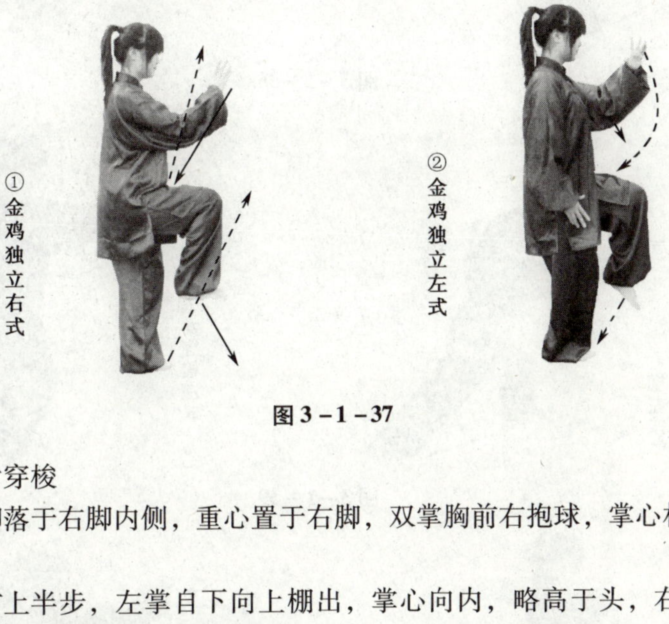

图3－1－37

第六式：玉女穿梭

接上式。左脚落于右脚内侧，重心置于右脚，双掌胸前右抱球，掌心相对，约30厘米，左掌掌指向右。

左脚向左前方上半步，左掌自下向上棚出，掌心向内，略高于头，右掌自上向下经胸前，向左前方按出，右脚跟步，目视右掌。

右脚撤步，左脚右转扣步与右脚成“八”字，双掌胸前左抱球（见图3－1－38）。

右脚向右前方上半步，右掌自下向上棚出，掌心向内，略高于头，左掌自上向下经胸前，向右前方按出，左脚跟步，目视左掌（见图3－1－39）。

上动不停。双掌胸前右抱球，左脚向左前方上半步，左掌自下向上棚出，掌心向内，略高于头，右掌自上向下经胸前，向左前方按出，右脚跟步，目视右掌。

上动不停。右脚撤步，左脚右转扣步与右脚成“八”字，双掌胸前左抱球（见图3－1－40）。

图 3－1－38

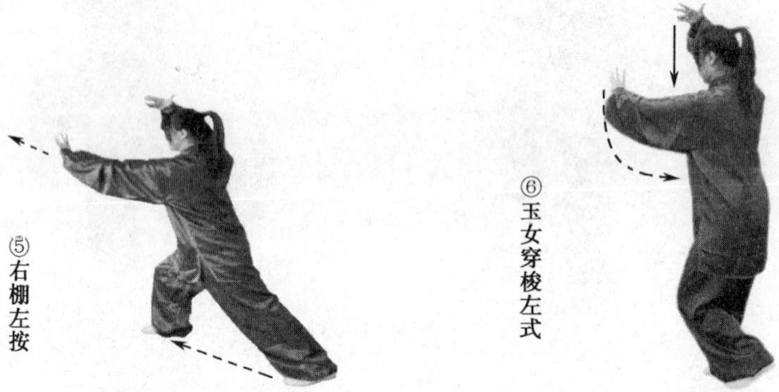

图 3－1－39

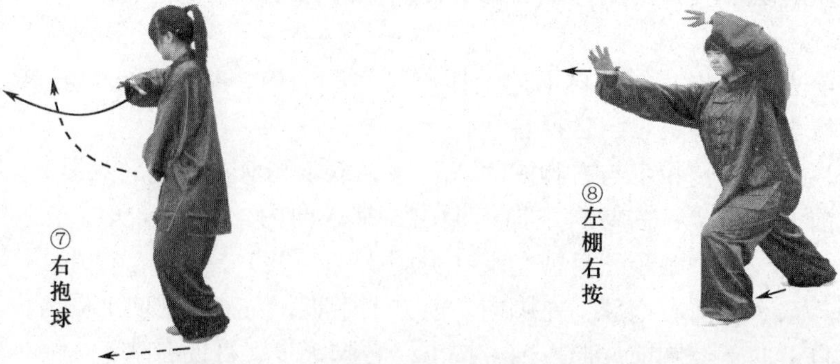

图 3－1－40

图 3－1－40（续）

右脚向右前方上半步，右掌自下向上棚出，掌心向斜上，略高于头，左掌自上向下经胸前，向右前方按出，左脚跟步，目视左掌（见图 3－1－41）。

图 3－1－41

第七式：右起脚

接上式。左脚撤步，双手向回捋带，右手掌心向下，左手掌心向上。

上动不停。双手收于腹前，右脚收于左脚内侧（见图 3－1－42）。

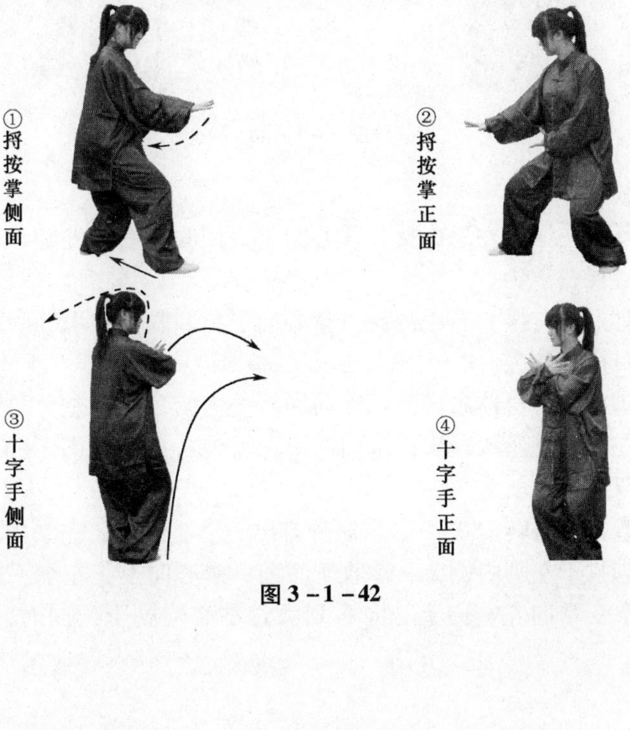

图 3－1－42

上动不停。身体微左转，双手腹前交叉，成十字，向上经胸前向身体两侧撑出，肘微曲，同时右腿提膝向右前蹬出，与右掌方向相同，高度相同（见图 3－1－43）。

图 3－1－43

第八式：转身左蹬脚

接上式。身体左转，右脚落在左脚侧，双手合手，向上经胸前向身体两侧撑出，肘微曲，同时左腿提膝向左前蹬出，与胸高（见图 3－1－44）。

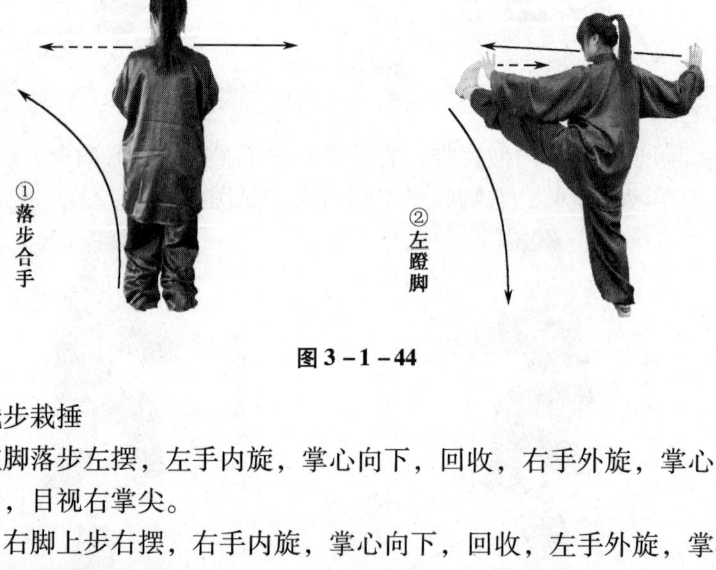

图 3－1－44

第九式：践步栽捶

接上式。左脚落步左摆，左手内旋，掌心向下，回收，右手外旋，掌心向上，自左手下方向前棚劲穿出，目视右掌尖。

上动不停。右脚上步右摆，右手内旋，掌心向下，回收，左手外旋，掌心向上自右手下方向前棚劲穿出，目视左掌尖。

上动不停。左脚上步，身体右转，左掌曲肘折叠内旋，置于左大腿侧，右手向后向上变拳，经头上抡圆，左转向下弯腰砸出，拳面向下，目视右拳（见图 3－1－45）。

第十式：翻身双摆莲

接上式。身体直立，右转 180°，右拳返身打出，拳心向上，左拳内旋置于腹前。

上动不停。右脚收于左脚内侧，右拳收于腹前，拳心向上，左拳不动，两拳相对。

上动不停。两拳变掌向左、向上、向右划弧，掌心均朝下，同时，右足上提并向右摆起，两手经胸高处依次向左拍击右脚面（见图3－1－46）。

图3－1－45

图3－1－46

第十一式：双震捶

接上式。右脚回落左脚侧震脚，双手空中变拳，拳心相对，自上向下砸出，与腹同高（见图3－1－47）。

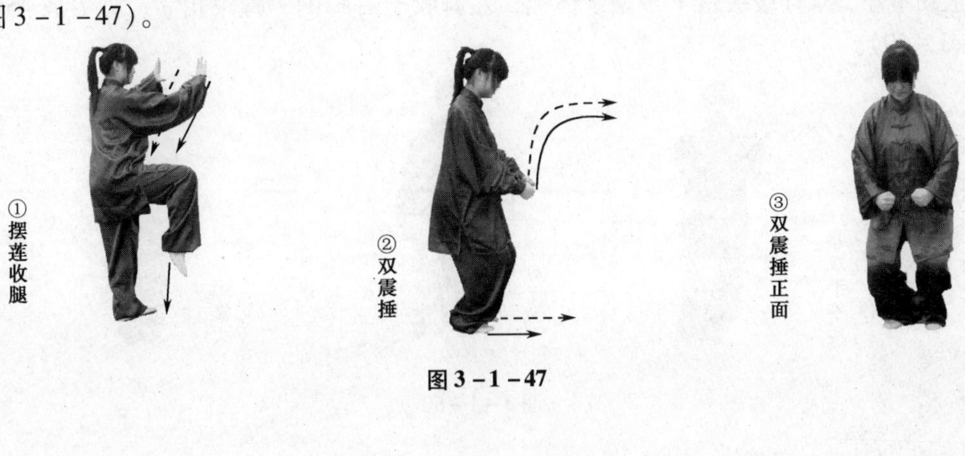

图3－1－47

第十二式：抱双捶

接上式。左脚向前上步，双拳向内旋，向外撞出，拳心向下，与胸同高，右脚跟步。

上动不停。右脚后撤半步，身体右转 90°，左脚扣步，双拳内旋，平行，向右横向撞出（见图 3-1-48）。

图 3-1-48

第十三式：阴阳混一

接上式。右脚后撤半步，双臂胸前交叉，左臂在内，双拳拳心向内。

上动不停。双臂内旋，左臂在外，右臂在内，拳心向外（见图 3-1-49）。

图 3-1-49

上动不停。双拳变掌左右分开，掌心向下，与肩同高。

上动不停。双臂缓缓落下，置于体侧，左脚收于右脚侧，脚跟相靠，脚尖成 45°（见图 3-1-50）。

图 3-1-50

二、孙氏十三式太极拳连贯动作

孙氏十三式太极拳连贯动作如图 3－1－51 所示。

图 3－1－51

图 3-1-51（续）

图 3－1－51（续）

第六节 太极拳的呼吸

呼吸按形式分为腹式呼吸和胸式呼吸。以膈肌活动为主的呼吸称为腹式呼吸，属于深度呼吸，有利于气体交换，新陈代谢；以肋间肌活动为主的呼吸称为胸式呼吸，属于浅度呼吸，不利于气体交换，总有废气（二氧化碳）存留肺内，不利于新陈代谢。腹式呼吸在吸气时肺内容积变大，小腹自然外鼓，呼气时小腹收缩；逆腹式呼吸在吸气时，小腹自然收缩，呼气时自然外鼓，与腹式呼吸截然相反。胸式呼吸在吸气时胸部外展，呼气时胸部收缩，因为是浅呼吸，吸入气体较少只是与肺的少部分肺泡进行气体交换。所以深而缓的呼吸比浅而快的呼吸有效。大多数太极拳练习者追求逆腹式呼吸。

道法万物，万物遵循自然而然，所以呼吸更要自然。“反者道之动也”，天道逆行，先天逆行，聚能；后天顺行，放能，所以太极拳养生要由后天返先天，最终达到元婴状态。

王宗岳，清乾隆年间的山西人，著有经典太极拳著作——《太极拳论》：“太极者，无极而生，动静之机，阴阳之母也。动之则分，静之则合。无过不及，随曲就伸。人刚我柔谓之走，我顺人背谓之粘。动急则急应，动缓则缓随。虽变化万端，而理为一贯。由招熟而渐悟懂劲，由懂劲而阶及神明。然非用力之久不能豁然贯通焉。虚灵顶劲，气沉丹田，不偏不倚，忽隐忽现。左重则左虚，右重则右杳。仰之则弥高，俯之则弥深，进之则愈长，退之则愈促。一羽不能加，蝇虫不能落。人不知我，我独知人。英雄所向无敌，盖皆由此而及也！斯技旁门甚多，虽势有区别，概不外“壮欺弱”、“慢让快”耳。有力打无力，手慢让手快，是皆先天自然之能，非关学力而有为也。察四两拨千斤之句，显非力胜！观耄耋御众之形，快何能为？立如枰准，活似车轮，偏沉则随，双重则滞。每见数年纯功不能运化者，率皆自为人制，双重之病未悟耳。欲避此病，须知阴阳，粘即是走，走即是粘，阳不离阴，阴不离阳，阴阳相济，方为懂劲。懂劲后愈练愈精，默识揣摩，渐至从心所欲。本是舍己从人，多误舍近求远。所谓差之毫厘，谬之千里。学者不可不详辨焉！是为论。”

太极拳呼吸秘诀就是“自然而然”，以求极静，极静而动，顺逆自由。如果硬要给太极拳动作配以呼吸，那么：开为吸合为呼，顺为呼逆为吸，起为吸落为呼，进为呼退为吸，收为吸放为呼。

（动作演练：裴颖）

第七节 女子防身

一、人体重要的关节和穴位

人体重要的关节和穴位如图 3 –1 –52 所示。

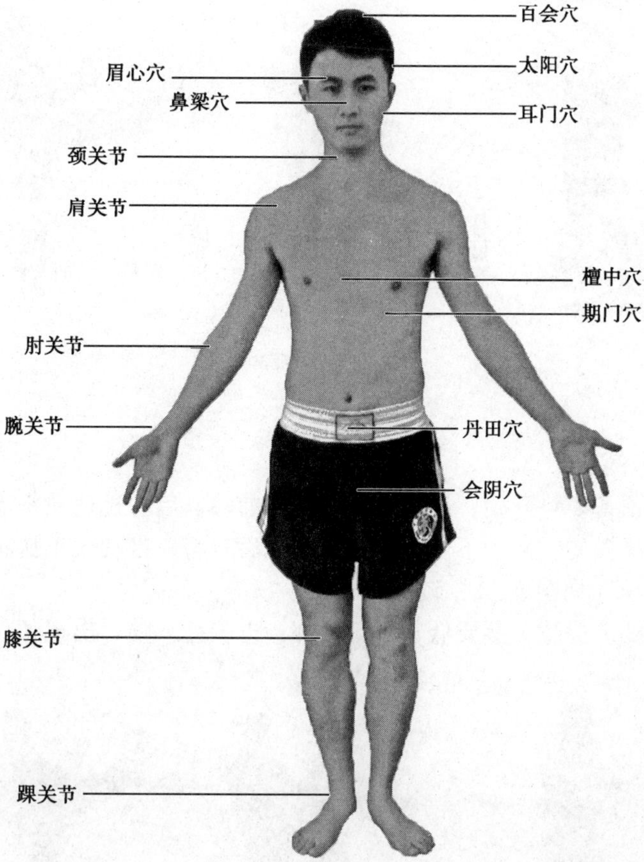

图 3－1－52

（1）百会穴：两耳上，头顶正中部为百会穴。
（2）太阳穴：眉梢和眼角中线向后一寸部位为太阳穴。
（3）眉心穴：眉心正中。
（4）鼻梁穴：人中上一寸，鼻梁正中为鼻梁穴。
（5）丹田穴：在前中线，肚脐下三寸。
（6）期门穴：在乳下两肋第六肋间。
（7）檀中穴：两乳中间。
（8）会阴穴：裆部。

二、格斗技术

1. 腿法动作与方法

1）弹踢

动作方法：实战势，右腿蹬地提膝，脚面绷紧，向前弹出，力达脚面（见图 3－1－53）。
动作要领：先提膝，后弹出，大腿带动小腿。

图 3-1-53

2）正蹬

（以后腿正蹬为例）

动作方法：从预备姿势开始，后脚蹬地，重心前移。后腿迅速向正前方屈膝提起，两臂微下落回收，支撑腿微屈。上动不停，提膝腿到位后送胯，带动大小腿向正前方蹬出，脚前掌下压，力达脚全掌（见图 3-1-54）。

注意事项：屈膝上提膝关节要低于自己腰部；出腿往下踏，出现弹踢现象。送胯出腿时上体后仰太多。

图 3-1-54

3）侧踹腿

动作方法：实战势出发，左腿屈膝提起，左脚里扣，脚跟用力向左侧上方踹出，上体向右侧倾，目视左脚（见图 3-1-55）。练习时可左右交替进行。

动作要领：挺膝、展髋、猛踹、脚外侧朝上，力达脚跟。

图 3-1-55

4）点踢

动作方法：从预备姿势开始，右腿提膝过腰，髋部打开，大腿带动小腿，横向击出，右脚回勾，力达脚尖，支撑脚随之左转（见图3－1－56）。

动作要点：动作要连贯，打击瞬间膝盖伸直。

图3－1－56

5）蹶子腿

动作方法：从预备姿势开始，右脚上步（或戳脚），身体左转，背向对方，用力向上撩踢，力达脚尖（见图3－1－57）。

动作要领：碾地速度要快。

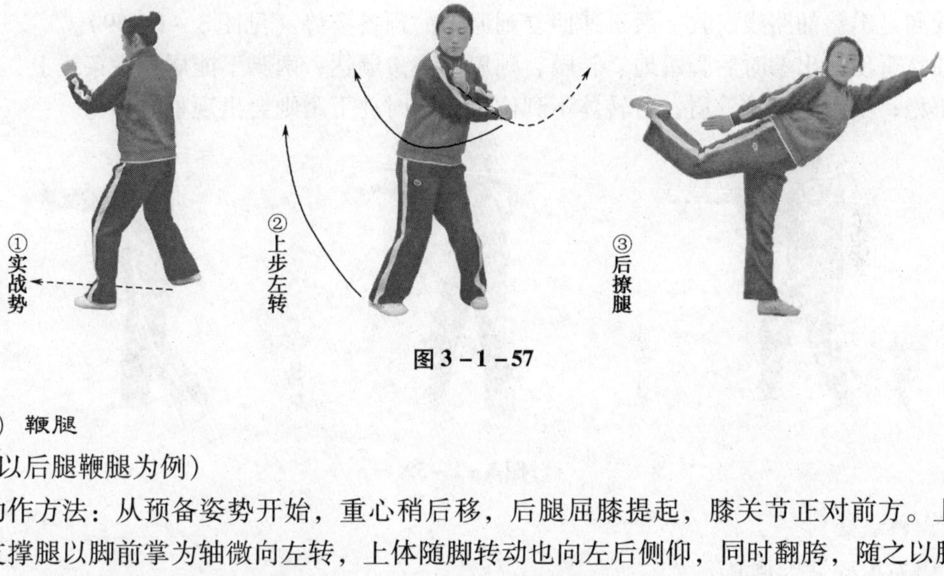

图3－1－57

6）鞭腿

（以后腿鞭腿为例）

动作方法：从预备姿势开始，重心稍后移，后腿屈膝提起，膝关节正对前方。上动不停，支撑腿以脚前掌为轴微向左转，上体随脚转动也向左后侧仰，同时翻胯，随之以膝关节为轴，小腿迅速用力弹出，脚面绷紧，力达脚背，前手臂下落至弹踢腿上方，后手置于左胸前（见图3－1－58）。

注意事项：提膝后的翻膝、弹踢与支撑腿的旋转不一致；弹踢时上体没有随踢腿方向转动，出现“拧”的现象而减慢了打击速度和减小了打击力度。

2. 拳掌指动作与方法

1）冲拳

（以左冲拳为例）

动作方法：从预备姿势开始，后脚蹬地，重心前移，同时由肩带动前手臂的前臂快速直线出击，力达拳面，手臂自然伸直，右手置于原来位置，收拳的路线亦是出拳的路线，收拳后迅速回复到原来的预备姿势。

图 3－1－58

注意事项：出拳时不准有回拉现象，容易暴露动作意图；出拳时不准以肘为轴出现敲的现象，出拳时出拳臂翻肘，形成横向出拳的动作；前手出拳的同时，后手有后张反拉的动作出现，也就是砸拳。

（以右冲拳为例）

动作方法：从预备姿势开始，后脚蹬地并以脚前掌为轴向内扣转，转腰压肩，向正前方直线出拳，力达拳面，出拳同时左手拳直线收回至下颏前方，肘部自然弯曲贴于肋部，收拳的路线亦是出拳的路线，收拳后迅速回复到原来的预备姿势（见图 3－1－59）。

注意事项：出拳时后脚蹬地、转腰、顺肩，力量顺达；两脚不能居于一条线上，出拳后重心不稳；出拳时不准耸肩，若转体不到位、出拳时往下蹲则会出现重心不稳。

图 3－1－59

2）撩砍掌

（以右撩砍掌为例）

动作方法：从预备姿势开始，后脚蹬地并以脚前掌为轴向内扣转，转腰压肩，向正前方直线弹出掌，掌心斜向下，力达掌外沿，出掌同时前手拳直线收回至下颏前方，肘部自然弯曲贴于肋部，收掌的路线亦是出掌的路线，收掌后迅速回复到原来的预备姿势（见图 3－1－60）。

注意事项：出掌时后脚蹬地、转腰、顺肩，力量顺达，弹出掌；两脚不能居于一条线上，以免出掌后重心不稳；出掌时不准耸肩，若转体不到位、出掌时往下蹲则会出现重心不稳。

3）正推掌

（以右正推掌为例）

动作方法：从预备姿势开始，后脚蹬地并以脚前掌为轴向内扣转，转腰压肩，向正前方直线出掌，力达掌外沿，出掌同时前手拳直线收回至下颏前方，肘部自然弯曲贴于肋部，收掌的路线亦是出掌的路线，收掌后迅速回复到原来的预备姿势（见图 3－1－61）。

图 3－1－60

注意事项：出掌时后脚蹬地、转腰、顺肩，力量顺达；两脚不能居于一条线上，以免出掌后重心不稳；出掌时不准耸肩，若转体不到位、出掌时往下蹲则会出现重心不稳。

图 3－1－61

4）爪法

（以左爪法为例）

动作方法：从预备姿势开始，后脚蹬地，重心前移，同时由肩带动前手臂的前臂快速直线出击，五指屈曲，力达指尖，手臂自然伸直，右手置于原来位置，收爪的路线亦是出爪的路线，收爪后迅速回复到原来的预备姿势。

注意事项：出爪时不准有回拉现象，容易暴露动作意图；前手出爪的同时，后手有后张反拉的动作出现；五指屈曲，力达指尖。

（以右爪法为例）

动作方法：从预备姿势开始，后脚蹬地并以脚前掌为轴向内扣转，转腰压肩，向正前方直线出爪，五指屈曲，力达指尖，出爪同时左手直线收回至下颏前方，肘部自然弯曲贴于肋部，收爪后迅速回复到原来的预备姿势（见图 3－1－62）。

注意事项：出爪时后脚蹬地、转腰、顺肩，力量顺达；五指屈曲，力达指尖；两脚不能居于一条线上，出爪后重心不稳；出爪时不准耸肩，转体要到位。

5）穿掌

（以左穿掌为例）

动作方法：从预备姿势开始，后脚蹬地，重心前移，同时由肩带动前手臂的前臂快速直线出击，五指并拢成掌，掌心向上，力达指尖，手臂自然伸直，右手置于原来位置，收掌后

图 3－1－62

迅速回复到原来的预备姿势（见图 3－1－63）。

注意事项：穿掌主要用于击打面部和喉，出掌要力达指尖，不准有回拉现象，容易暴露动作意图。

（以右穿掌为例）

动作方法：从预备姿势开始，后脚蹬地并以脚前掌为轴向内扣转，转腰压肩，向正前方直线出掌，五指并拢，掌心向上，力达指尖，出掌同时左手直线收回至下颊前方，肘部自然弯曲贴于肋部，收掌后迅速回复到原来的预备姿势（见图 3－1－63）。

注意事项：穿掌主要用于击打面部和喉，出掌时后脚蹬地、转腰、顺肩，力量顺达，力达指尖；两脚不能居于一条线上，出爪后重心不稳。

图 3－1－63

3. 膝肘动作与方法

1）顶膝和挂膝

（以右顶膝为例）

动作方法：从预备姿势开始，重心前移，身体左转，右腿蹬地向前，大腿带动小腿屈膝顶出，力达膝盖（见图 3－1－64）。

动作要点：蹬地、转腰、顺髋。

（以右挂膝为例）

动作方法：从预备姿势开始，中心前移，身体左转，右腿屈膝，膝盖由外向内弧形摆动，力达膝盖（见图 3－1－64）。

动作要点：屈膝，弧形摆动，力达膝盖。

图 3－1－64

2）横击肘和砸肘

（以右横击肘为例）

动作方法：从预备姿势开始，身体左转，右臂外张不高于肩，屈肘，向前横向击出，力达肘尖（见图 3－1－65）。

动作要领：击打路线为横向弧形，击打目标不过身体纵面。

（以右砸肘为例）

动作方法：从预备姿势开始，身体左转，右臂屈肘，由上向下砸出，力达肘尖（见图 3－1－65）。

动作要领：击打路线为由上向下的弧形，力达肘尖。

图 3－1－65

3）顶肘

（以左顶肘为例）

动作方法：从预备姿势开始，身体右转 90°，左脚向前一步，后脚跟进一步，左臂屈肘，肘尖向前顶出，力达肘尖（见图 3－1－66）。

图 3－1－66

动作要领：跟步、蹬地、转腰，力量顺达，力达肘尖。

（动作演练：杨春蓉教练　魏思达）

三、简洁实用的格斗招法

1. 防守反击

1）左肘防守接右手冲拳再接右弹踢

情景1：某人用右手向左脸打来。

动作方法：从实战姿势开始，左臂屈肘上挑，格挡护头，右手冲拳打对方头，对方向后躲闪，顺势右腿弹踢腿，踢向会阴穴或丹田穴（见图3－1－67）。

动作要领：打击点准确，格挡和冲拳同时进行。

图3－1－67

情景2：某人用右腿高鞭腿向头部踢来。

动作方法：由实战姿势开始，左臂屈肘上挑，格挡护头，向前进步，右手冲拳打对方头（见图3－1－68）。

动作要领：格挡后迅速进步冲拳，击打部位准确。

图3－1－68

2）双托掌接头撞再接右顶膝

情景1：某人用双手抓双肩。

动作方法：双手快速向上托对方的双肘，顺势向前进步，双手搂对方的颈后，额头撞向对方鼻梁穴，并顺势右顶膝（见图3－1－69）。

动作要领：托肘动作要有突然性，搂颈时若对方向后逃脱可直接顶膝。

图 3－1－69

3）右横击肘接右踹腿再接蹶子腿

情景 1：某人以右手搂头部。

动作方法：以右横击肘击打对方左侧脸下部，顺势后撤一步右腿正蹬腿，击打对方的会阴穴或丹田穴，落步同时转身，以右腿蹶子腿击打对方的会阴穴或丹田穴（见图 3－1－70）。

动作要领：蹬地转腰横击肘，腿法的力点要准确，落步时转身要迅速。

图 3－1－70

情景 2：某人以右手抓其侧腰部。

动作方法：以右横击肘击打对方左侧脸，顺势后撤一步右腿正蹬腿，击打对方的面部或喉，落步同时转身，以右腿蹶子腿击打对方的面部（见图3－1－71）。

动作要领：蹬地转腰横击肘，腿法的力点要准确，落步时转身要迅速。

图3－1－71

4）右推掌接左顶膝

情景1：某人以右手捂其嘴。

动作方法：从预备姿势开始，右手迅速向对方下颏推掌，顺势前腿正顶膝，顶击会阴穴或丹田穴（见图3－1－72）。

动作要领：推掌迅速、突然，顶膝的击打部位准确、迅速。

图3－1－72

情景2：某人以双手搂其头。

动作方法：从预备姿势开始，右手迅速向对方下颏推掌，顺势后腿正顶膝，顶击会阴穴或丹田穴（见图3－1－73）。

动作要领：推掌迅速、突然，顶膝的击打部位准确、迅速。

图3－1－73

5）左压缠肘接转身跪膝反撩掌

情景1：某人用左手抓其肩部。

动作方法：从预备姿势开始，迅速转身，顺势左臂由外向内缠压对方的手腕，在对方身体前倾时顺势回身反撩掌，击打对方的丹田穴或会阴穴（见图3－1－74）。

动作要领：转身与缠压手腕动作协调；缠压动作要压住，不能给对方脱逃的机会；回身反撩掌动作要迅速、突然，击打部位要准确。

图3－1－74

情景2：任何攻其头部的招法。

动作方法：从预备姿势开始，重心下降，回身反撩掌，打击对方的丹田穴或会阴穴（见图3－1－75）。

动作要领：重心要下降，撩掌动作迅速，打击部位准确。

图3－1－75

6）左缠肘接左顶膝再接右斜砍掌

情景1：某人单手抓肩部。

动作方法：从预备姿势开始，左臂自内向外，缠对方的右肘，右手变掌砍击对方喉部，同时左手变爪，抓其面部。上动不停，提左膝猛击对方后脑，右手收回变掌，继续砍其喉部（见图3－1－76）。

情景2：某人自身后抓其头、颈部或肩部。

动作方法：从预备姿势开始，右脚前进步，对方身体重心随之向前，迅速回身缠肘（见图3－1－77）。

动作要领：动作突然，回身迅速，缠肘动作快速、准确，力量顺达。

图 3－1－76

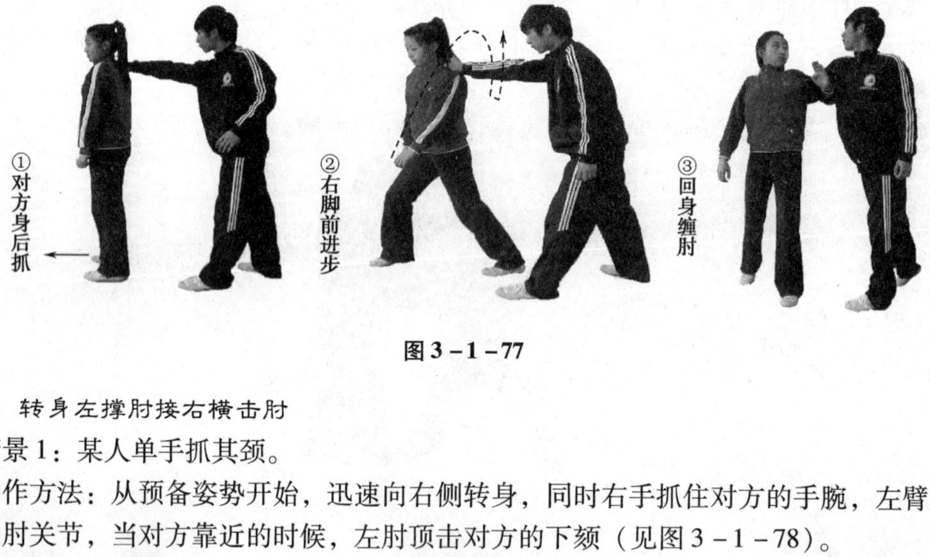

图 3－1－77

7）转身左撑肘接右横击肘

情景1：某人单手抓其颈。

动作方法：从预备姿势开始，迅速向右侧转身，同时右手抓住对方的手腕，左臂屈肘压对方的肘关节，当对方靠近的时候，左肘顶击对方的下颏（见图 3－1－78）。

图 3－1－78

动作要领：转身迅速，抓握腕部要牢固，压肘动作位置准确，顶肘动作力量顺达，顶击部位准确。

情景2：某人自身后抱其腰部。

动作方法：从预备姿势开始，右腿向前一步后迅速回身，顺势左肘顶击对方的下颏，对方后退时顺势上右脚右砸肘，击打头部侧面（见图3－1－79）。

动作要领：击打部位准确，力量顺达。

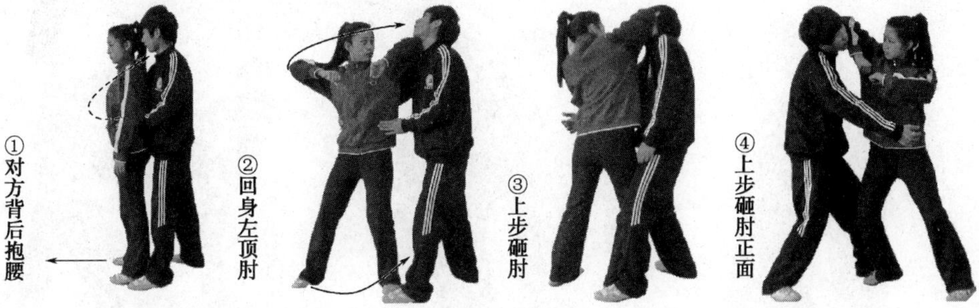

图3－1－79

8）锁手接跪压肘

情景1：某人右手抓其右腕。

动作方法：从预备姿势开始，左手抓握压腕，迅速向左侧转身，左膝跪地，左肘压肘（见图3－1－80）。

动作要领：压腕牢固，转身跪地迅速，压肘位置准确，力量顺达。

图3－1－80

情景2：某人右手抓其左腕。

动作方法：从预备姿势开始，右手抓握对方手腕并内旋，随之迅速向左侧转身，左膝跪地，左肘压肘（见图3－1－81）。

图3－1－81

动作要领：压腕牢固，转身跪地迅速，压肘位置准确，力量顺达。

9）左仰肘接右点踢

情景1：某人正面搂抱。

动作方法：从预备姿势开始，右拳钻拳打击躯干，左肘扬肘击打下颏，对方后退时右腿点踢腿。

动作要领：动作连贯，力量顺达，击打部位准确（见图3－1－82）。

图3－1－82

2. 主动进攻

1）左右撩砍掌接左右横击肘

动作方法：从预备姿势开始，左右撩砍掌击打颈部，左横击肘击打头部，右横击肘击打前胸部位（见图3－1－83）。

动作要领：动作连贯，力量顺达。

图3－1－83

2）左右穿掌接右挂膝再接双砸肘

动作方法：从预备姿势开始，左右穿掌攻击对方的眼部，对方单手格挡时顺势侧身右手抓握对方的手腕，同时左手按压对方的肩部，对方身体前倾时右挂膝，击打对方的胸腹部，对方身体再次前倾，双砸肘击打对方的背部（见图3－1－84）。

动作要领：击打部位准确，动作连贯，力量顺达。

3）左侧踹腿接右正蹬腿

动作方法：从预备姿势开始，左腿侧踹腿击打对方的丹田穴或会阴穴，落步后顺势右腿正蹬腿击打对方的丹田穴或会阴穴（见图3－1－85）。

动作要领：支撑腿站稳，动作连贯，力量顺达。

图 3-1-84

图 3-1-85

（动作演练：王霖　刘明铬）

第八节　散手

散手是两个人按照一定的规则，运用武术中的踢、打、摔等攻防技法，制胜对方的、徒手对抗的现代竞技体育项目，它是中国武术的重要组成部分。散手俗称散打，是对武术搏击的概说，在武术中出现各种流派的招法均属散打范畴。散打古称散手，它在我国历代素有诸多的称谓，如相搏、手搏、白打、对拆和技击等。由于这种对抗形式多是在擂台上进行的，所以在民间还被称作“打擂台”。

民国时期，开始将武术徒手格斗称为“散手”，在民间得到广泛使用，并沿用至今。

“散手”是相对武术套路的固定动作而言，表示将武术套路中固定的攻防招数拆散运用于攻防实践。所以散手、散招、散打、拆手、说手，实质上是不同的词表达的一个概念。为尊重历史沿革，“散手”一词作为武术徒手对抗项目的正式名称一直沿用至今。

一、独具一格的技能素质练习

实战势：

基本要求：便于进攻、便于防守、便于转移。

动作要领（以左架为例，也叫正架）：两脚左右距离接近肩宽，前后距离一步；左脚前脚掌着地并微内扣，右脚脚跟抬起，重心在两腿之间；含胸、敛臀、收下颏，前手轻握拳，屈臂抬起，拳与下颏等高，上臂与前臂夹角在90°~110°，后手拳自然置于下颏外侧处，肘部下垂轻贴在右肋部（见图3-1-86）。

注意事项：两脚不要站在一条直线上，影响稳定性和技术发挥。

①实战势

②实战势侧面

图3-1-86

1. 步法练习

散打的主要步法——滑步。散手步法的总体要求是“快”“灵”“变”。“快”是指步法移动要迅速；“灵”是指步法移动要轻灵，有弹性，不僵滞；“变”是指步法在运用中能随机应变，转换自如。滑步分为向前、向后、向左、向右4种。以前滑步为例。

动作方法：从预备姿势开始，上体保持原来姿势，前滑步时后脚蹬地，重心前移，前脚微离地面，以脚掌向前蹭出30厘米左右，后脚随之跟进相同距离，整个动作完成后仍成原来预备姿势。后滑步时前脚掌蹬地，重心向后，后脚向后一步，前脚随之后退相同距离，动作完成后保持原来姿势。左滑步要领与前滑步相同，方向不同；右滑步要领与后滑步相同，方向不同。

技术要求：重心不要上下起伏；移动中身体部位相对固定，但不要僵硬；移动前后两脚的位置相对固定。

2. 拳法练习

散手拳法主要分为冲、贯、抄、鞭4种。作为进攻技术，拳法在运用中须遵守以下几点原则。

① 随步进攻，身到脚到手到。拳法、腿法、摔法攻击，要伴随步法的移动，以稳定身体重心，调整有效时空距离，发挥出整体用力的效果，拳要夹势而行，获得最大冲量。

② 整力。出拳时后脚蹬地，转髋、顺肩、送臂出拳，整个力的表现是一个由脚到拳的

协调和快速的传递过程。

③ 出拳重心动态平衡，随时准备防守进攻。

④ 松中求快，接触发力。出拳击中对方的瞬间要突然握紧拳发力，击中后随即放松。

⑤ 保持严格的实战势。出拳原路收回后要迅速做好防守和再次进攻的准备。

1）冲拳

冲拳属直线形、螺旋劲攻击方法，它分为前手冲拳、后手冲拳两种，在拳法中是中远距离进攻对方的主要手段。

（1）前手冲拳。

动作方法：从预备姿势开始，后脚蹬地，重心前移，同时由肩带动前臂快速螺旋、直线出击，力达拳面，手臂自然伸直，后手置于原来位置，收拳的路线亦是出拳的路线，收拳后迅速回复到原来的预备姿势（见图 3－1－87）。

注意事项：出拳时不准有回拉现象，容易暴露动作意图；出拳时不准以肘为轴出现敲的现象，出拳时出拳臂翻肘，形成横向出拳的动作；前手出拳的同时，后手有后张反拉的动作出现，也就是砸拳。

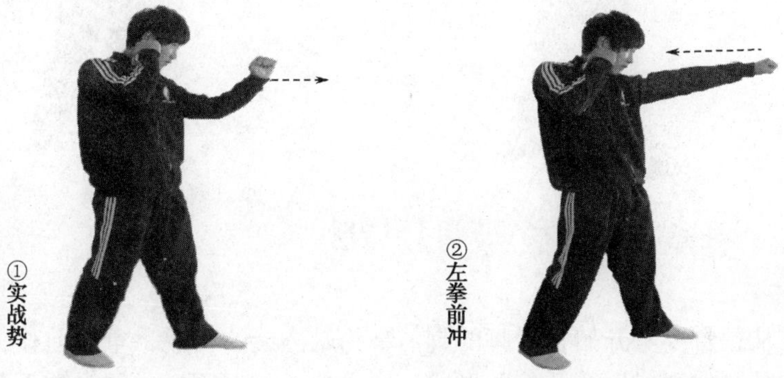

图 3－1－87

（2）后手冲拳。

动作方法：从预备姿势开始，后脚蹬地并以脚前掌为轴向内扣转，转腰压肩，向正前方直线出拳，力达拳面，出拳同时前手拳直线收回至下颊前方，肘部自然弯曲贴于肋部，收拳的路线亦是出拳的路线，收拳后迅速回复到原来的预备姿势（见图 3－1－88）。

注意事项：出拳时后脚蹬地、转腰、顺肩，力量顺达；两脚不能居于一条线上，出拳后重心不稳；出拳时不准耸肩，转体要到位，出拳时别往下蹲。

图 3－1－88

2）贯拳

贯拳是弧线形进攻方法，分为前手贯拳、后手贯拳两种，在相互的连续击打中使用率较高。

（1）前手贯拳。

动作方法：从预备姿势开始，后脚蹬地，重心前移，同时前手臂抬肘略与肩高，前手拳向外侧前方伸出，上臂和前臂的角度相对固定，到达击打部位侧方向时，前脚蹬地，转髋，手臂保持一定姿势，横击，动作完成后迅速放松，按原来出拳路线回复到预备姿势（见图3－1－89）。

注意事项：贯拳空击时的到位标准应是手腕摆动至身体中心线处；拳不准往回引拉，使动作幅度过大，正面防守出现空当；不要出现出拳臂的拳与肘过早翻肘，出现甩拳。

图3－1－89

（2）后手贯拳。

动作要点：从预备姿势开始，后脚的脚前掌为轴内旋，转髋，重心前移，后手臂抬起略与肩平，拳向前外侧伸展，上臂和前臂形成一定夹角并相对固定，同时前手臂自然弯曲收回贴于肋间，拳置于下颏处，出拳臂微微张肩，向前水平横摆（见图3－1－90）。

注意事项：不准用上臂带动前臂，否则会成为甩拳，并容易使肘部脱力而受伤。

图3－1－90

3）抄拳

抄拳在散手中是近距离攻击的拳法，它分为前手抄拳、后手抄拳两种，主要是在相互间近身对抗时使用，或是在与其他拳法的配合中使用。

（1）后手抄拳。

动作要点：从预备姿势开始，上体微向后向下转动，重心略降低并合胯，后脚蹬地挺胯，微向前向上转体，向前、向上出拳，拳心向内，重心随之前移，随着挺胯到位后的制动，产生的惯性使出拳臂制动，力达拳面。出拳后肩部迅速放松，出拳臂借回降之力收回，成原来预备姿势（见图 3－1－91）。

注意事项：出拳时肩部要放松，不能耸肩；挺胯时上体不能向侧后仰或挺腹；出拳前不能向后引拉拳。

图 3－1－91

（2）前手抄拳。

动作要点和注意事项与后手抄拳相同，动作相反（见图 3－1－92）。

图 3－1－92

3. 腿法练习

腿法在散手中占有很大比重，它主要包括蹬、踹、扫、鞭等技术。腿法的特点在于它是远距离对抗的主要方法，力度大，攻击力强，但在运用中也有其特殊性。

① 腿法在运动中典型地表现为动态平衡。

② 不能养成在动作前有多余的或不合理的动作习惯，发动前的预兆要小，要有隐蔽性。

③ 各种腿法练习都必须与步法有机地结合，做到腿法在不断的步法调整中表现出来。

④ 任何腿法在完成的过程中都必须考虑到要做好防守与再进攻的准备。

下面介绍几种基本腿法。

1）侧踹腿

侧踹腿分前腿侧踹、后腿侧踹两种，是散手中运用率较高的腿法，而前腿侧踹又多于后腿侧踹，它主要用于进攻与阻击。

（1）前腿侧踹。

动作方法：从预备姿势开始，重心稍后移，上体保持原来姿势，前腿屈膝提起与胯同高，与上体成90°，小腿外摆，脚尖勾起微向外翻出，身体继续向侧后仰，同时展髋伸膝向前踹出，脚尖横向，力达脚掌的后三分之二处，此时支撑腿的脚后跟斜向前方，此时前手置于踹出腿的大腿上方，后手置于下颊前方（见图3－1－93）。

注意事项：要避免形成以膝关节为轴心发力的勾脚弹踢。上体与腿有夹角，低头收胯。

图3－1－93

（2）后腿侧踹。

动作要领：从预备姿势开始，前脚尖外摆，后脚蹬地，重心前移，上体向左外侧转动，后腿在腰带动下屈膝提腿向前上方迅速提起，小腿向前方外翻，脚尖勾起，脚尖斜向上方。上动不停，支撑腿以脚前掌为轴随之转动，使脚跟朝前方，上体向侧后仰，前手收回置于下颊前方，后手自然前伸置于准备踹出的腿的上方，上体继续向后侧仰，展颈，挺胯，带动大小腿伸展踹出，力达脚掌后三分之二处（见图3－1－94）。

注意事项：速度要快，动作要一气呵成；转体到位，腿的前进路线不能歪斜；要避免形成以膝关节为轴心发力的勾脚弹踢。上体与腿要有夹角，低头收胯。

图3－1－94

2）正蹬腿

正蹬腿主要分为前腿正蹬、后腿正蹬两种。在相互抱缠阶段或在互打互踢时作为摆脱方法效果较好。

(1) 前腿正蹬。

动作要点：从预备姿势开始，重心微后移，后腿膝关节微屈，上体微后坐，前腿屈膝正面提起，脚尖勾起。上动不停，两臂微下落或回收置于头部两侧，两臂自然下垂护住两肋，同时送胯，带动大小腿向正前方水平蹬出，脚前掌下压，力达脚全掌（见图3－1－95）。

注意事项：屈膝上提膝关节要低于自己腰部；发力方向为正前或正前上，出腿不要出现下踏、弹踢现象。送胯出腿时上体后仰不要角度过大。

图3－1－95

(2) 后腿正蹬。

动作要点：从预备姿势开始，前脚蹬地，重心前移，后腿迅速向正前方屈膝提起，两臂微下落回收，支撑腿微屈。上动不停，提膝到位后送胯，带动大小腿向正前方蹬出，脚前掌下压，力达全脚掌（见图3－1－96）。

注意事项：屈膝上提膝关节要低于自己腰部；不要过高出腿往下踏，而出现弹踢现象；送胯出腿时上体不要后仰太多。

图3－1－96

3) 鞭腿

鞭腿分为高、中、低3种，按运动形式分为前、后鞭腿。

(1) 前腿高鞭腿。

动作要点：从预备姿势开始，重心后移，上体微向右后转动并向后侧仰，两手臂下落，同时屈膝提腿，并向内扣膝翻胯，大小腿夹角保持在130°左右。上动不停，由转体翻胯带动大小腿向外侧前上方摆踢，在击打到物体的瞬间，小腿由于加速甩出与大腿基本成直线。

在翻胯出腿的同时，支撑腿以脚前掌为轴跟着转体，脚跟斜向前（见图 3－1－97）。

注意事项：屈膝上提膝关节低于自己腰部；出腿不能往下踏，弹踢；在完成摆踢动作前，膝关节不要超过身体中心线，当大腿与身体中心线成 20°～30°时，小腿加速甩出，此时大腿随转体继续向中心线摆动以加大小腿的摆踢速度。

图 3－1－97

（2）后腿高鞭腿。

动作方法：从预备姿势开始，重心稍后移，后腿屈膝提起，膝关节正对前方。上动不停，支撑腿以脚前掌为轴微向左转，上体随脚转动也向左后侧仰，同时翻胯，随之以膝关节为轴，小腿迅速用力弹出，脚面绷紧，力达脚背，前手臂下落至弹踢腿上方，后手置于右胸前（见图 3－1－98）。

注意事项：提膝后的翻膝、弹踢与支撑腿的旋转不一致；弹踢时上体没有随踢腿方向转动，出现力的方向交叉现象而减慢了打击速度和减小了打击力度。

图 3－1－98 （抱腿前顶）

4）转身摆踢

动作要点：从预备姿势开始，重心前移，后脚向前上步至前脚前方，脚尖内扣，身体内转，重心移至上步脚。上动不停，以上步脚的脚前掌为轴，另一脚蹬地向左转身，随转身上体微向左侧下合，左腿展胯抬腿向后、向左、向前、向上横摆，脚面绷紧，力达脚掌或脚跟（见图 3－1－99）。

注意事项：没有挺胯绷膝，收胯，上体与腿部没有相对固定在一条直线上，上体低于腰部或过于后仰；整个腿的摆动是一个弧线运动，弧线的最高点没有在启动前预备姿势的正前方。

4. 摔法练习

散手中的摔法有别于其他项目的摔法，其特点一是“快”，二是几乎无“把”可抓，三是摔法可与拳法、腿法并用。

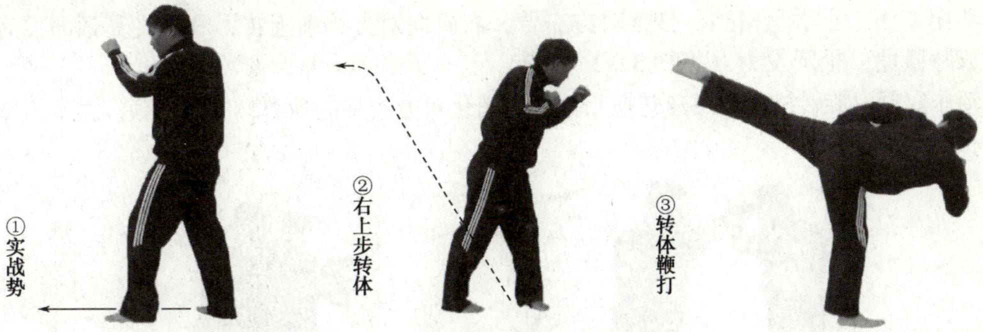

图 3－1－99

1）抱腿前顶

情景 1：某人用拳法进攻其头部。

动作方法：上左脚，身体下潜闪躲，然后两手抱对方双腿膝窝下部，两手用力回拉。同时用左肩前顶对方大腿根部或腹部，将对方摔倒（见图 3－1－100）。

动作要领：下潜要迅速；左肩要撞顶对方小腹，向前发力。

图 3－1－100

2）夹颈过背

情景 1：双方相互抱缠。

动作方法：右臂（或左臂）夹住颈部，左手握住自己右前臂，上步转身，双膝屈，低头发力将对方从背上摔过，同时两膝猛向后蹬伸（见图 3－1－101）。

动作要领：双臂锁住对方颈部，向下发力；后腰要顶住对方小腹，向上发力；双腿蹬地，发力方向与腰部发力方向相同。

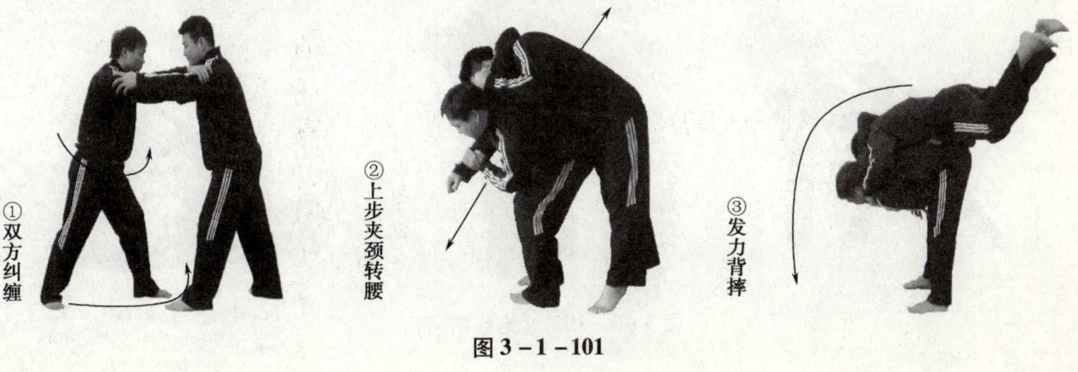

图 3－1－101

情景 2：某人以右冲拳或右掼拳进攻其头部。

动作方法：左手上格挡，抄抱对方右臂，右脚向对方裆前上步，右手夹其颈部，后脚盖步，双膝微曲，抡圆发力（见图 3－1－102）。

动作要领：旋转格挡，迅速转换为抄抓，消化对方右拳的劲力；单臂锁颈，左手抱紧对方左臂。

图 3－1－102

3）抱腿旋压

情景 1：某人用腿法进攻腿部。

动作方法：上左步，身体下潜，空中接腿，左手抄抱对方前大腿内侧，右手抱住对方小腿后，以左脚掌为轴，身体向右后方旋转，以右手提、左肩压合力将其摔倒（见图 3－1－103）。

动作要领：插步与旋转发力要同步；上步与抱腿同步；全身劲力放在自己右肩上；接腿时机为对方劲力末梢或发劲初始。

图 3－1－103（抱腿前顶）

情景2：某人用拳法进攻其头部。

动作方法：迅速下潜，双臂发力将对方腿向上抱离地面，其余动作与情景1相同（见图3-1-104）。

动作要领：双手抱腿向上发力，对方双脚稍微离开地面立即插步转体。

图3-1-104（抱腿前顶）

5. 接触性防守练习

接触性防守分为防守反击型和先发制人型。防守反击型分上肢的拍挡和格挡，下肢的提膝防守；先发制人防守是在敏锐的判断到对方进攻的路线和招法，在对方发力之前、发力之后或发力中，运用有效的重拳、重腿及摔法予以截击的进攻性防守。这里只介绍防守反击型防守方法。

1）拍挡

动作方法：用手掌或前臂对直线或曲线动作进行向右外向内挂拍的动作。例如防冲拳的左右手拍挡（见图3-1-105）。

动作要领：拍挡要迅速，回带，以消掉对方劲力。

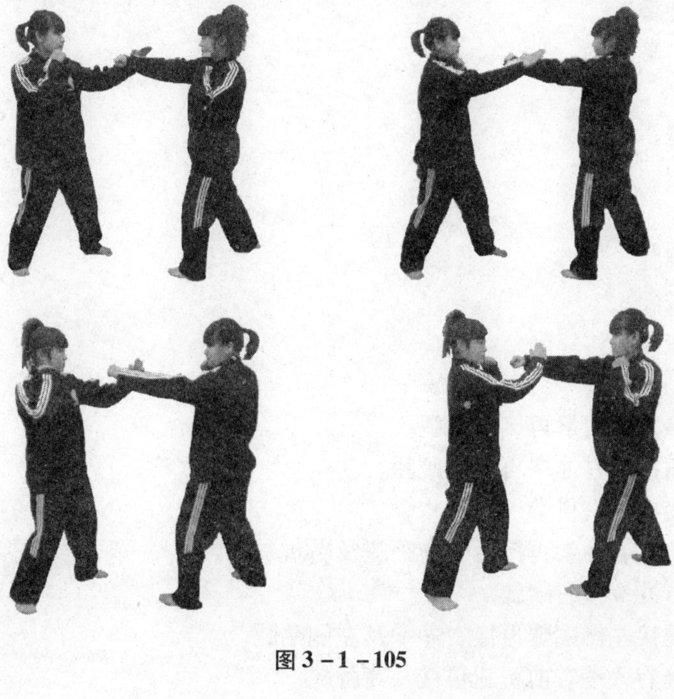

图3-1-105

2）格挡

用拳背或前臂外侧对直线或曲线打法动作进行由内向外格挡的动作。如贯拳的左右格挡（见图 3－1－106）。

动作要领：格挡要迅速，以腰外带，消掉对方劲力，不能硬碰硬。

图 3－1－106

6. 组合练习

散打组合拳法、腿法、摔法、膝肘等是建立在基础动作之上的，由单个动作组合而成，经排列组合后，有无数种打法，但脱离不了基础组合，以下列出了常用的组合。

1）拳法组合

（1）左右冲拳。

（2）左右贯拳。

（3）左贯拳右抄拳。

（4）左冲右贯拳。

（5）左贯右冲拳。

（6）左冲右鞭拳。

2）腿法组合

（1）左右蹬腿。

（2）左右踹腿。

（3）左右鞭腿。

（4）左蹬右踹腿。

（5）左踹右鞭腿。

（6）左鞭右蹬腿。

3）拳腿组合

（1）左右冲拳接前贯拳再接右鞭腿。

（2）左侧踹腿接左右冲拳再接右蹬腿。

（3）左蹬腿接右冲右贯拳。

（4）前蹬腿接左右冲拳再接后腿前蹬腿及右贯拳。

（5）左贯拳右冲拳接右踹腿。

（6）左低鞭腿接左侧踹腿再接右冲拳及左侧踹腿。

（7）左冲拳接右鞭拳右前蹬腿再接左高鞭腿。

4）拳摔组合

（1）左冲拳接抱腿前顶。

（2）左贯拳接抱腿涮摔。

（3）右冲拳接左摆拳接夹颈过背。

二、散手技能练习方法

散打技能训练采用的方法是从易到难，从分解到完整，从简单到复杂，从单独操作、模拟操作、最后实战到实际对抗这样一个循序渐进的原则进行。以下是散打训练常用的方法。

1. 原地规范动作练习

了解和熟练动作要领之后，根据要领原地反复进行单个动作练习，复杂的动作技术还应分解练习。此时的训练不应要求动作的速度和用力程度，应重点要求体会动作的要领、起止的路线和作用物体的着力点以及发力的动作机制。通过这种反复练习，不断强化动作意识，形成正确的动力定型。

2. 结合步法的动作练习

经过原地练习掌握了规范动作后，再结合相应步法进行单个动作的练习。与步法结合要求拳动步动，拳到步到，结合步法的目的是为能保持在动态中的平衡和提高运动中完成各种攻防动作的能力，训练的重点就是要解决身体各部的协调配合，保证及时、隐蔽、准确地完成各种攻防动作。

3. 空击练习

空击练习是熟练自如地掌握动作技术的重要训练手段，并能以此加强和改善神经传导通路的信息传递功能，进而提高动作应变能力和反应速度。空击练习可根据掌握技术的程度分为个人单个技术空击、个人组合技术空击、随机组合空击。

（1）个人单个技术空击：这是针对某一种拳（腿、摔）法或防守结合步法反复练习的方法，以提高某类技术掌握的水平。

（2）个人组合技术空击：把进攻和防守中的某几种方法串起来反复练习，以提高组合技术运用的协调能力。

（3）随机组合空击：运用随机的组合技术进行想象中的攻防练习，以提高技术运用的能力。

4. 不接触式的攻防练习

在排除阻抗条件的前提下，两人进行攻防练习，目的是为了提高对方攻防动作的观察判断、选择时机及时做出相应动作反应的能力。不接触式的攻防练习可分为一攻一防式和相互攻防式，还可根据训练要求动作规定或随机的单个或组合的技术练习，但动作的速度要与实战水平近似。

5. 递招练习

递招，俗称喂招。为提高某个单个或组合动作的运用能力，由教练或助手使用规定的方法反复地向练习者“喂靶”，而练习者则根据递招的具体情况做出相应的攻防动作，由此来提高反应速度，建立起稳定的条件反射，直至动作技术的运用进入自动化阶段。模拟练习多用于防守和防守反击技术的训练。

6. 打靶练习

打靶练习可分为打固定靶和打活动靶两种。打固定靶主要是提高动作的力度和耐性，打活动靶主要是提高反应速度、距离感和准确度。打靶练习根据要求可分为技术靶、战术靶和素质靶。技术靶是通过打靶来体验和规范单个动作或组合技术的练习方法；战术靶是根据假定情况有针对性地找出规定或随机打法的练习方法，以提高对抗中的战术意识；素质靶则是以提高动作速度、打击力量和专项耐久力为主要目的的练习方法。

基本靶位按劲力的打击方向分为直线形和曲线形；按组合速度的快慢分单靶和双靶。以下是单靶方法。

1）直线形

打击方向为直线形的示意图见图 3－1－107。

图 3－1－107

2）曲线形

打击方向为曲线形的示意图见图 3－1－108。

图 3－1－108

7. 条件实战练习

条件实战是指有条件限制的实战。这是初学阶段或根据阶段训练内容以及为提高某种能力而设置的一种常见的训练手段，具有较强的针对性，是进行实战的基础。条件实战大致可分为拳的实战、腿的实战、摔的实战、拳与腿的实战、拳与摔的实战、腿与摔的实战6种。

8. 实战练习

实战练习是指按照规则的要求，学生之间进行的实际对抗。实战练习既能全面检验其他训练方法的训练成果，并能在实战环境下发现学生在智能、技能、体能、心理能力等方面存在的问题，有效制订训练计划，解决问题。实战练习从方法上来讲，最符合一切从实战出发的客观条件，学生能直接感受实战动态变化的真实情况，从而建立符合客观条件的动作条件反射能力。但是过多的实战练习，运动员容易产生运动损伤，容易产生厌战的心理障碍，也不利于改善动作技术。不同的训练方法有不同的作用，要根据训练课的目的、任务、内容，将各种训练方法有机地结合。

（动作演练：赫阳　王思宁　高亮　林诗琪　邵宇轩　邵信东　兰倩　高原）

第九节　武术的身体素质练习

一、力量素质训练

肌肉力量简称肌力或俗称力量，是绝大多数运动形式的基础，武术拳谚中素来有“力大降十会”的说法，可见力量训练在散打中之重要。散打是激烈的身体对抗，散打的力量是绝对肌力、相对肌力、爆发肌力和耐力肌力的综合。

1. 最大力量训练

最大力量的训练原理是，首先刺激神经纤维，最大限度带动较多的神经元，其次增大肌纤维横断面积。因为肌肉是由肌纤维组成的，参与做功的肌纤维数量越多，每根肌纤维横断面积越大，肌力也就越大。以下是提升最大力量常用的方法。

（1）重复法：重复法特点是负荷重量的大小随肌肉力量的增大而逐渐增加。

负荷特征：负荷强度为75%～90%，每组重复次数为3～6次，组数为6～8组，每组间歇时间为3分钟。此法适用于训练的各个时期和阶段，有利于改进用力的协调性，能迅速而有效地提高肌肉力量。

（2）强度法：特点是采用最大负荷安排。练习时逐渐达到用力极限，然后继续用中上强度的负荷量，直到机体对刺激产生劣性反应为止。

负荷特征：负荷强度为85%～100%，每组重复次数为1～3次，组数为6～10组，每组间歇时间为3分钟。

2. 速度力量训练

速度力量是指速度和力量的综合，可以认为是极短时间内力量的提升。散打不同的动作技术完成需要不同的速度力量相对应，例如拳法、腿法需要肌内和肌间的协调，减少时间，需要的是肌纤维快速收缩的能力，即速度和相对力量，而摔法需要的是速度和绝对力量。

（1）采用极限重量的60%～80%，以基本动作的三分之一的幅度举起重物，然后迅速放下，再立即以极限速度举起。每组次数 3 ~ 5 次，完成 3 ~ 4 组，组间间歇 4 ~ 5 分钟。

（2）采用极限重量的 30% ~ 50%，以极限速度重复 7 次，完成 5 组，组间间歇 3 ~ 5 分钟。

（3）用等同比赛的阻力负荷，进行持续时间为 6 秒钟的等长练习，间歇 2 分钟重复 2 ~ 3 次，再以极限重量的 40% ~ 50% 的负荷，并以极限速度练习 4 ~ 6 次，重复 2 组，组间间歇3 ~ 4秒钟。全套动作重复 2 次，中间间歇 4 ~ 6 分钟。

（4）各种快速跳跃，每组 10 ~ 15 次，完成 3 ~ 5 组，组间休息 5 ~ 8 分钟。

3. 力量耐力的训练

力量耐力指反复完成高水平动作肌肉的收缩能力，其表现是完成标准动作持续的次数。

二、速度训练

动作速度是指完成单个动作时间的长短。肌肉按类型分为快肌纤维和慢肌纤维，肌肉的快肌纤维占优势是速度的物质基础之一。

1. 重复反应法

运动员通过视觉或听觉，完成规定的单一性应答动作。例如，报号击靶位，运动员根据教练员报号的位置，分别击打不同的靶位。例如，“亮靶击打”，教练员事先规定好出靶的位置和靶面以及运动员相应击打的动作，反复亮靶引起运动员对刺激的反应。重复反应法主要用于减少运动员的简单反应时间。

2. 变速训练法

是一种有节奏地变换速度练习强度的训练方法。例如在空击或打沙包、打靶过程中，反复变换速度、频率，达到提高速度，克服速度障碍。

三、耐力训练

1. 提高有氧训练方法

长时持续训练方法：持续练习的时间较长，散打训练一般安排为 20 ~ 30 分钟，负荷强度的运动心率指标约为每分钟 150 次。

2. 提高无氧训练方法

极强性间歇跑：例如 60 ~ 100 米的间歇跑、100 ~ 400 米的间歇跑，负荷时间通常在10 ~ 60秒钟内，负荷强度的心率指标可达到 180 次/分。这种方法主要用于提高非乳酸能和乳酸能系统混合供能能力和提高速度耐力。

3. 综合增加体力

12 分钟跑是提高心脏最高机能水平的有效练习，要求在 12 分钟内达到 2 800 ~ 3 000 米距离。随着训练水平的提高，逐步增加距离。

四、柔韧训练

柔韧训练有动力拉伸法和静力拉伸法。动力性拉伸法是有节奏地多次重复同一动作的拉伸练习，使软组织逐渐被拉长；静力拉伸法是通过有节奏的、缓慢的动作将肌肉等软组织拉长，当拉长至一定程度时保持静止不动。

动力拉伸法和静力拉伸法有主动训练和被动训练两种方式。主动训练是运动员依靠自己的力量完成拉伸练习，如各种负重或不负重的摆动练习、维持最大幅度拉伸的静力练习等。被动训练是运动员在外力（同伴、器械、体重等）帮助下完成拉伸练习，如由同伴的帮助加大臣腿的幅度等。柔韧训练中常将动力拉伸与静力拉伸、主动训练与被动训练结合起来进行，使拉伸练习有动有静，动、静结合，有主动有被动，主动、被动结合，提高柔韧训练的质量。

五、疲劳程度与恢复

1. 不同的体能消耗会产生相应的疲劳程度

疲劳分为轻度疲劳、中度疲劳、非常疲劳，主要体现在自我感觉和动作规格上。自我感觉为情绪下降，疲乏，腿沉重、无力或疼痛心悸等反应为中度疲劳，表现为动作步态有不稳现象，甚至步伐摇摆，动作协调性差，注意力较不集中，开始出现不正确执行口令或指示；如果感觉情绪低下，非常疲乏，腿痛，心悸明显，并出现头痛、胸痛、恶心（甚至呕吐）等症状，且持续时间较久为非常疲劳，动作表现为步态明显不稳，步伐摇摆显著，出现不应有的动作错误和不协调动作，注意力明显不集中，执行口令缓慢，且执行错误执行动作。

2. 训练恢复任务、手段

恢复过程是指人体运动过程中和运动结束后，各种生理机能和能量物质逐渐恢复到运动前水平的过程。因此训练恢复的目的是修复身体机能，调整心理状态。

恢复手段有：

（1）补充训练消耗的能量物质：根据营养学恢复，注意各种营养素的适宜搭配。

（2）清除积累代谢产物：交替安排负荷，调整训练间歇的时间与方式。

（3）修复课中损伤的组织：低强度整理练习，包括水浴按摩等医药手段。

（4）进行轻松愉快的训练：让心理从紧张的状态，逐渐恢复平静，即心理学恢复手段。

（5）保证睡眠。

第十节　流传比较广泛的武术拳种

一、太极拳

太极拳运用传统中医经络学说，拳势动作用螺旋缠绕式的伸缩旋转方法。要求腰为轴，内气发源于丹田，通过缠绕运动，到达任、督两脉和布于周身，从而达到“以意用气，以气运身”的境地。太极拳在其长期演变过程中形成了许多不同风格和特点的传统流派，其中流传较广和具有代表性的有以下五式。

1. 陈式太极拳

陈式太极拳由明末清初河南温县陈王庭所创，对后世太极拳有深远的影响。陈式太极拳有老架和新架之分，历经几代的传习，现代流传较广泛的传统套路为一路（老架）、二路（炮捶）。第一路拳动作柔多刚少，以棚、捋、挤、按手法为主；第二路拳动作刚多柔少，用劲以采、挒、肘、靠为主。此外，还有动作小巧紧凑的小架（赵堡架）。陈式太极拳的特点是：刚柔相济，手法螺旋缠绕且多变，呼吸要求“丹田内转”，套路架势宽大低沉，且有发劲、震脚和跳跃动作。

2. 杨式太极拳

河北永年人杨露禅幼年从师于陈家沟陈长兴习拳。成年后返京传习太极拳，终经其孙杨澄甫修改发展，成为当代最为流行的大架子杨式太极拳。其特点是：动作舒展和顺，速度平衡均匀，架势中正圆满，结构严谨庄重，具有套路演练气派大的风格。

3. 吴式太极拳

北京大兴人全佑，初从杨露禅习太极拳，后拜杨露禅之子杨班侯学杨式小架太极拳。其子吴鉴泉在传承杨式小架太极拳的基础上使拳术柔化而连绵不断，逐渐形成了吴式太极拳流派。其特点是：拳架紧凑而开展，斜中寓直，动作轻松自然，以柔化著称。

4. 武式太极拳

河北永年人武禹襄，初从师杨露禅习陈式老架太极拳，后又随陈青萍学陈式新架太极拳，经多年演练，自成一派独特风格。其特点是：姿势紧凑，动作小巧，步法虚实分明，出手不过足尖，左右手各管半个身体，胸腹部在进退旋转中始终保持中心位置。

5. 孙式太极拳

河北定州人孙禄堂，精通形意拳和八卦掌，后向郝为真学习武式太极拳。孙禄堂将形意拳和八卦掌精华融入太极拳中，从而逐渐形成了自成一体的孙式太极拳。其特点是：进退相随，动作敏捷，舒展圆活，每转变方向时以开合动作相接，故又被称为开合活步太极拳。

二、南拳

南拳为流传于我国长江以南各地诸多拳种的统称。其流传的地域主要包括广东、广西、福建、湖南、湖北、四川、江西、江苏、浙江等。

广东南拳极为盛行，有洪家拳、刘家拳、蔡家拳、李家拳、莫家拳五大流派。还有蔡李佛拳、虎鹤双形拳、佛家拳、侠家拳、刁家教、岳家教、朱家教等。广东的各种南拳和器械套路就有三百多种。

福建南拳遍及全省各地，主要盛行于福州、厦门、泉州、莆田、漳州、永春、连城等市、县。福州有龙、虎、豹、蛇、鹤五形拳和猴拳、犬法、鸡法、鱼法、少林拳、梅花拳、罗汉拳等流派。其他地区还流传有五祖拳（又名五祖鹤洋拳）、连城拳、白鹤拳、五祖白鹤拳、五兽拳、左二拳、南拳四门、虎仔金刚拳、梅花拳、金竹拳等。

四川南拳也有着悠久的历史，现在的派系主要有僧、岳、赵、杜、洪、化、字、会八大流派，僧门拳主要流行于川西、川南一带；岳门拳主要流行于川东、川南等地；赵门拳在川南和泸、纳、宜、南溪等地流行；杜门拳盛行于川北和南充地区；洪门拳在四川流行甚广；化门拳多流行于川东、川北地区；字门拳主要流行于广安、岳池一带，尤以唐家河最为盛行。

湖南南拳有巫、洪、薛、岳四大流派。湖北南拳分为洪、鱼、孔、风、水、火、字、熊八门。江西南拳有字、硬两门。浙江南拳有洪家、黑虎、金刚三大拳系。另外，还有温州南拳、台州南拳和苏州南拳等。

三、形意拳

“取其以心行气之义”，又称“行意拳”“心意拳”“心意六合拳”，“象其形取其意”，肢体形于外，内意与外形高度统一，故名形意拳。形意拳为明末清初山西蒲州诸冯里北评义村（今永济县尊村）姬际可（字龙峰，1602—1680）所创。姬际可传其于曹继武，曹继武传其于山西戴龙邦、河南马学礼，戴龙邦传其于河北李洛能，逐渐形成山西、河南、河北三大流派，三种不同的风格。山西流派的形意拳拳势紧凑，劲力精巧，以三体式为基本桩法，以五行拳（劈、崩、钻、炮、横）和十二形拳（龙、虎、猴、马、鼍、鸡、鹞、燕、蛇、鹰、熊），五拳八式为基本拳法。

四、八卦掌

八卦掌以站桩和行步为基本功，以绕圈走转为基本运动形式，以摆扣步为主，并包括推、托、带、领、钻、进、搬、扣、拦、截、拿等手法，摆、扣、截、踢、点、蹬等腿法，行步、扣步、摆步、跟步、三角步等步法。其运动特点是：沿圈走转、随走换势，身捷步灵，势势相连，行步平稳，摆扣清晰，纵横交错，协调圆活。

八卦掌的创始人有多种说法，国内大多数八卦掌练习者认同八卦掌由董海川所创。清代中叶，董海川曾在清朝肃王府做拳师，因此，八卦掌首先在北京盛传，后遍及京、津、河北一带。由于师承沿袭，发展愈益广泛，技艺理论日臻成熟，逐步成为我国主要拳种之一，并形成较多分主流派。

尹氏八卦掌：尹氏八卦掌是以尹福为代表。尹福从师于董海川，其特点为：以“牛舌掌”为基本掌型，以鹤形步为基本步法，其步法蹿、蹦、跳、跃似仙鹤飞腾，演练时除保持“牛舌掌”为基本掌型特点外，还兼有动作刚猛、多穿点和尚直劲的特征。

程氏八卦掌：程廷华28岁时拜董海川为师学习八卦掌，经过数十年的刻苦训练和日夜钻研，吸收了八卦、形意、太极精华，创立了以“龙爪掌”为基本掌型、以“鸡形步”为基本步型的程氏八卦掌。此派动作圆活，多摔法，尚横劲。

孙氏八卦掌。孙禄堂师从程廷华，后将八卦掌完善为狮、麟、蛇、鹞、龙、熊、凤、猴，按八卦原理结合人体五行予以系统解释，以掌型不再是龙爪掌和牛舌掌，要求“手腕均极力拧劲，拧至食指直立，大指、食指虎口圆撑开如半月形，无名指与小指均有往回勾劲的意思。两手心不可往外挺劲，两手如同抓着圆球相似，手腕极力往上挺劲，手虎口亦极力往前推劲，上下挺推要均停方为正劲”。“虎行步”为基本步法，动作松圆活缓，重视处处缠圆，劲力要求拍断弹渗，多以指力见长，腿法以按腿为主。

五、少林拳

少林拳源于少林寺，拳因寺而得名，故名少林拳。少林寺位于我国河南省登封市境内，在登封市西北约13千米处，是公元495年北魏孝文帝为来中国传教的印度僧人跋陀所建造。由于寺建立在嵩山支脉少室山阴的密林丛中，故名嵩山少林寺。

隋末唐初（公元620年），李渊、李世民父子为了争霸天下，与盘踞在洛阳的隋朝大将王世充交战，在战斗的紧要关头，以昙宗为首的少林寺僧，活捉了王世充的侄子王仁则，并将其捆绑送至唐营，立了大功。李世民登基之后，“嘉其义烈，颁阵玺书宣慰”（少林寺碑文），对立功和尚各有赏赐，其中昙宗被封为大将军。少林武僧自此成名，少林寺名扬天下，少林寺僧“昼习经曲，夜练武略，修文不忘武备”（西来堂志善碑），少林寺的禅武精神广泛流传，揭开了少林武术光辉灿烂的一页，修佛习武也成了少林寺世代相传的独特宗风。

目前社会上广为流传的典型少林拳拳路有大洪拳、小洪拳、炮拳、罗汉拳、朝阳拳、梅花拳、通背拳、长拳、关东拳、长护心意门、七星拳、象形拳、心意拳、柔拳、少林太极拳，以及各种器械、对练等。

六、通背拳

此拳流派分支较多，就其拳称而言，“背”字有用手臂的“臂”的，也有用脊背的“背”的。称通臂拳的习武者认为，此拳法以上肢动作为主，两臂运使模仿了猿猴立抡摔拍、直出穿点的动作和特点，故称“臂”；称通背拳的拳家认为，“通”意为通达，“背”乃指人的脊背，此拳强调以猿背取势，以背为法，腰背发力，通于肩臂，达于掌指，故称“背”。尽管拳的称谓有所不同，演练风格也有一定差异，但在拳理和历史渊源上基本是一致的，特别是在技术上都充分体现了腰背发力贯于肢体的特点，因此，1982 年出版的《中国大百科全书·体育卷》中把通背拳的“背”字定为脊背的“背”字。

此拳源于何时，谁人所创，目前缺少史料记载，有待进一步考证。据修剑痴遗存的拳谱记载，清代中后叶，浙江人祁信在河北固安一带传授武艺，始称“祁家门”，后称“通背”。祁信自幼习武，擅长祖传大枪，人称“杆子祁”。

通背拳是通过模仿猿的舒肢展臂、鹰的振翅翱翔、猫的扑鼠之灵等动作特点来造拳取势的，所以他的特点是冷弹柔进、放长击远等。

七、螳螂拳

螳螂拳发源于山东，相传为山东即墨人王郎所创。王郎自幼习武，曾与人较技试力，因败而归，在回乡途中见螳螂捕蝉而受到启发，依据螳螂灵敏而快速的动作创编了螳螂拳。螳螂拳在其发展进程中，经过历代拳师的不断创新，逐渐形成了“梅花”“七星”“六合”三大流派。

梅花螳螂拳取意拳法紧凑、几个动作连成一片，似朵朵梅花而得名。又以此拳动作连绵不断、劲力柔顺称为太极梅花螳螂拳。梅花螳螂拳以勾、砍、贴、压、推为主要方法，打法讲求一招三变、攻守相顾、迂回闪打、刁巧灵活。梅花螳螂拳的主要套路有蹦步、拦截、偷挑、摘要、八肘、翻车、梅花路、扑蝉等。

七星螳螂拳又名罗汉螳螂拳，取意于动作中的七星式。七星螳螂拳讲求身为七星、步走七星。身为七星指头、肩、肘、腕、臀、膝、踝部位曲如七星；步走七星指步法之进退、闪展似依寻七星轨迹。身法以探、抖为主，劲法求刚、脆、裹、撞、顺、巧。七星螳螂拳主要套路有弹腿、插捶、翻车、蹦步、拦截、摘盔、摘要、九转十八跌、白猿出洞等。

六合螳螂拳相传是以螳螂拳为主，集形意、通背、八卦、太极、劈挂 6 种拳法精髓创编而成，故称六合螳螂拳；也有认为六合者，指上、下、左、右、前、后六个方向及身体各部位之间的密切配合而言。打法强调避实就虚、引进落空、化劲借力、虚守实发、出手点眼、动作连环，劲力讲求刚、柔、明、暗、滑，以柔顺为主。六合螳螂拳主要套路有三捶、截手圈、双封、铁刺、仙人奔、短捶、藏花及六合摘要等。

八、八极拳

八极拳，全称“开门八极拳”，又称“岳山八极拳”。开门，指以“六大开”为技法核心，破开对方门户之意。拳称八极，是沿用古代说法：九州之外有八寅，八寅之外有八纮，八纮之外有八极，是八方极远之意。

八极拳由山东人吴钟（忠、仲）首传。八极拳的特点是简洁朴实、势险节短、猛起猛落、硬开硬打，发力刚烈，并发哼、哈二声，以气催力。八极拳的功法以闯步、震脚、两仪马步蹲桩、磕桩、靠桩、打桩、踢桩、七星桩为主。

九、翻子拳

原名“八闪翻”，又名“翻子”“番拳”，属短打类型的拳术。明代戚继光著《纪效新书·拳经捷要篇》载：“八闪翻，十二短，此亦善之善也。”近代翻子拳出自河北韩禄马，韩氏将此拳艺传于高阳段老绪，段氏将此拳与戳脚传东北许兆熊，许氏又将此拳传沈阳郝鹤翔、胡奉三和烟台程庆春等人。

民国初年，武术家马凤图、马英图（同胞兄弟）曾在沈阳与郝、胡、程相聚七年，结为武知己，马氏得郝、胡、程的翻子拳、戳脚，郝、胡、程得马氏兄弟的通背劈挂拳，马氏把翻子、戳脚带往西北，沈阳习翻子拳者兼习劈挂拳。任何同属一脉的拳种在流传过程中难免在劲力、风格以及套路结构上有所变异，所以，逐渐形成了东北、西北两支翻子拳。东北所习翻子拳主要特点是硬起硬落、脆快一气，其流行的翻子拳有波浪翻、铁臂翻、趋浪翻、烈马翻、地龙翻、缠丝翻等。西北所习翻子拳其劲力与劈挂拳的通透劲和开合劲相融，动作中吸收有螳螂拳的招法，主要特点是以腰发力，发力迅速遒劲，架势俯伏闪动，气势浑厚，并且受吞吐发力、辘辘翻扯、搅靠劈重的通备劲力染化。此外，在河北和京津一带还传习有萃翻子、鹰翻子、寸翻子、燕青翻、六手翻等。

十、戳脚

关于戳脚的渊源远可追溯到成书于元末明初时的《水浒传》，其中有武松使用“玉环步、鸳鸯脚”醉打蒋门神之说。近可考证到清嘉庆末期，1813 年冀鲁豫一带爆发天理教农民起义，作为农民起义领袖之一的冯克善及其部将杨景、唐有立起义失败后被捕，后越狱匿于河北饶阳一带，传拳授艺达二十余年，冯克善化名赵灿章，门人尊称赵老灿，在传拳过程中，以原来的八趟金刚架、八趟金刚捶、六合根等套路为基础，创编出被后人誉为“北腿之杰”的戳腿，并逐渐完善为文九、武九共十八趟基本套路，以及甲子捶、三拦手、小力士拳和燕子拳等拳械套路。

戳脚又名九番鸳鸯脚、九枝子、趟子腿，是“九番御步鸳鸯勾挂连环悬空脚”的简称。但九番指戳脚套路分“文”“武”各九趟，戳脚将套路称为趟子，一个套路为一趟，九趟即九个套路。

戳脚文趟子的特点是架势较小，动作严谨，灵活多变，寓刚于柔，柔而后刚，攻防方法轻而含蓄。武趟子的特点是架势较大，运作舒展，硬攻直进，刚中寓柔，攻防方法明显。戳脚的运动特点是节奏明快、刚中寓柔、动作对称、结构严谨，以腿功见长。

十一、劈挂拳

古称“披挂拳”。拳术种类之一，流行于黄河流域。相传在明代就有此拳种。清末，河北盐山县潘文学在执掌盐山书院时就传播了劈挂拳，后此拳传到沧县等地。其技术内容有拳术，器械、基础训练和散手，套路有一路劈挂、二路青龙、三路飞虎、四路太淑。目前一路劈挂拳已在全国流传习练。器械有刀、剑、棍、双刀、凤头阁、三节棍等，基础训练有十路弹腿、十二大镗子、溜脚势等。其特点是发力饱满，气势贯通，双臂交劈，大开大会，劲道上讲究翻扯劲和辘辘劲。招法上要求“一以贯之”，注重“慢拉架子快打拳、急打招”。

第二章

时尚游泳

第一节　游泳运动简介

游泳是凭借自身肢体动作和水的相互作用力，在水上漂浮前进或是在水中潜游而进行的一种有意识的技能运动。游泳一直与人类的生产、生活有着密切的联系，如捕鱼、打捞等都需以游泳为基础，因此，它是人类在长期的劳动和同大自然的斗争中产生的。

一、认知游泳运动

1．游泳运动的起源和发展

古代原始人为了生存而趟河涉水，为了生活而栖息水边，熟知水性便成了基本的技能。从早期的图画浮雕和雕塑作品可以确定，人类游泳历史至少已有 2 000 年的时间。

游泳在历史的发展过程中，从原始的生产生活技能，发展到成为体育运动的重要项目，成为人们锻炼身体的重要手段，备受群众特别是青少年的喜爱，已成为人类社会生活中不可缺少的一个组成部分。

19 世纪中期和 20 世纪初，现代游泳运动在英国和澳大利亚等国出现。1896 年在希腊雅典举行的第 1 届现代奥运会上，游泳就是竞赛项目之一。1908 年在英国伦敦举办第 4 届奥运会时，成立了国际业余游泳联合会，制定了国际游泳比赛规则。1912 年在瑞典斯德哥尔摩举行的第 5 届奥运会上，正式设立了女子游泳比赛项目。

游泳与其他运动项目相比较，有着不同的活动环境和运动方式、方法。在陆地上，我们的日常活动往往习惯于直立姿势，但在游泳时，却要俯卧或仰卧在水中做动作，因此要求我们改变直立状态下做动作的习惯。这样，我们在日常生活中早已形成的走、跑、跳等技能，便不能在水中使用，可以说，几乎所有的游泳动作都要从头学起。

小知识

1837 年英国伦敦举办了第一次游泳比赛，当时使用的泳姿只有蛙式；1844 年在伦敦举行的游泳比赛中，北美印第安人赢得了 100 码赛的胜利，他所使用的出水划行动作就是爬泳的原始雏形。

无论何种运动项目，在陆地上做动作时都有固定的支撑物，虽然有些项目在动作进行中有无支撑的阶段，但在动作的开始和结束阶段都有支撑物。而游泳却必须在水中，在不能作为固定支撑物的液体里进行。由于水的浮力和升力的原因，人体在水中有失去自身重量的感觉。同时，我们在水中流动，还要克服和利用水的阻力。如果游泳技术动作不合理，任你花费再大的力量，游进的速度也会很慢或者原地不动。

由此看出，只有了解游泳运动的独特性质，了解和适应其特点，才能更好地掌握和提高游泳技能。

2. 游泳的健身功能

游泳是全身性的运动，经常游泳不仅能使躯体和四肢强健，肌肉丰满、有力而富有弹性，身体匀称，体态健美；而且能扩大关节运动的幅度，提高关节的灵活性和稳定性。游泳能享受到空气浴（户外）、日光浴和冷水浴的三浴之乐；能增强身体的机能和抵抗力；能调节人体机能和治疗疾病的作用。经常进行游泳锻炼，能够改善、增强和提高人体各个器官的功能，尤其是心肺功能。游泳时，身体平卧在水中，由于水的压力，造成了呼吸的困难。所以，游泳时对呼吸的动作与节奏都有一定的要求，即与平日不同，必须用口在水面上吸气，用口鼻在水中呼气，吸和呼之间还要有闭气阶段，整个呼吸节奏要保持始终如一。所以，游泳时的呼吸与陆地上其他运动项目相比要复杂得多，不像陆地上运动时常可以随意呼吸。可见游泳所特有的呼吸节奏，会是我们学习游泳的重点和难点。

小知识

（1）游泳能改善血液循环，增强心肺功能。

（2）游泳能增加肺活量，提高呼吸功能。

（3）游泳对人体皮肤和血管有按摩作用，促进血液循环。

（4）游泳能提高人体的寒冷适应能力。

二、熟悉水性

熟悉水性是学习各种游泳姿势的一个重要练习，其目的是使初学者通过身体的感官感知水的浮力、压力和阻力等，逐步适应水的特性和环境，消除对水的恐惧，并掌握水中行走、呼吸、漂浮、滑行等一些游泳最基本的动作，为今后学习和掌握各种游泳技术打下良好的基础。熟悉水性练习中，呼吸和滑行是最为重要的两个方面。

1. 水中行走

水中行走可以使初学者了解水环境中的浮力、阻力等特性，以便在水中站立或行走时能维持身体平衡，消除怕水的心理。

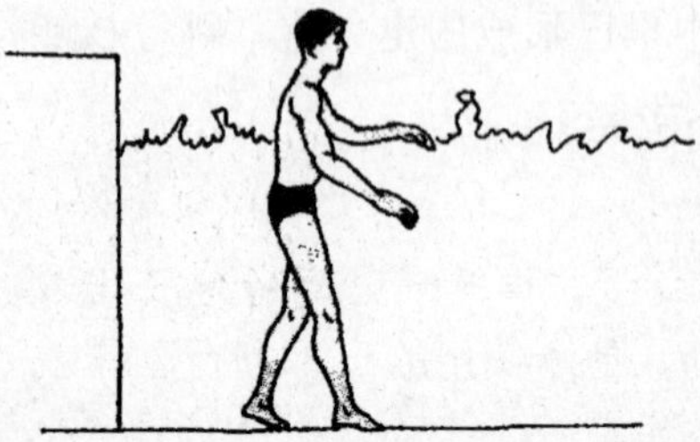

图 3－2－1

练习要求：一般在齐腰深的水中进行，做各种方向的行走、跳跃练习。开始时动作不宜过大，速度不宜过快，要保持身体协调，维持身体平衡。最好按以下练习方法依次进行。

练习方法：

（1）扶池边或分道线行走。

（2）扶池边或水线跳跃。

（3）水中行走（见图 3－2－1）。

（4）水中跳跃走。

练习提示：在做以上练习时，可结合游戏（如转圈跳舞、水中接力、撒网等），以提高学习兴趣。并且应先动作小、速度慢，再过渡到动作大、速度快，要始终维持身体的平衡。

2. 学习呼吸

呼吸练习是游泳教学的难点，也是熟悉水性阶段的关键内容，应贯穿于整个练习的始终。该练习可使初学者基本掌握游泳的呼吸方法、呼吸过程、呼吸节奏，以适应头入水的刺激，消除怕水的心理。

练习要求：练习前深吸一口气，然后憋气，低头或慢慢下蹲，把头部浸入水中。停留片刻后抬头，同时用嘴和鼻子呼气后再吸气，就不易呛水。

练习方法：

（1）水中憋气（见图3－2－2）。

在水中两手扶住池边、水线或抓住同伴的手，先深吸一口气，然后把头埋入水中憋气，憋不住时迅速站立抬头。憋气的时间应由短到长，直至能尽量憋较长的时间。

（2）水中呼气（见图3－2－3）。

在水中两手扶住池边、水线或抓住同伴的手，把头埋入水中憋尽量长的时间后，用口、鼻慢慢呼气，直至将体内的废气呼尽，迅速出水抬头，用嘴吸气。

图3－2－2

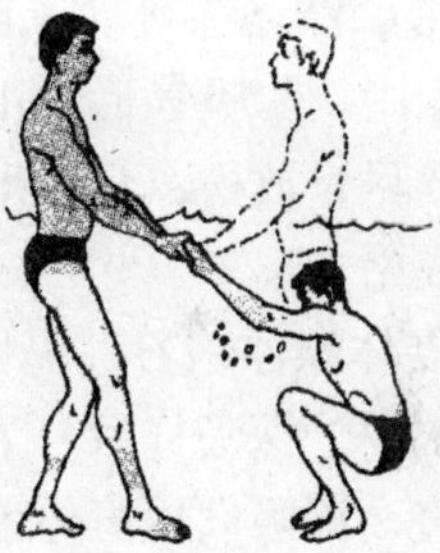

图3－2－3

（3）韵律呼吸（见图3－2－4）。

在水中，两手扶住固定物（池边、水线或同伴的手等），先自然吸气，接着将头没入水中，憋气后呼气，抬头出水用嘴吸气；再入水、憋气、呼气，如此反复并具有韵律感。

练习提示：呼吸是初学者练习的重点，应贯穿于教学的始终；正确的游泳呼吸是用嘴吸气、用嘴或鼻呼气。

图3－2－4

3. 水中漂浮

学习水中的漂浮技术，主要是让身体漂浮起来，体会水对人体的浮力，初步掌握人体在水中的平衡能力，排除对水的恐惧心理。

练习要求：练习时要尽量深吸气，在水中闭气的时间应尽量长些，身体要求放松。

练习方法：

（1）扶固定物团身漂浮练习（见图3－2－5）。

在水中两手扶住池边、水线或抓住同伴的手，先深吸一口气，然后把头埋入水中憋气，同时团身，使身体尽量放松，自然地漂浮于水面；呼气后站立，头部出水、用嘴吸气。在此基础上，两人或多人手拉手可同时做团身漂浮练习。

（2）扶固定物展体漂浮练习（见图3－2－6）。

在水中两手扶住固定物（池边、水线或同伴的手等），先吸气后把头埋入水中憋气，同时团身，全身放松，使身体自然漂浮于水面（同伴可扶其腹部帮助漂浮起来），然后展开身体，呼气后站立，头部出水、用嘴吸气。在此基础上，两人或多人手拉手可同时做团身再展开漂浮练习。

图3－2－5

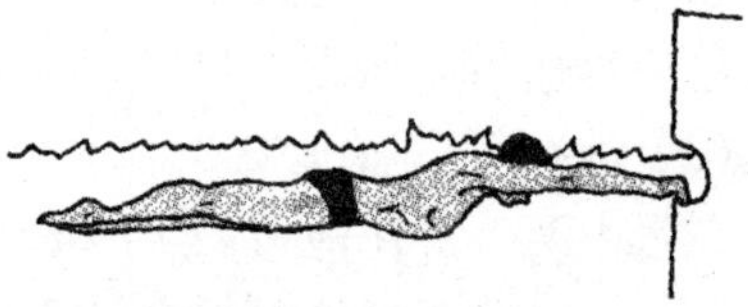

图3－2－6

（3）抱膝漂浮练习（见图3－2－7）。

站立水中，深吸气后，下蹲憋气，低头抱膝，大腿尽量靠近胸部，成低头抱膝团身姿势。身体要尽量放松，自然地漂浮于水上。呼气后，两臂前伸向下按水并抬头，同时两腿伸直向下踩成站立。

（4）展体漂浮练习（见图3－2－8）。

站立水中，深吸气后，下蹲憋气，低头抱膝，放松漂浮于水中后，展开身体；或两臂放松向前伸直，深吸气后身体前倒并低头，两脚轻轻蹬离水底，成俯卧姿势漂浮于水面，臂、腿自然分开，全身放松，身体充分展开。呼气后，两臂前伸向下按水并抬头，同时两腿伸直向下踩成站立。

练习提示：漂浮练习尽量把头浸入水中，以便学习后面的动作；站立时，迅速收腹、收腿，两臂快速向下按压水，同时两腿向下踩，成站立姿势。练习时，只要憋住气，四肢放松，身体会自然漂浮起来。

图3－2－7

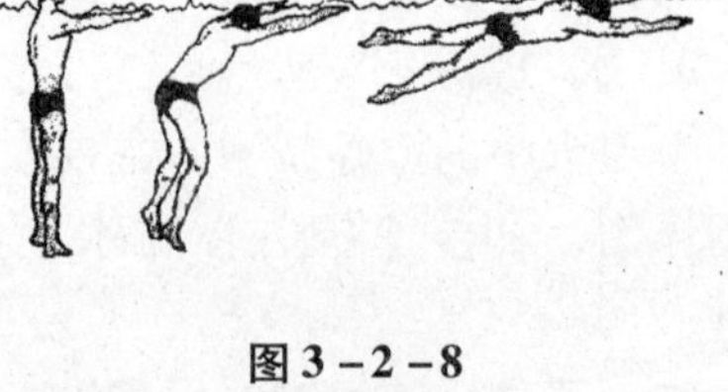

图3－2－8

4. 滑行

滑行是进一步体会水的浮力，掌握在运动过程中如何维持身体的平衡姿势。

练习要求：滑行时，臂和腿自然伸直，身体放松成流线形，要尽量延长闭气时间和滑行距离。

练习方法：

(1) 同伴扶手滑行练习（见图3-2-9）。

手臂放松扶住同伴的手，没入水中憋气，身体展开漂浮在水面，全身放松。同伴拉练习者的手倒退走，使其体会滑行动作。在此练习基础上，可放开练习者的手，使之自己滑行漂浮，但要注意保护。

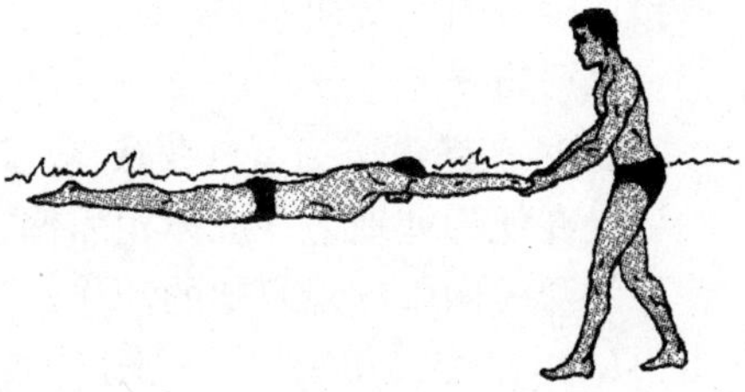

图3-2-9

(2) 蹬池壁滑行练习（见图3-2-10）。

背向池壁，双臂伸直并拢贴近双耳，或一手扶池边缘，一臂前伸。一脚站立，另一脚触抵池壁。深吸气后低头，上体前倾成俯卧，支撑腿迅速屈膝上提将脚贴在池壁上，臀部尽量提高并靠近池壁，双脚用力蹬壁，全身充分伸展、放松，成流线形向前滑行。在此基础上也可做蹬池底滑行练习，体会在滑行中如何保持身体平衡。

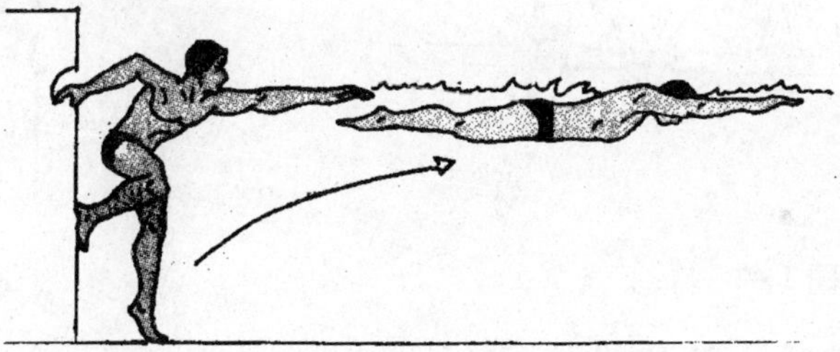

图3-2-10

练习提示：滑行练习是熟悉水性的重要内容，应反复练习。在做蹬池壁练习时，尽量增大蹬腿力量，以增加滑行距离；两腿和手臂尽量合拢，以保持身体的流线形。

第二节 游泳运动的基本技术和练习方法

一、蛙泳

蛙泳是模仿青蛙游泳动作的一种姿势，适合于长时间、长距离的游泳。如果我们仔细观察青蛙的游泳动作，就会惊奇地发现，它的运动是有效而轻松的，每一次蹬水都会使其轻捷快速地向前滑动。在滑动过程中，它甚至可以不急于做下一个动作，但游泳效果却非常好。因此，人们很早就受到了启发，在生产生活中逐步发展完善了蛙泳技术，可以说，蛙泳是最古老，也是实用性最强的一种泳式。由于它的动作省力，呼吸简单，并能充分利用水的浮力使人体长时间漂浮，因而很受游泳爱好者的青睐。所以，我们把蛙泳列为首学泳式，望广大学生能够学会轻松省力的蛙泳。下面介绍蛙泳基本技术。

1. 腿部动作的学习

练习要求：蛙泳的腿部动作是推动身体前进的主要动力，是掌握蛙泳技术的基础。在蛙泳教学中应抓住收腿、翻掌、蹬夹、滑行4个主要环节；在动作节奏上，强调收腿时要慢而放松，蹬腿时要快而有力。

练习方法：

（1）坐撑模仿练习（见图3-2-11）。

坐在池边或地上，上体稍后仰，两手体后撑，两腿伸直，模仿做蛙泳收、翻、蹬夹的动作。练习时两眼注视双腿的动作，先分解后连贯进行练习。

（2）俯卧模仿练习（见图3-2-12）。

俯卧在池边或地上，手臂前伸，模仿蛙泳收、翻、蹬夹的动作。在练习中应注意动作节奏和动作路线，慢收腿，边收边分，翻脚要充分。辅助者可以虎口握住练习者两脚掌内侧，协助做收腿的练习。

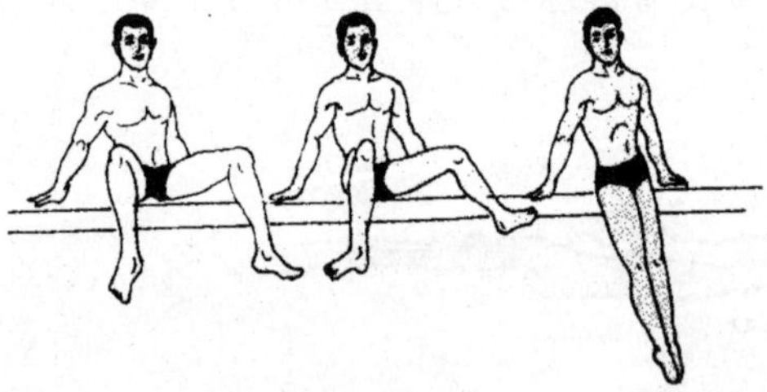

图3-2-11

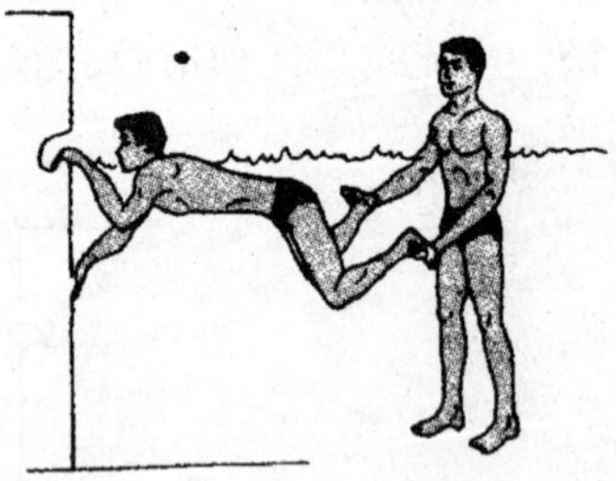

图3-2-12

（3）水中固定支撑做腿部动作练习（见图3-2-13）。

手扶池边或同伴的手，头潜入水中，使身体展开漂浮于水面（同伴可帮助），两腿放松伸直并拢，做收、翻、蹬夹的动作，可先分解后连贯进行练习。

（4）水中移动支撑做腿部动作练习（见图3-2-14）。

在水中扶同伴的双手（或扶浮板等），头潜入水中，使身体展开漂浮于水面（同伴可帮助），两腿放松伸直并拢，当练习者有滑行动作后，做收、翻、蹬夹腿的练习。练习者在做蹬夹腿时，同伴应稍用力拉练习者一下，使练习者体会蹬夹腿后，身体向前滑行的动作。

图3-2-13

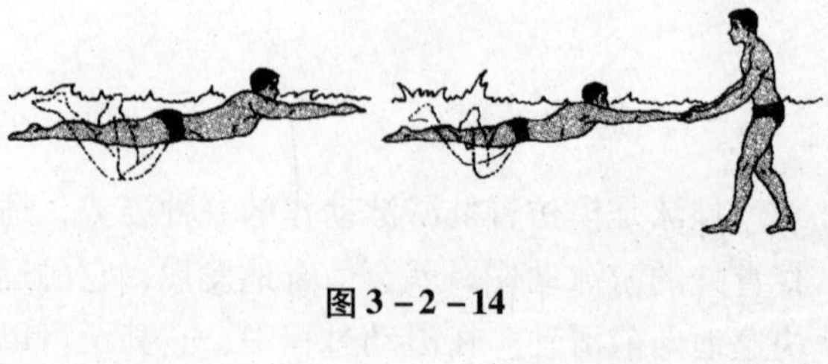

图3-2-14

（5）滑行做腿部动作练习（见图3－2－15）。

练习者蹬池边或池底后，两手臂并拢伸直向前滑行，只做收、翻、蹬夹腿动作。练习时注意动作节奏，蹬夹腿要伸直并拢，要有向前滑行的动作，并且最好闭气进行该练习。记住：此练习是学会蛙泳最重要的动作练习，应反复进行。

练习提示：蛙泳教学重点是收、翻、蹬夹水动作；难点是及时而又充分的翻脚。教学中，蹬池壁滑行做腿部动作是蛙泳腿部动作练习中的重要环节，应反复进行练习，以使动作轻松、熟练、自然舒展，并维持身体平稳。

身体姿势：蛙泳在游进时，身体应俯卧在水中，在完成臂和腿的动作后几乎成水平姿势，两臂向前伸直，脸部浸入水中，后脑部始终露出水面，腰腹平直，使身体保持一定的紧张程度向前滑行，这时身体纵轴与水平成5°～10°。当吸气时，下颚露出水面，肩部开起，这时身体与水平面角度较大，约15°。

腿部动作：蛙泳腿部动作是推动身体前进的主要动力，腿部动作由收腿、翻脚、蹬夹水、滑行4个连贯动作组成。

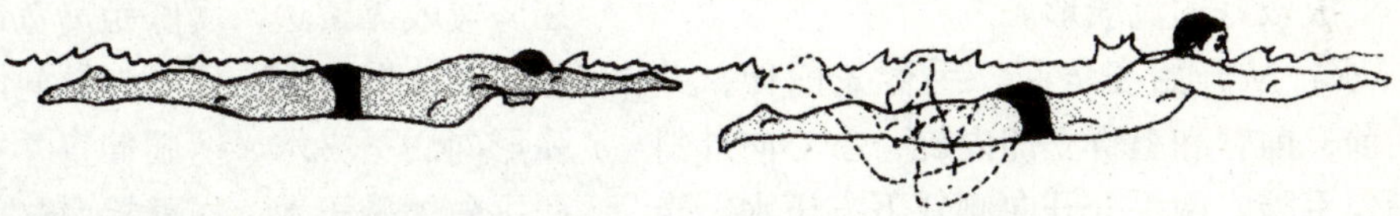

图3－2－15

① 收腿：开始收腿时，两腿随着吸气动作自然向下，两膝自然逐渐分开，小腿向前回收，脚跟向臀部靠拢、边收边分。收腿时，力量小，要放松、自然。收腿结束后，大腿和躯干成120°～140°，两膝与髋关节同宽。

② 翻脚：蛙泳蹬水效果的好坏，很大程度上取决于翻脚的技术。在收腿将要结束时，两脚就开始做外翻动作，膝关节稍向内，使脚掌和小腿内侧形成向后最有利的平面。

③ 蹬夹水：这是在腿的动作中产生推进力的主要部分，是通过伸髋、伸膝，以大腿、小腿和脚掌内侧面向后做加速而有力的弧形蹬夹水动作。蹬水将结束时，踝关节伸直并拢做鞭状动作。蹬夹水的方向是两腿向后、向内运动，它的基本路线是前半段稍向外做蹬的动作，后半段向内，边蹬边夹一起进行。

④ 滑行：蹬夹水后，前进的速度较快，有一段短暂的滑行时间。滑行时，两腿并拢，自然伸直、放平，以减少迎面阻力。

2. 学习手臂动作及手臂与呼吸的配合

练习要求：蛙泳时臂部动作由前伸滑行、外划、内划、收手、伸臂5个连贯动作所组成。从两臂并拢前伸开始，掌心向斜下后方，两手向外划至与肩同宽，屈肘，快速划水到颌下，两手合拢前伸，掌心相对。

练习方法：

（1）陆地上模仿手臂动作练习：两腿分开站立，上体前屈，两臂伸直，掌心向下，模仿做蛙泳手臂分解动作。数“1”做外划，数“2”做内划，数“3”做伸臂滑行动作。

（2）站立水中做手臂动作练习：在水中原地站立，手臂前伸时，低头入水，同时吐气；划水、收手时抬头呼吸。练习时注意动作节奏。

（3）水中走动做手臂动作练习：在水中，手臂前伸的同时向前走一步，低头入水吐气；划水、收手时抬头呼吸。反复进行练习（见图3－2－16）。

图3－2－16

（4）蹬池壁做手臂动作练习：蹬池壁滑行，做手臂的外划、内划、伸臂等连贯动作练习。

① 开始姿势：两臂自然向前伸直，并与水平面平行，掌心向下，手指自然并拢，使身体成一直线，形成较好的流线形。

② 抓水：从开始姿势起，手臂先前伸，并使重心向前，前臂和上臂立即内旋，掌心向外斜下方并稍勾手腕，两手分开向侧斜下方压水，当手掌、前臂感到有压力时，即刻开始划水。

③ 划水：划水是产生推进力的最有效阶段。在紧接抓水动作后，加速向后划水，整个划水过程保持肘部较高的位置，其划水动作主要是拉的力量。划水方向是向侧、下、后、内前方；划水路线是椭圆曲线；划水力量是由小到大，划水速度是由慢到快。划水时，前臂和上臂弯曲的角度是不断变化的，当手臂划至两臂夹角约120°时，即应连续过渡到向里做收手动作。划水和收手时，手走的路线在肩的前下方。

小口诀

屈膝慢收靠臀边，两膝距离宽似肩。
边收边分慢收腿，两脚外翻向两边。
弧形向后蹬夹水，两腿伸直并拢漂。
两手向外侧压水，屈臂抬肘向后划。
颌下收手转向前，并拢伸直稍停留。
划水腿不动，收手后收腿。
伸臂再蹬腿，臂腿伸直漂。

④ 收手：收手是划水阶段的继续，收手过程也能产生较大的推进力和上升力。动作是由向内上收到头的前下方，继而成两手掌向上，最后掌心向下并拢前伸。收手动作应当有利于做快速前伸手动作。

⑤ 伸臂：伸臂动作由伸直肘关节、肩关节来完成，掌心由朝上逐渐向下方，同时向前伸出。

练习提示：教学的重点是划水的方向和路线。划水时应屈臂，肘关节稍高，但不应超过肩横轴线，并保持动作连贯、协调一致。

3. 腿部动作与手臂动作配合的学习

练习要求：臂外划时腿不动，内划时收腿；手臂向前将伸直时蹬腿，蹬腿结束后手臂和腿伸直并拢，呈流线形姿势滑行。

练习方法：

（1）陆地上模仿手臂与腿的配合练习（见图3－2－17）。

两脚左右开立，两手臂伸直并上举，按节奏做外划、内划下蹲（表示收腿）、向上伸臂站起（表示蹬腿）的练习。

（2）蹬池壁滑行做手臂与腿的配合练习，在水中手臂前伸的同时，脚蹬池壁滑行并闭气，小幅度划水收手时收腿、手臂前伸时，腿做外翻、蹬夹水动作。反复进行配合练习。

练习提示：在水中练习时，尽量掌握收手时收腿、伸手时蹬夹水动作的配合，并做到动作轻松自然，配合协调。

图 3－2－17

4．完整配合动作的学习

练习要求：蛙泳完整配合动作一般采用一次划臂、一次蹬腿和一次呼吸配合，即两臂外划时腿不动，抬头吸气（早吸气），内划时收腿、闭气；臂向前将伸直时蹬夹腿，臂腿伸直滑行时呼气。

练习方法：

（1）陆地上模仿完整配合练习：两腿站立，身体前倾，两臂伸直，用一腿来代替两腿的动作。数“1”两臂分开，抬头吸气；数“2”收手、收腿；数“3”时手臂伸直并低头入水吐气，同时翻脚蹬腿并拢，两腿交替进行。

小口诀

两臂外划腿不动，收手同时又收腿。
抬头先吐后吸气，先伸手臂后蹬腿。
同时低头慢呼气，腿臂伸直漂一会。

（2）同伴帮助做完整配合练习：在水中，在同伴的托扶下练习完整的配合技术动作。

（3）独立进行完整配合练习：在臂、腿连贯配合蛙泳的基础上，加上抬头吸气的动作，独自进行完整配合技术练习。

（4）臂与呼吸配合技术

划水将结束时，稍抬头，嘴露出水面，用力将余气呼出，当嘴露出水面时，立即用嘴进行强而深的快速吸气。收手和臂前伸时头放平，稍闭气后，用鼻和嘴慢慢呼气，再开始第二次呼吸的循环动作。

（5）臂、腿、呼吸动作的配合技术

蛙泳完整配合技术是：臂划水一次，腿蹬水一次，配合呼吸一次。臂抓水和开始划水时，腿伸直不动，划水将结束时两腿自然放松。收手时开始收腿，手开始前伸时收腿结束翻好脚掌，臂前伸将结束时用力向侧后蹬夹水。伸臂蹬夹水后，身体成一直线，向前滑行。

初学者采用早呼气技术较为有利，也就是在两臂开始抓水时抬头呼气，划水时用力吸气，这样有利于提高身体位置，便于呼吸。

在学习游泳技术前，要能自如地完成下列动作：敢于把脸和头部没入水中，在水中吐泡泡；敢于把身体漂浮起来，并能复原重新站起来；靠近池边可以俯卧滑行，能滑行 10 米左右；能够适应水中活动，例如站立划水、水中睁眼等。

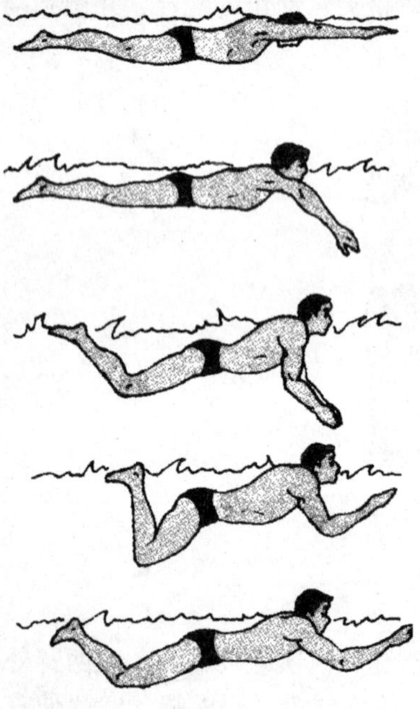

图 3－2－18

练习提示：在做完整配合动作练习时，距离不宜过长，应强调动作的正确性和协调性。伸手蹬夹腿时低头并用嘴慢慢吐气；收手时抬头并再用嘴快吐一次气，这样嘴可自然吸气（见图 3－2－18）。

二、爬泳（自由泳）

多数青少年朋友往往对激烈的竞速比赛情有独钟。如田径运动中的百米赛跑、摩托车赛、F－1 方程式汽车赛，等等。人们喜欢速度的对抗，当然在水中也不例外。我们发现，同等水平下，爬泳堪称所有游泳姿势中的冠军。爬泳，俗称自由泳。游爬泳时，人在水中成俯卧姿势，两腿交替上下打水，两臂轮流划水，动作很像爬行，所以人们称之为“爬泳”。爬泳是四种游泳技术中速度最快的一种，在游泳比赛的自由泳项目中，大都采用这种姿势。同学们如果想游得飞快，请学好爬泳技术。

1. 身体姿势

如图 3－2－19 所示，游爬泳时，身体要尽量保持俯卧的水平姿势，头部应自然稍抬起，水平面接近发际，双腿处于最低点，身体纵轴与水平面成 3°～5°的仰角。爬泳游进中，身体可随划水、转头而围绕身体纵轴做有节奏的转动，转动的角度一般为 35°～45°（见图 3－2－20）。如果速度加快，角度就会相对减少。

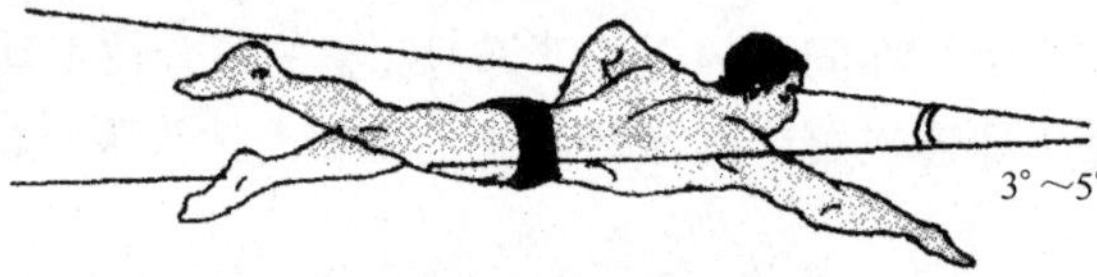

图 3－2－19

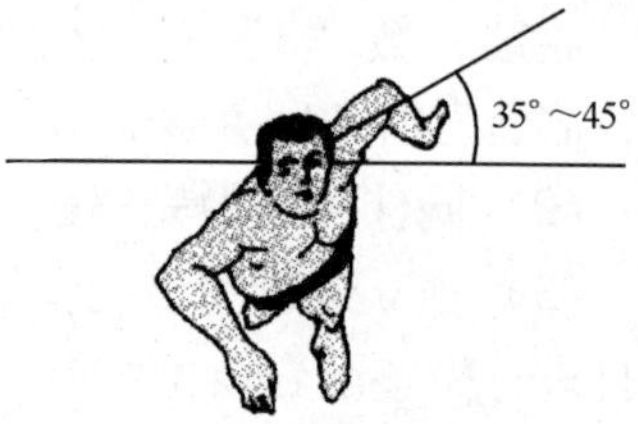

图 3－2－20

2. 腿部技术

在爬泳技术中，大腿动作除了产生推动力外，主要起着维持身体平衡的作用，它能使下肢抬高，以及协调配合双臂有力地划水。

爬泳腿的打水动作，几乎与水平面成垂直方向进行，从垂直面看，两腿分开的距离为 30～40 厘米，膝关节弯曲的角度约为 160°（见图 3－2－21）。

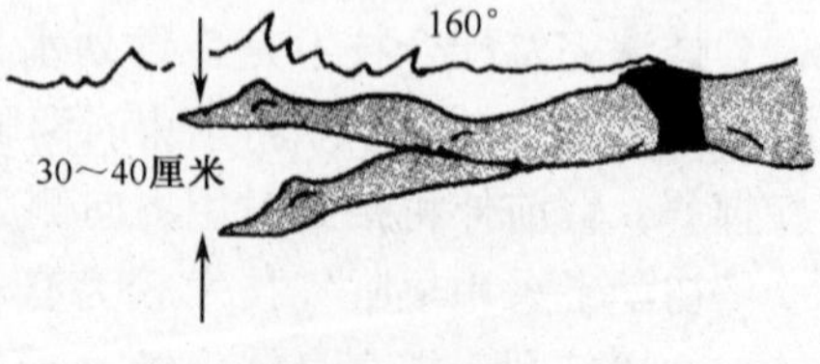

图 3－2－21

爬泳腿打水时，两脚稍内扣，踝关节自然放松，由大腿发力，带动小腿和脚做上下鞭状打水动作。游爬泳时，两腿轮流上下交替做打水动作。向下打水是产生推进力的主要部分，因此应用较大的力量和较快的速度进行；而向上打水则要求放松、自然，尽量少用力，并且速度相对要慢。

3. 手臂技术

游爬泳时，两手臂轮流交替向后划水，是推动身体前进的主要动力。它分为入水、抱水、划推水、出水和空中移臂等几个阶段，这几个阶段在划水动作中是紧密相连的一个完整动作。

（1）入水（见图 3－2－22）。

手臂入水时，肘关节略屈并高于手，手指自然伸直并拢，掌心朝向前斜下方，大拇指领先入水，手入水的位置应在肩的延长线上或在身体的中线和肩的延长线之间。入水的顺序为：手——前臂——大臂。手臂切入水后，手和前臂应继续向前下方伸展。

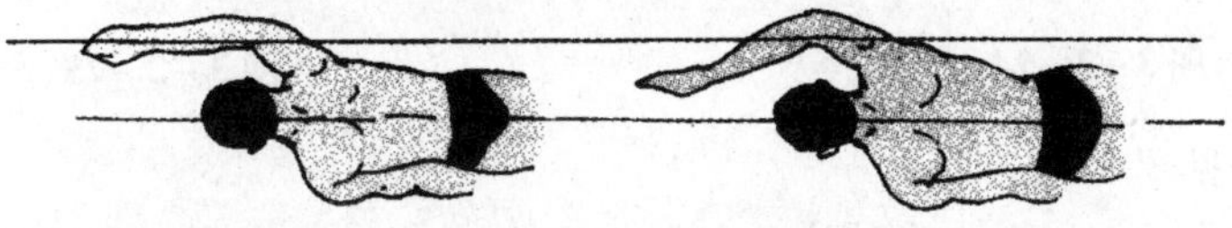

图 3－2－22

（2）抱水（见图 3－2－23）。

抱水是手臂寻找发力点和支撑点的抱球动作，是为划水做准备的。手臂入水后，应积极插向前下方，前臂和大臂应积极外旋，并屈腕、屈肘，手向下后方移动，而上臂几乎不动。当手移至头前下方，手臂与水面约成 40°时，肘关节屈至 150°左右，肘高于手，抱水动作结束。

图 3－2－23

（3）划推水。

划推水是获得推进力的主要阶段，其分为两个子阶段：从抱水结束到划至与水面垂直之前称为“划水”，过垂直面后称为“推水”。

划水过程中，应保持高肘姿势，前臂和手的运动速度要快于大臂，手向内、向上、向后运动。当划水结束时，手划至肩的下方，手臂与水面垂直，肘高于手，肘关节弯曲成 90°～120°。同时，推水手臂向后移动，肘关节逐渐伸直（见图 3－2－24），手是向外、向上、向后运动。当手划至大腿旁边时，推水动作结束，肘关节几乎伸直。在整个划推水过程中，手的运动路线并不是始终在一条直线上和同一平面上，它经历了向外、向下、向内、向外、向上的较复杂的三维曲线动作，移动路线为“S”形，速度由慢到快，有明显的加速划水动作（见图 3－2－25）。

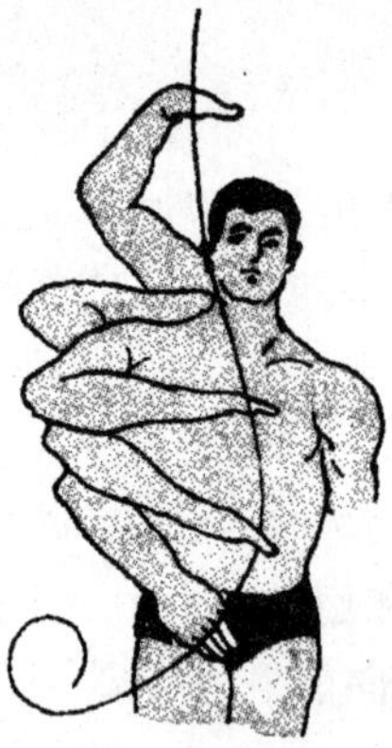

图 3-2-24

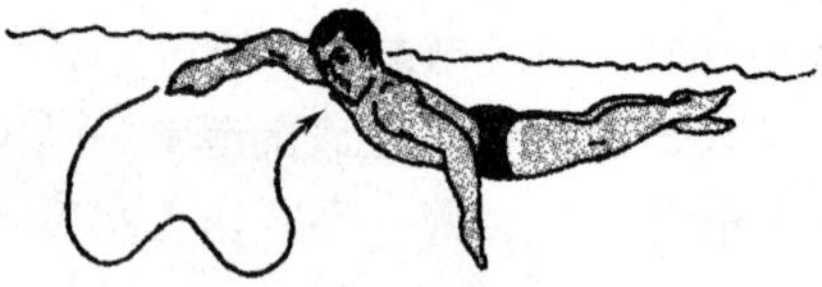

图 3-2-25

（4）出水（见图 3-2-26）。

在划水结束后，由大臂带动肘关节向外上方做“提拉”动作，将肘关节、前臂和手提出水面。手臂出水动作应迅速、自然连贯，前臂和手应尽量放松。

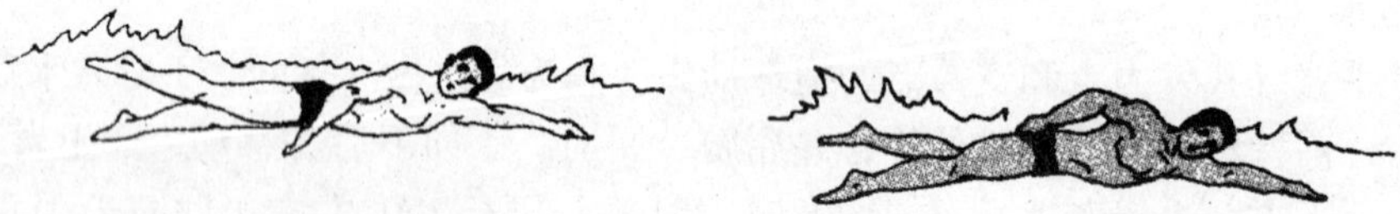

图 3-2-26

（5）空中移臂（见图 3-2-27）。

空中移臂是手臂出水的继续，不能停顿，移臂动作应放松自如，尽量不要破坏身体的流线形，与另一手臂的划水动作保持协调一致，注意动作节奏。在整个移臂过程中，肘部应始终保持比手部高的位置。

4. 配合技术

爬泳的配合技术分为两臂的配合技术、两臂与呼吸的配合技术以及完整的配合技术。

图 3-2-27

（1）两臂的配合技术。

爬泳两臂的正确配合是保障前进速度均匀性的重要条件，并且还有利于发挥身体核心力量积极参与划水。根据划水时两臂所处的位置，可分为三种配合形式：前交叉、中交叉和后交叉。大多数人采用中交叉配合技术。

（2）两臂和呼吸的配合技术。

游爬泳时的呼吸动作是通过上体绕身体纵轴转动和头部的侧转动共同完成的。呼吸动作正确与否，将直接影响着划水力量和速度、耐力的发挥。

爬泳时的呼吸动作应有节奏地进行，并可根据个人的情况来确定配合方式。采用较多的是两臂各划水1次，做1次呼吸。吸气时，头随着肩关节、身体的纵向转动转向一侧，使头在低于水面的波谷中吸气。此时，同侧臂正处在出水转入移臂的阶段；移臂时，头转向正常位置。同侧臂入水时，开始慢慢呼气。

小知识

划至肩下慢吐气，推水提肘转头吸。
两手划水各一下，二四六腿任选打。
打二打四或打六，或左或右吸一次。

（3）完整的配合技术。

爬泳完整配合动作即呼吸、手臂和腿的配合动作，手臂是产生推进力的主要来源。呼吸、手臂和腿的配合形式主要有3种：1∶2∶2配合（即一次呼吸、两次手臂动作、两次打腿的动作）；1∶2∶4配合1∶2∶6配合，其中1∶2∶6配合最为常见。

三、仰泳

仰泳是仰卧在水中游泳的一种姿势，仰泳技术与爬泳较为相似。

1. 身体姿势

如图3－2－28所示，仰泳时，身体平直地仰卧水中，自然伸展，腹部微收成流线形。头、肩略高于臀，下颌略收，水面齐耳际。

2. 腿部动作

仰泳腿部动作与爬泳基本相同，主要起维持身体平衡的作用，并能产生一定的推进力。仰泳腿打水时，以髋部为支点，大腿发力，带动小腿向后上方踢水。向上踢水时，屈膝上踢，屈膝约为135°，脚背向内扣，加大踢水对水的作用力面积。向下打腿时，膝关节必须自然伸直下压，打腿幅度大于爬泳，约为45厘米，做鞭状打腿（见图3－2－29）。

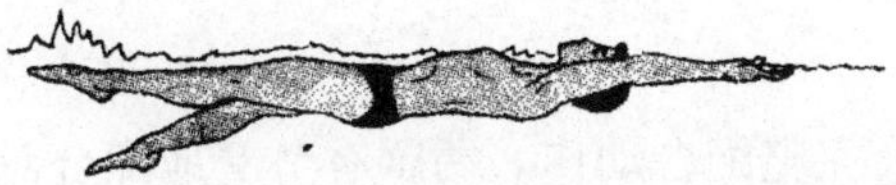

图3－2－28

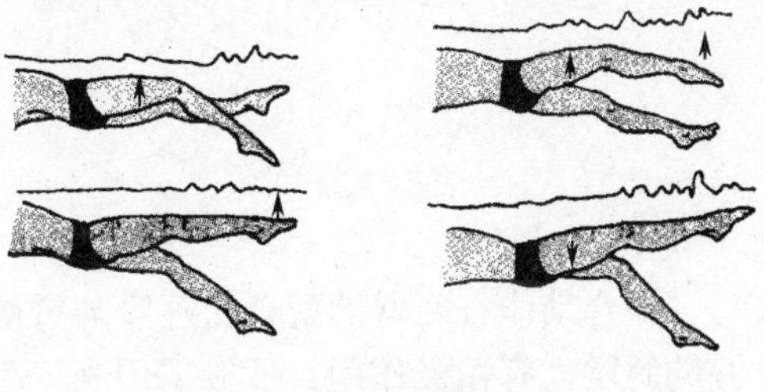

图3－2－29

3. 手臂动作

仰泳的手臂动作由入水、抓水、划水、出水和空中移臂5个连贯动作组成。入水时，手臂伸直，掌心朝外，小拇指领先入水；手稍内收，与小臂成150°～160°（见图3－2－30）。入水点一般在肩的延长线与身体纵轴之间，臂入水应展胸伸肩。

手臂入水后下滑抓水、积极伸肩并外旋，紧接勾手腕、屈肘，掌心与前臂对水。抓水结束时，手距离水面约30厘米，肘关节弯曲成150°～160°，此时，手臂已处于有利的划水状态（见图3－2－31）。

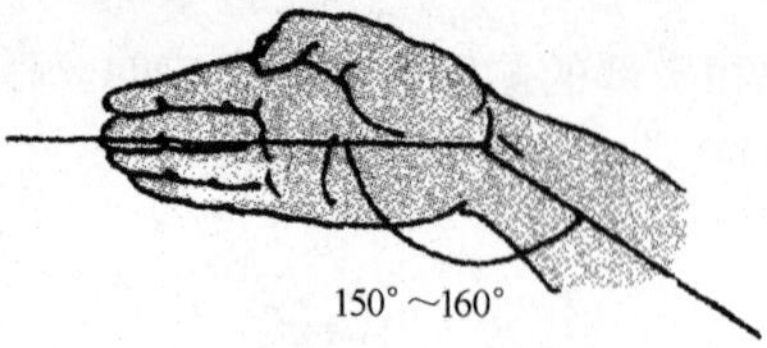

图 3－2－30

图 3－2－31

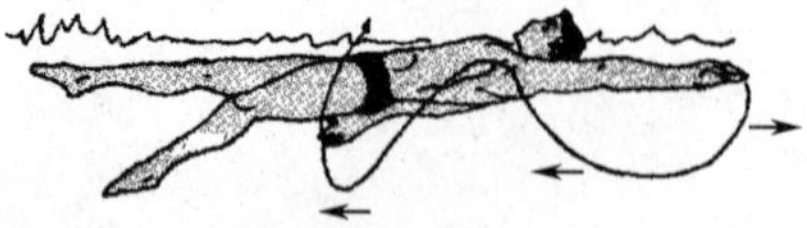

图 3－2－32

划水是获得推进力的主要阶段，可分为拉水和推水两个部分。拉水过程中，肘关节弯曲程度逐渐加大。当划至肩部垂直平面时，手掌距离水面 15 厘米左右，小臂与大臂形成 90°～110°；推水时要充分利用拉水的速度和最大对水作用面积，使整个手臂同时用力向后下方做推压动作。当手划至臀部侧下方时，推水动作结束，此时手掌距离水面约 45 厘米。仰泳时，手在水下移动路线呈“S”形，速度由慢到快，有明显的加速划水动作（见图 3－2－32）。

出水时应先压水后提肩，使肩露出水面后，大臂、小臂、手依次出水，出水动作应自然迅速。手臂出水后，应自然轻松、伸直地由后向前与水平面垂直地移动（见图 3－2－33），移至肩正上方时，手臂外旋，掌心向外，保持该姿势至入水。

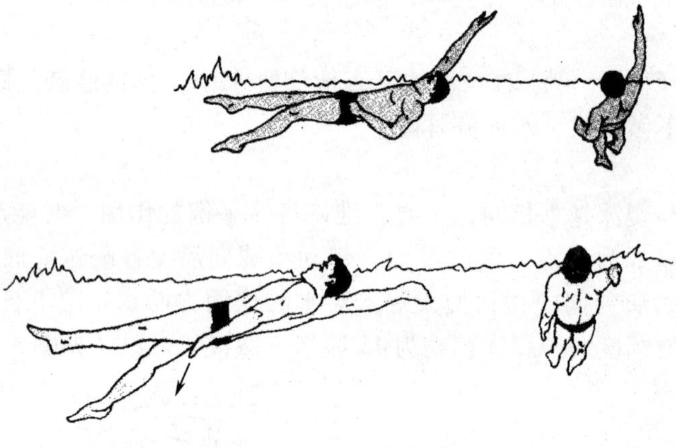

图 3－2－33

4. 配合动作

配合动作有两臂的配合、呼吸与臂的配合以及完整配合动作。两臂有节奏地配合对划水力量的增大有积极作用，一般采用当一手臂入水，另一手臂处于推水结束时。呼吸与臂的配合采用两手臂各划 1 次，做 1 次呼吸，而打腿、划臂、呼吸的配合均为6∶2∶1，即打腿 6 次、手臂划水 2 次、呼吸 1 次。这种配合技术对初学者保持身体平衡，维持手臂、腿部动作的协调非常有利（见图 3－2－34）。

四、蝶泳

蝶泳是以蛙泳为基础演变而来的一种游泳姿势。

起初腿部动作模仿蛙泳的蹬夹水，两臂对称由前往后划水出水面经空中前摆，动作近似蝴蝶飞行，故称蝶泳。后来腿部动作又模仿海豚波浪式摆动动作，所以有人称之为海豚泳。

1. 身体姿势

蝶泳时，头和躯干不断地在水平面上下移动，这种身体的上下起伏是自然形成的。但身体姿势力求稳定，身体有节奏地起伏，为臂和腿部动作提供有利的条件，并保持身体良好的流线形。

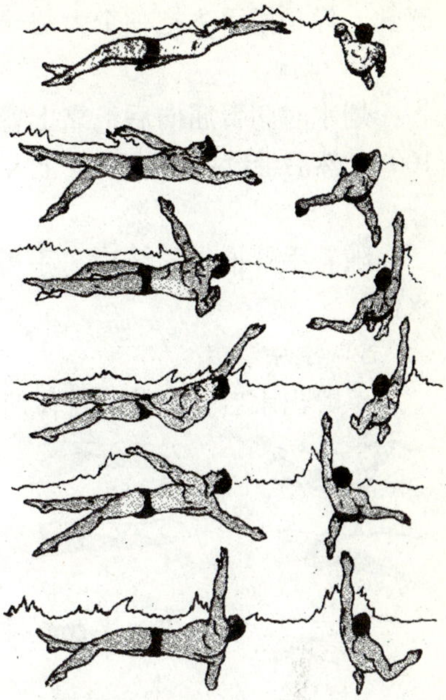

图 3－2－34

2. 腿部动作

蝶泳的打腿动作对于保持良好的身体姿势，形成身体自然的波浪摆动，提供了主要的推进动力。它是由腰部发力，大腿带动小腿而做的上下鞭状打水动作。向下打水时，两腿自然并拢，两脚掌稍向内旋，大腿带动小腿，屈膝、踝关节伸直，用脚背对准水向下快速打水。在小腿和脚向下打水还没有结束时，大腿开始向上提，这样可加速小腿和脚的下打及膝的伸直，形成鞭状打水。腿的下打上移是与提臀伸肩、躯干的上下起伏自然融合在一起的。

3. 手臂动作

蝶泳手臂动作是两臂同时对称进行的，包括入水、抱水、划水、出水和空中移臂 5 个部分，如图 3－2－35 所示。

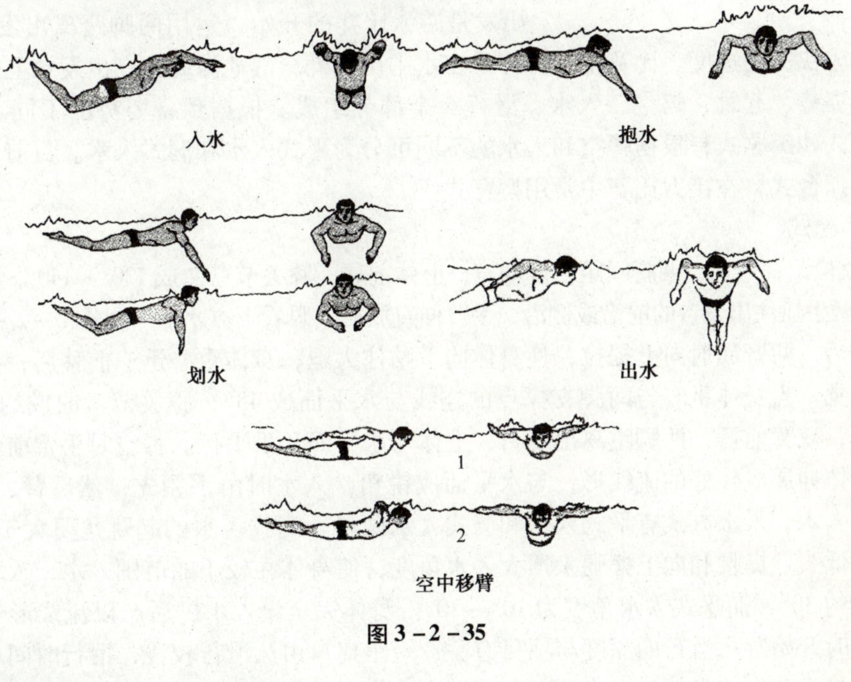

图 3－2－35

1）入水

两臂经空中移臂后在肩前插入水中，入水时两手距离略与肩同宽，掌心向两侧，手指向下，手、前臂、上臂依次入水。

2）抱水

手臂入水后，手和前臂向外旋转，手臂同时向外、向后和向下运动，手臂有支撑住水的感觉，像是用手去抱一个大圆球。同时开始屈肘、屈腕，为下个阶段的划水做好准备。

3）划水

划水时两臂屈向后，靠上臂内旋，前臂和手加速向内后拉水，拉至与肩平直时屈肘约100°；然后继续向后推水直至大腿旁。划水时两手臂的路线形成双“S”形。

4）出水

随着手臂推水的结束，手臂充分推直，然后借助其惯性提肘，迅速将两臂和手提出水面。

5）空中移臂

手臂出水后，两臂经身体两侧，放松轻快地沿低而平的弧线经空中前移，直至入水。

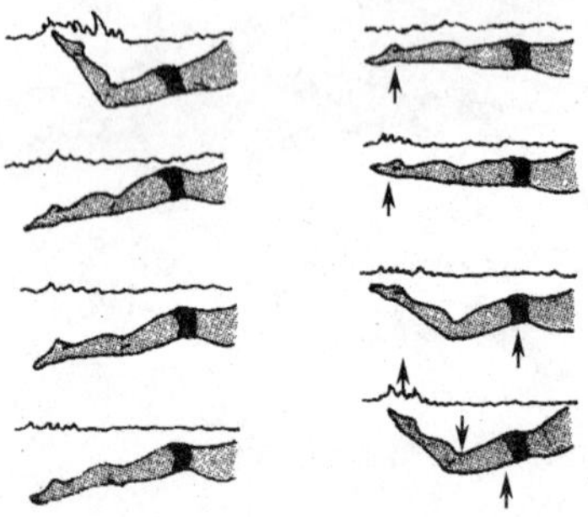

图 3-2-36

4. 配合动作

游蝶泳时一般采用 2:1:1 配合，即 2 次打腿、1 次划水、1 次呼吸动作配合。在两臂入水时双腿做第 1 次向下打水，屈腕抓水时完成腿的下鞭；在两臂拉水的过程中双腿上抬，并在两臂推水的过程中双腿做第 2 次向下打水，臂出水时完成腿的下鞭，同时在两臂推水、空中移臂时张口吸气，并在移臂过程中完成双腿上抬。具体配合动作如图 3-2-36 所示。

五、出发

出发是游泳比赛的开始。运用两脚蹬离出发台或池壁，从而获得较快的初速度。比赛中，除仰泳在水中出发外，其他泳姿都在出发台上。出发台出发由预备姿势、起跳、腾空、入水、滑行 5 个部分组成。根据预备姿势的不同可分为抓台式、摆臂式和蹲踞式；根据腾空和入水的不同可分为平式入水和洞式入水。目前最常见的出发技术是抓台式，在接力比赛中常用摆臂式。

1. 抓台式

“各就位”命令后，两脚间距与髓同宽，上体前屈，膝关节弯曲成 130°~140°，重心落在前脚掌上，两手抓住出发台的前沿或侧沿，手臂伸直放松，眼看下方水面（见图 3-2-37）。听到出发信号后，两臂屈肘向上提拉，使身体向下贴住大腿，身体重心迅速前移后，有即将落入水中的感觉。当身体重心与两脚支撑点的连线与水平面成 45°，膝关节弯曲成约 90°时，伸髋、伸膝，双臂前摆，两脚蹬离出发台，上体与水平面几乎平行。腾空时手臂前伸并拢，头略低，身体伸展成较好的流线形，与水平面成锐角。入水时由手领先，然后臂、头、躯干、下肢依次入水。入水方式有平式入水和洞式入水两种。洞式入水的起跳角要大于平式入水，腾空时靠低头、提腰和向上摆腿来增大入水角度，使身体在较小的范围入水，入水时身体与水平面成约 30°，而平式入水角度为 10°~20°。身体完全没入水中后，以流线形姿势滑行至速度放慢时开始游。滑行的深度与项目有关，短距离自由泳滑行较浅，滑行时间也短，以快速有力的打水动作使身体浮出水面后，接划水动作；蛙泳滑行较深，接长划臂动作；蝶泳滑行的深度介于两者之间，以海豚腿动作使身体露出水面，再接划水动作。

图 3－2－37

2. 摆臂式

两脚平行站在出发台上，两脚间距与髋同宽，脚趾扣住出发台前沿，身体前倾，重心稍低，其投影应落在出发台的前沿；两膝屈成 165°～170°，同时两臂自然下垂，掌心向后（见图 3－2－38）。出发命令发出后，两臂先向前上方摆动，使身体前倒，接着低头和屈髋、屈膝，手臂转入向后上方绕环，此时提踵，身体继续前倒。当手臂开始转入向前绕环时，伸髋、伸膝，借助手臂向前摆的惯性，脚用力蹬离出发台。腾空、入水、滑行动作基本与抓台式相同，只是腾空时身体重心高于抓台式，腾空的距离也远于抓台式。

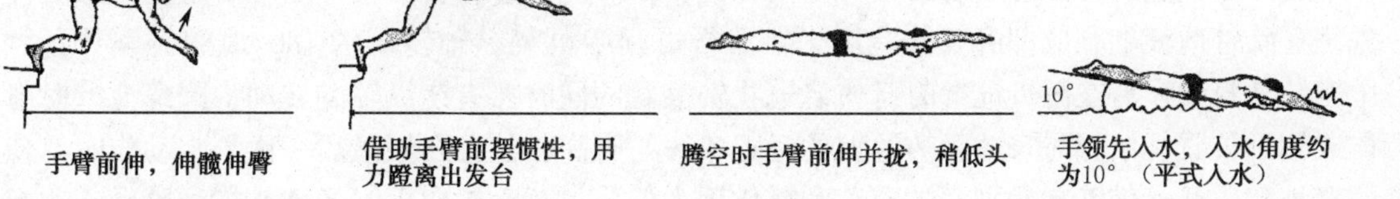

图 3－2－38

3. 仰泳出发

仰泳是在水中出发，并且身体要保持仰卧姿势。

预备姿势为两手伸直，面对池壁握紧扶手器，两腿屈膝收向胸前，两脚分开并抵住池壁，脚趾不能露出水面，否则为犯规。听到“各就位”命令后，两臂屈肘提拉身体，使身体大部分升出水面，同时低头团身（见图3－2－39）。

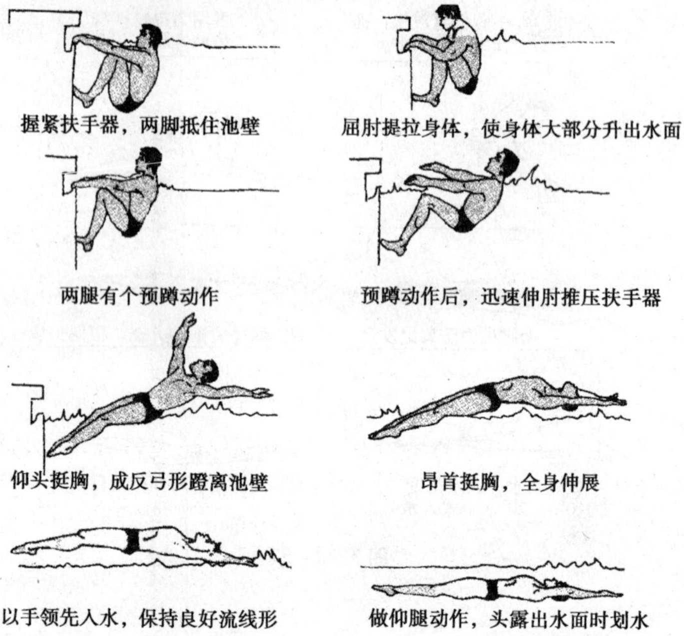

图 3－2－39

出发命令发出后，两腿有个细小的预蹲动作，同时两臂迅速伸肘推压扶手器，仰头、挺胸，将身体向上、向后推离池壁，两臂经上或经侧向头后挥摆，两腿同时用力蹬伸，身体展开，髋、膝、踝关节充分伸展，整个身体略成反弓形蹬离池壁。以手领先入水后，保持良好的流线形姿势在水中滑行，当速度下降时做仰泳腿或反海豚腿动作，并通过改变手的形状使身体逐渐上浮，在头即将露出水面时开始划水。

六、转身

转身是运动员游到池端后，必须折返回头继续游进的动作。比赛距离越长，转身的技术就越重要。按其动作形象大体可分3种转身类型，即平转式、摆动式和滚翻式。

1. 爬泳滚翻式转身动作

爬泳有先翻后转、翻中有转两种翻滚转身动作。先翻后转转身动作是在游近池壁时身体先绕冠状轴前滚翻，成仰卧姿势蹬出，在滑行过程中再绕纵轴转动约180°成俯卧姿势；翻中有转转身动作是在游近池壁时身体绕冠状轴滚翻的同时伴有绕纵轴的转动，蹬离池壁时身体成侧卧位置。滚翻时身体距离池壁的远近一般与身高相近。在做最后一次划水动作时，使两臂划到体侧，借助向后划水的速度和反作用力低头，两手掌向下，两腿并拢屈膝做一次海豚腿帮助臀部向上提起，两手下压，当继续翻转到臀部的位置超过头部时，一手向头部划水，另一手做小幅度的环行划水配合身体绕纵轴转动，团身，屈腿，两脚从水面上向后甩向池壁，两脚的位置一高一低，双手在头前并拢前伸，两腿用力蹬离池壁；蹬出后滑行并绕纵轴转动成俯卧姿势（见图3－2－40）。

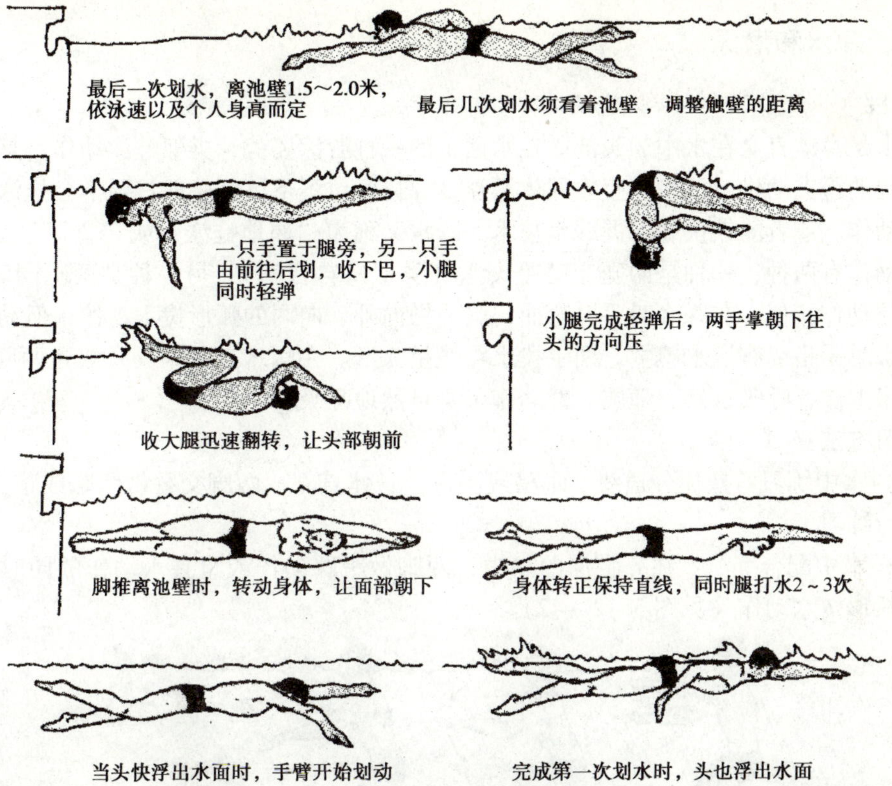

图 3-2-40

2. 蛙泳平转式转身动作

在游近池壁时，不能减速，蛙泳的最后一次动作以蹬腿结束为佳，双手正好伸向前方触壁。触壁时双手应同时并在同一水平面上。触壁后双臂同时屈肘，身体向池壁靠拢，右手用力推池壁，使右臂屈肘角度加大，并协助身体绕纵轴向左转动，转动的同时应团身屈膝，两臂在水面上或水面下随身体的转动屈臂摆，小腿和脚在转动约180°后，双脚抵住池壁，双手前伸，低头团身，身体从水面下蹬离池壁滑行。当滑行速度开始下降时，开始划臂动作（见图 3-2-41）。

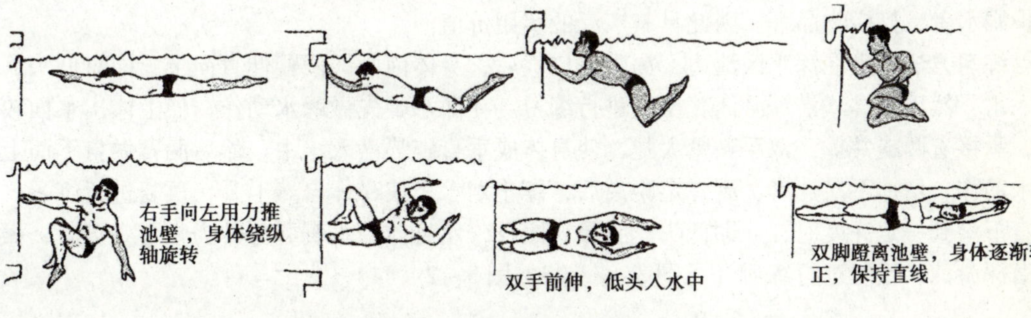

图 3-2-41

七、踩水和潜泳

1. 踩水

踩水是身体直立在水中、头部露在水面上的一种游泳姿势，类似蛙泳动作，是利用手的划水和腿的蹬夹动作，使身体直立屈体漂浮，保持原位不下沉。一般只要学会蛙泳后就应该会踩水动作，或者能较快地掌握踩水技术。踩水又称为“原地蛙泳”或“立泳”。踩水时腿的技术动作有两种，一种是两腿交替蹬夹水（类似骑自行车）；另一种是两腿同时蹬夹水，与蛙泳腿动作相似。在踩水时手臂弯曲，胸前做向外、向内的弧形拨水动作，但动作不宜过大。拨水时手指要有压水感觉，两手拨水路线呈弧形。在踩水过程中，一般是两腿蹬夹水 1 次、划水 1 次，呼吸自然，随腿、臂动作节奏自然地呼吸。

练习方法：

（1）水中练习：扶住分道线、水槽或浮板，身体直立，两脚交替做蹬踩或蹬夹水动作，反复进行练习。

（2）水中配合练习：在齐腰深的水中，两脚做蹬踩动作或蹬夹水动作的同时，两手做向下的弧形按水动作（见图 3－2－42）。

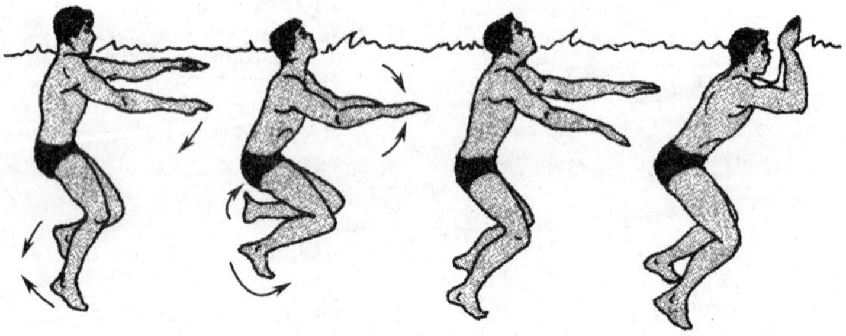

图 3－2－42

练习提示：在练习踩水时，身体应自然放松，动作协调。

2. 潜泳

潜泳是人在水下不做呼吸游进的一种游泳技术。

潜泳的姿势有很多，但大多数都采用蛙式潜泳。潜泳有潜深和潜远两种技术，可应用于救护溺水者、打捞物品等，因此具有广泛的实用价值。

练习方法：坐在深水区池边，深吸一口气后，身体前倾，两臂伸直向下，同时低头，快速入水，然后做蛙式潜深游泳，反复进行练习。在深水中先做踩水动作，使上体出水面较高时，紧接着两腿并拢，双手贴紧大腿，使身体成垂直姿势潜入水中，然后两臂做自下而上的划水动作，增加下潜速度，到一定距离后，停止划水，使身体自然上升，反复进行练习。在垂直下潜到一定深度时，立即低头、收腹、团身，使身体由垂直姿势转为水平姿势后，做蛙式潜深游泳，反复进行练习（见图 3－2－43、图 3－2－44）。

图 3－2－43

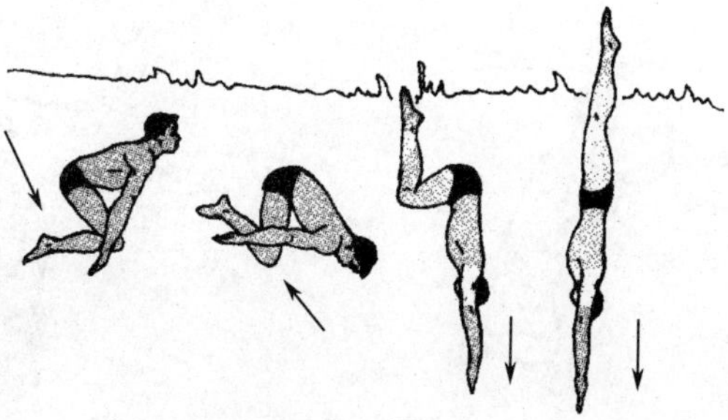

图 3－2－44

第三节　游泳的安全与卫生常识

一、游泳的安全与卫生

游泳具有调节人体机能和增强抵抗力等作用，是男女老幼都适宜的健身运动。了解有关游泳的安全以及卫生知识，健身的效果才能更好。

（1）游泳前要做准备活动。它能使身体更好地适应温差的刺激和游泳活动的需要。

（2）游泳锻炼的运动量应根据个人的身体情况来确定。跳水、潜泳等要有安全保证。

（3）游泳后要重视卫生护理。

（4）患有心脏病、高血压、皮肤病、传染病、中耳炎和精神病患者不宜进行游泳锻炼。另外，睡眠不足、身体不适以及妇女月经期间等也不要游泳。

（5）游泳的保健。

① 游泳时最好戴上泳镜，以免氯气侵入或细菌感染。

② 游泳时应掌握正确的呼吸方法，尽量用嘴吸气，避免呛水。

③ 游泳时耳朵进水，应将头侧向进水一侧，并用同一侧腿连续跳，使水流出；或者将

头侧向进水一侧，用手掌紧压该耳朵，屏住呼吸，然后迅速拿开手，连续做几次，可将水吸出。

④ 游泳时发生肌肉抽筋，要保持镇静，不要紧张。在浅水或离岸较近时，应立即上岸进行处理；在深水或离岸较远时，应大声呼救，同时进行自救。

二、游泳救护

1. 接近溺水者

接近溺水者应从其后面靠近，若正面接近时，应快速、果断抓住溺水者的手，并扭转其身体背对自己，以便拖带（见图 3－2－45）。

2. 水中解脱

（1）手臂下压解脱法（见图 3－2－46）。

当溺水者从前面抓住救护者手臂时，救护者的手应及时由内向外翻转，反握溺水者的手臂并用力向下按压，即可解脱。

图 3－2－45

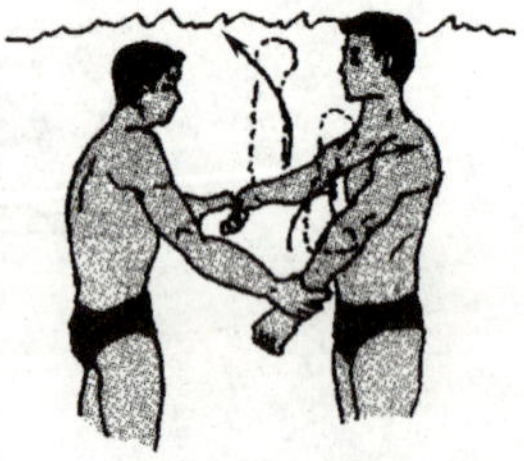

图 3－2－46

（2）扳指解脱法（见图 3－2－47）。

当溺水者从背后抱住救护者的身体时，救护者应抓住溺水者左右手的一个手指，分别向左右用力拉开使自己解脱。

（3）推托（扭）解脱法（见图 3－2－48）。

当溺水者从前面抱住救护者的身体时，救护者一手扶住溺水者头顶，另一手托住溺水者的下颌，扭转溺水者的头部；或者一手抱住溺水者的腰，另一手向上推托溺水者的下颌，即可解脱，然后迅速采取措施使其背对自己以便拖带上岸。

图 3－2－47

图 3－2－48

（4）托肘解脱法（见图3-2-49）。

图3-2-49

当溺水者从前或后面抱住救护者的颈部时，救护者用一手托住溺水者的一肘部，另一手握住溺水者同一手腕，同时将托肘部的手用力向上推，抓腕的手用力向下拉，即可解脱，然后迅速采取措施使其背对自己以便拖带上岸。

3. 救助溺水者的注意事项

（1）大声呼救。

（2）将漂浮物抛给落水者。

（3）万不得已时下水救人。

（4）出水后视情况控水等。

（5）人工呼吸。

（6）通知医院救治。

游泳是一项深受人们喜爱的体育活动，但时刻要注意安全，防止发生意外事故。开展游泳活动时，应加强组织领导，进行安全教育工作，加强组织纪律性。要有周密的安全措施，这是开展游泳运动的重要保证。

三、游泳场所的选择

游泳场所一般可分两类，一类是人工修建的游泳池、馆，另一类是江河湖海等天然水域。如果场地选择不当，就达不到开展游泳运动的目的，甚至发生意外问题。

一般人工游泳池馆是经常进行游泳运动的理想场所，因为一般人工游泳池馆容易管理，安全方面的问题也便于解决。这一点天然水域的情况就比较复杂，有许多安全方面的问题需要注意。

在选择天然水域做游泳场所时，首先要注意水的情况，包括水质、水底、水流、水深、水中生物等情况，凡不适宜游泳的水域，都不要进行游泳。除注意水质的情况外，还要注意水底情况，以防止发生意外事故。

四、认真进行体检

游泳运动消耗能量较大，加上水的特殊环境，如水的压力、密度、水温等原因，有些疾病患者是不宜参加的。所以在从事游泳活动前，应进行全面体验。凡患有心脏病、高血压、活动性肺结核、传染性肝炎、肾炎、癫痫病、中耳炎等都不宜下水游泳。

五、安排好参加游泳活动的合适时间及其他注意事项

游泳活动一般可在饭后一小时进行，否则容易引起消化不良，严重的会引起胃病。另

外，空着肚子游泳也不合适，这样会引起头晕或四肢无力。由于身体疲劳状态，机体反应能力、协调性等下降，会增加呼吸和心脏器官负担，所以要合理安排游泳活动时间及运动量。酒后也不宜游泳。游泳前也要做一些准备活动，有利于身体更快地适应游泳活动时的需要，同时对预防肌肉抽筋拉伤有一定疗效作用。如果没有做准备活动就进入水中，容易出现头晕、恶心和心慌等不适感觉，或出现肌肉痉挛和拉伤。

六、游泳后的清洁卫生

游泳出水后，应该将身体冲洗一遍，并在冲洗时用清水洗洗眼睛和耳朵，并漱漱口，之后将身上的水擦干，做一些简单的体操练习，或其他轻微的活动，这有助于肌肉放松、消除疲劳。

初学游泳的人，在开始游泳时，身体各部位可能会出现不适的感觉，特别是有的肌肉感觉酸痛，这主要是游泳时动作不协调，不会用力，或使局部肌肉负担量过重而引起的。如果疼痛不再加重，可以坚持练习几次，疼痛就会慢慢地消失。如果疼痛比较严重，影响动作的完成时，应该调整几天，待疼痛减轻后，再开始练习游泳，这样效果可能会更好一些。

全国普通高等职业（专科）院校公共体育课程教学指导纲要（试行）

高等职业（专科）院校（以下简称高职高专）培养的是生产、建设、管理、服务第一线的高素质技能型专门人才，是我国高等教育的重要组成部分。为了全面贯彻党的教育方针，促进高职高专学生身心和谐发展，造就更多合格人才，根据《国家中长期教育改革和发展规划纲要（2010—2020年）》《中共中央国务院关于加强青少年体育增强青少年体质的意见》和国务院批准发布实行的《学校体育工作条例》的精神，落实教育部《关于全面提高高等职业教育教学质量的若干意见》精神，大力开展学生阳光体育活动，以教育部《全国普通高校体育课程教学指导纲要》为基础，在总结近几年来高职高专体育课程建设和教学改革经验的基础上，特制定本纲要。

本纲要是国家对高职高专学生在体育课程方面的基本要求，是新时期各普通高职高专院校制订体育课程实施性教学大纲和对体育课程建设与评价的主要依据。

一、课程性质与任务

第一条：高职高专体育课程是大学生以身体练习为主要手段，通过合理的体育教育和科学的体育锻炼过程，达到增强体质，提高健康水平，完善与职业岗位相适应的身体素质储备，提升体育和职业素养为主要目标的公共必修课程，是学校课程体系的重要组成部分；是高职高专院校体育工作的中心环节。

第二条：高职高专体育课程具有公共教育性特点，面向高职高专所有学生，关注他们在全面发展体能、提高体质健康水平的基础上，通过对运动项目的选择性学习，培养运动爱好和专长，掌握科学锻炼身体的方法，丰富体育文化素养，提高体育实践能力，养成终身体育意识，形成健康的生活方式和积极向上的生活态度；高职体育课程同时具有职业实用性特点，学生通过体育课程的学习与身体锻炼，在体育基本素养和身体运动能力全面提高的基础上，针对今后专业所对应的职业岗位标准，利用科学合理的体育手段，促进职业实用性身体技能和身体素质的发展，达到发展学生职业能力与职业素养的目的，是实施素质教育和实现高职高专人才培养目标的重要途径。

第三条：高职高专体育课程的任务是：以“健康第一”为指导思想，通过较系统的课堂教学和有组织的课外体育活动，传授体育的基本知识、技能和方法，增进学生身心健康、增强体质、发展素质、提升综合职业能力，养成终身从事体育锻炼的意识、能力与习惯，为完善学生人格、提升应职应岗能力和今后生活质量打下坚实基础。

二、课程目标

第四条：健康达成目标。通过体育课程，使学生养成自觉参与锻炼的行为习惯，掌握科学的体育锻炼方式方法，全面发展身体素质，形成健康的心理品质，表现出良好的人格特征、积极的竞争意识与团队合作态度。

1. 应知目标

了解体育运动的基本知识、运动特点和锻炼价值，树立正确的健康观；了解常见运动竞赛规则与裁判、竞赛组织方法；理解运动技术、战术及实际运用的方法；知晓提高身体素质的手段；了解与运动有关的损伤产生原因及保健知识。

2. 应会目标

熟练掌握2项及以上运动基本技术技能，能在运动实践中运用，并形成自觉锻炼的习惯与能力；掌握发展专项素质的手段与运用；能根据掌握的基本知识，利用体育锻炼调节与改善自身心理状态，具备对运动损伤能进行简单临场处理及制订简便的运动处方能力；熟悉1～2项运动规则与裁判方法，并具有在校园体育竞赛中临场执法与组织简单基层比赛的能力；具有一定的体育欣赏能力。

第五条：职业发展目标。结合高职高专教育特征与各专业人才培养目标，针对职业岗位标准，依据“必需，够用”的原则，利用体育的手段，来提升学生的身体素质与体能水平，提升职业素养，达到发展学生职业能力与职业素养的目的。

1. 应知目标

依据专业培养方案，了解本专业相对应的职业岗位群的身体生理、心理负荷特征，了解常见职业性疾病的成因与预防知识；了解增进职业体能和职业素质素养的锻炼方法和途径；了解体育文化与职业素质提升的关系。

2. 应会目标

能正确理解岗位体能要求，学会利用体育锻炼的方法来预防与纠正职业性疾病的方法；掌握提高应对本专业相对应的岗位群所需关键身体素质、体能的体育锻炼方法；掌握1～2项与职业岗位相关度高的实用体育技能；借鉴体育文化特征，改善身体形姿、心理素质和团队协同能力，提升自身职业素养，更好地胜任本职工作，提高个人生活品质。

三、课程设置与结构

第六条：各普通高职高专院校的一、二年级必须开设体育课程，总基本课时为144学时。各校因安排一、二年级学生参与工学结合等实践教学活动，造成教学周次变改的，要合理安排教学内容与时间，其列入课表的体育教学时数不得少于108学时（二年制与3+2模式、5年一贯制高职段不少于60学时）。实施学分制的院校，总学分不少于8学分（每学期2学分）。

第七条：各院校可在开足开齐一、二年级体育课程的基础上，根据自身条件在各年级段开设体育选修课（公选课），供学生自行选择，作为体育课程的延伸。但各类体育选修课学时不能作为体育课程基本课时数计算。

第八条：为实现体育课程目标，应使课堂教学与课外、校外的体育活动有机结合，学校与社会紧密联系。要把有目的、有计划、有组织的课外体育锻炼、校外（社会、野外）活动、运动训练等纳入体育课程，形成课内外、校内外有机联系的课程结构。

现阶段各校应加强课余学生体育活动与学生体质健康测试工作，确保学生在没有体育课的当天有一小时的体育活动时间。在《国家学生体质健康标准》测试成绩上报所在学期应单独安排每教学班不少于6学时的体质测试课，学校应要求教务、学生、医务部门与体育部

（室）密切配合，共同做好测试与成绩上报工作。

第九条：修满体育课程规定学时学分、达到基本要求是学生毕业、获得毕业证书的必要条件之一。体育课程参与情况和成绩是学生评选“三好学生”等各类推优评优的重要条件。

第十条：高职高专体育课程要根据高等职业教育特征，积极围绕学生专业培养目标，依据技术领域和职业岗位（群）的任职要求，参照相关的职业资格标准，与行业企业合作开发课程，构建特色鲜明的课程体系。

高职高专体育课程应由运动知识技能传授、职业体能训练和课余体育锻炼三大模块组成。运动技能的培养，主要通过普修课、选项课、学生体育俱乐部、选修课（公选）实施；职业体能培养，主要以专业行政班为基本单位来实施，其教学内容结合学生专业所对应的职业要求和特点选定；课余锻炼，主要通过体育社团、课余学生体育俱乐部组织与管理、校园体育竞赛、体育选修课（公选）实施。

四、教学实施要求

第十一条：根据学校教育的总体要求和体育课程的自身规律，应面向全体学生开设多种类型的体育课程，可以打破原有的院（系）别、班级建制，重新组合上课，以满足不同层次、不同水平、不同兴趣学生的需要。重视理论与实践相结合，在运动实践教学中注意渗透相关理论知识，并运用多种形式和现代教学手段。理论教学约占10%（每学期约4学时），拓展学生体育知识面。

第十二条：要充分发挥学生的主体作用和教师的主导作用，努力倡导开放式、探究式教学，努力拓展体育课程的时间和空间。逐步实施在教师的指导下，学生自主选择课程内容、自主选择任课教师、自主选择上课时间的教学模式，营造生动、活泼、主动的学习氛围。

要根据学校专业培养方案，有计划地安排发展与职业相关的身体素质与素养的教学内容，进行教学环境职场化布置，强化职业工作中身体自我保健与职业性疾病的防治方法的传授。对“工学结合”期间参与校内外实训实习的学生也要积极加强管理，应另行制订实施性教学大纲，利用课程网络教学系统、业余健身作业布置等形式，完成体育课程教学计划与任务。各院校开展职业体能课教学时数应占总时量的20%以上。

第十三条：应把校运动队及部分确有运动特长学生的专项运动训练纳入体育课程之中（可作为公选课程的学分）。对部分身体异常和病、残、弱及个别高龄等特殊群体的学生，开设以康复、保健为主的体育课程。

第十四条：各校应根据本纲要和学校的实际情况制订实施性教学大纲，自主选择教学内容，有的放矢地进行教学改革和试验，开发符合本校特质的校本体育课程。在选择教学内容时要把“健康第一”的指导思想作为确定课程内容的基本出发点，同时重视课程内容的体育文化含量。做到健身性与文化性、选择性与实效性、科学性与可接受性、通识性与职业性的有效结合。选项课内容应力求丰富多彩，为学生提供较大的选择空间，开设项目数量应在8项以上。

第十五条：加强教学过程控制，教学方法要讲究个性化和多样化，将运动知识技能的传授与终身体育习惯的养成、体育文化的传承与职业素质素养的养成有机统一。根据体育课程的实际情况，为确保教学质量，应严格控制课堂教学班人数，应以35人以内为宜。

五、课程建设

第十六条：体育教师是课程教学的具体执行者和组织者。学校应当在上级行政部门核定的教师总编制内，按照体育课程教学计划授课、开展课外体育活动以及完成培养各类优秀体育人才训练的任务，配备相应数量合格的体育教师，在校学生与专任体育教师配备比例原则上控制在350∶1以内，专任体育教师与外聘教师比例不得超过3∶1。体育教师从事的课余体育活动的组织、运动队训练与学生体质健康标准测试等工作应另行计算工作量。

第十七条：体育教师要与时俱进，努力提高自身的政治、业务素养。学校应当有目的、有计划地安排体育教师定期接受教育培训，不断完善他们的知识结构、能力结构，逐步提高学历水平，从而提高体育师资队伍的整体水平，以适应高职高专体育教育发展的需要。

第十八条：体育教师要主动自觉学习学校各专业人才培养方案，在强化培养人才职能的基础上，逐步加强学校体育科学研究的职能和社会服务（含为专业、企事业单位）的职能，开展经常性的科学研究和教育教学的研究，不断推广优秀教学成果。教师间要相互学习交流，发挥教学团队作用，形成课程建设特色，争创精品课程。

第十九条：学校应当按照教育部发布的“普通高等学校体育场馆设施、器材配备目录”及有关规定进行规划和建设，创造条件满足体育课程的实际需要，采取措施延长体育场馆、设施的开放时间，提高对各项体育设施的利用率，并应有计划地加强校外实训（实践）基地体育设施的建设工作。设立学校体育专项经费，其中生均体育教学维持费原则上应不少于35元（不含固定资产投入部分和校体育代表队参赛经费）。

第二十条：要建立、健全体育课程的各项规章制度和教师培养聘任制度，特别是课程教学常规及安全预案，各类教学文件和教师、学生考核资料须归档立案；建立《国家学生体质健康标准》测试管理系统；建立体育场馆设施、器材的管理系统；逐步实现体育课程管理的科学化、系统化和计算机网络化。

第二十一条：各校应选用体现高职高专教育特征、经教育部全国高校体育教学指导委员会和省级高校体育教学指导委员会（或同类教学指导委员会）审定通过的体育课教材，未经省级及以上高校体育教学指导委员会审定通过的体育课程教材，各地、各高职高专院校均不得选用，以杜绝质量低劣的教材进入课堂。省（市、区）及以上教育主管部门和体育教学指导委员应本着“一纲多本”的原则，博采众长组织编写1～2本高质量的示范教材，供各校使用。各校自行使用的体育课程讲义，试用期应不超过一年，试用期结束后应及时送审，经审定合格后方能继续使用。

六、课程评价

第二十二条：体育课程评价包括对学生的学习、教师的教学和课程建设等3个方面。学生的学习评价应是对学习效果和过程的评价，主要包括体能与运动技能、认知、学习态度与行为、交往与合作精神、情意表现等，通过学生自评、互评和教师评定等方式进行。评价中应淡化甄别、选拔功能，强化激励、发展功能，把学生的进步幅度纳入评价内容。评价成绩每学期应包括体育理论知识的考核成绩。《学生体质健康标准》测试成绩和学生参与阳光体育活动（课余体育锻炼情况）也应反映在本学期的体育课程成绩中，这两部分成绩所占比例在总成绩中不应少于30%。

第二十三条：教师的教学评价内容主要包括教师业务素养（专业素质、教学能力、科研能力、教学工作量）和课堂教学两个方面，可通过教师自评、学生评价、同行专家评议等方式进行。评价结果应是教师当年教学业绩考核结果。

第二十四条：课程建设评价的内容主要包括课程结构体系、课程内容、教材建设、课程管理、师资配备与培训、体育经费、场馆设施以及课程目标的达成程度等，采用多元综合评价的方式进行。评价过程中，应重视学生的学习效果和反应，重视社会有关方面的评价意见。

体育课程建设的评价由教育部组织进行。各省、自治区、直辖市教育行政部门应根据教育部有关规定制定评价与督查方案，定期表彰和奖励有突出贡献的个人和成绩优秀的单位，及时向社会公布督查情况（间隔不超过二年）。对未按规定开足开齐体育课程的，实施一票否决制。教育部在四年一次的全国大学生运动会上进行全国性表彰和奖励，充分发挥教育评价的导向和激励作用。

七、附则

第二十五条：本纲要适用于全国普通高等职业院校与专科学校，体育职业技术学院及普通高职高专院校的体育类专业不适用本纲要。

参考文献

[1] 林志超. 新世纪体育与健康教程 [M]. 北京：北京体育大学出版社，2005.
[2] 苏欣. 体育健康教程 [M]. 沈阳：东北大学出版社，2006.
[3] 李志华. 别让情绪控制你 [M]. 北京：中国华侨出版社，2007.
[4] 沙格达. 现场急救指南 [M]. 天津：天津科技翻译出版公司，2005.